Florian Prüller und Klara Prinz-Prüller
Als der Bär am Zelt anklopfte

Florian Prüller und Klara Prinz-Prüller

ALS DER BÄR AM ZELT ANKLOPFTE

*Mit dem Fahrrad
auf Hochzeitsreise um die Welt*

Island – USA – Mittelamerika –
Patagonien – Südostasien – Ostafrika

Tyrolia-Verlag · Innsbruck-Wien

INHALTSVERZEICHNIS

Wir zwei	7
Wie alles begann	8
Ein Traum wird wahr	9
Island: Der Beginn einer unvergesslichen Reise	10
USA: Mit schwerem Ballast durch die Vereinigten Staaten	26
Zentralamerika: Mexiko, Belize und Guatemala und wieder einmal Chaos	92
Patagonien: Das Wetter hat immer das letzte Wort	116
Südostasien: Mit gemischten Gefühlen durch Thailand, Laos, Vietnam und Kambodscha	154
Ostafrika: Ruanda, Uganda, Kenia und Tansania – und dem Leben ganz nah	208
Danke	262

„Together our love will grow old"

(Buddy Holy)

WIR ZWEI

Klara und Florian: Wir waren gerade den Kinderschuhen entwachsen, da verliebten wir uns Hals über Kopf ineinander. In all den Wirren einer pubertären Beziehung glaubte niemand ernsthaft daran, dass wir unser Leben für immer miteinander teilen würden. Neben unseren starken Gefühlen füreinander war die gemeinsame Sehnsucht, Neues zu entdecken, Natur hautnah zu erleben und das Reisen der Klebstoff für eine immer innigere Beziehung. Je länger wir uns kannten, je vertrauter wir wurden, umso sicherer waren wir des Glücks, einander zu haben. Wir sind uns nicht nur beste Freunde, sondern Heimat.
Irgendwann wollten wir unser Glück mit Freunden und Familie feiern und bekräftigen. Jeder sollte wissen, dass wir es ganz ernst miteinander meinen! Auf unserer Lieblingsalm in Florians Heimatdorf Großraming feierten wir im Mai 2012 unsere Hochzeit – umgeben von Rindern, einer tiefgrünen Frühlingswiese, schneebedeckten Bergen und Kindern, die im Baum hinter dem Altar herumkletterten.
Unsere Hochzeit war zugleich ein Abschiedsfest, denn ein paar Wochen später sollte unsere große Fahrt beginnen. Mit nur zwei Flugtickets in der Hand, aber einem Herzen voller Abenteuerlust begaben wir uns auf unsere Hochzeitsreise, um die Welt zu entdecken.

WIE ALLES BEGANN

Klara: Meine allererste Begegnung mit dem Thema Radreisen war sehr imposant: Während meiner ersten längeren Reise sitze ich, neunzehnjährig, an einem verregneten Tag in der Küche einer neuseeländischen Jugendherberge, da schwingt mit lautem Gepolter die Tür auf und eine hünenhafte Gestalt tritt in Erscheinung. Mit deutschem Akzent beginnt die vollkommen durchnässte, mindestens 180 Zentimeter große Radfahrerin auf Englisch von ihrer Odyssee im strömenden Regen zu erzählen, während sich am Boden eine immer größer werdende Wasserlache bildet. In meinem Kopf wiederum bilden sich viele Fragezeichen: Wie kann man bloß freiwillig mit dem Fahrrad unterwegs sein, noch dazu bei diesem Wetter? Wie läuft so eine Radreise überhaupt ab? Und wie, um Himmels willen, kann so was jemandem Spaß machen? Obwohl die mit großen Gesten untermalten Ausführungen wie: „Die letzten Kilometer schüttete das Wasser direkt in meinen Jackenkragen und lief mir dann bei den Hosenbeinen wieder heraus" eigentlich sehr denkwürdig erscheinen, vergaß ich diese Begegnung letztendlich doch wieder schnell. Die Zeit war noch nicht reif. Auch Jahre später, auf einem Roadtrip in die Mongolei, konnte ich mir nicht vorstellen, jemals auf diese Art und Weise zu reisen, denn beim Anblick eines österreichischen Pärchens, das sich auf Rädern in Zeitlupe durch den kasachischen Wind und die eintönige Steppe kämpfte, schwor ich Florian hoch und heilig, so etwas niemals zu tun. Niemals!

Es war also nicht die Begegnung mit diesen Tourenradlern, die mich dazu brachte, 2009, nur ein Jahr später, mit einem provisorisch beladenen Mountainbike für ein paar Wochen durch das schwedische Gotland zu radeln. Es war – natürlich – meine große Liebe Florian. Nachdem er mich, ich weiß nicht wie, überredet hatte, eine Radreise mit ihm zu unternehmen, hatte er leichtes Spiel: Die Mischung aus Fährfahrten, Kaffeepausen, wunderschöner Landschaft und der Möglichkeit, in den Tag hinein zu leben, begeisterte mich. „Das macht Spaß, und zwar so richtig!", stellte ich verblüfft fest.

EIN TRAUM WIRD WAHR

Klara: Wir beide hatten schon immer einen gemeinsamen Traum: für längere Zeit verreisen. Nun ist der ideale Zeitpunkt für eine große Reise aber gar nicht so leicht zu finden: Entweder mangelt es an Zeit oder an Geld oder an beidem, und ehe wir uns versahen, vergingen die Jahre, ohne unseren Traum verwirklichen zu können.

Flo: Und wie die Zeit verging! Der Radreisevirus hat auch mich – allerdings bereits etwas früher – erwischt. Die erste Ausfahrt mit meinen Brüdern durch das regnerische Irland war dabei das Schlüsselerlebnis. Auf behelfsmäßig ausgestatteten Rädern, mit Plastiksäcken als Packtaschen und Folien als Regenschutz (wenn ich jetzt die Fotos sehe, amüsiert mich unser Anblick köstlich), ein Land zu erkunden hat etwas *Einfaches* an sich. Etwas, nach dem ich mich im Alltag so oft sehnte. Jeden Tag intensiv zu erleben und sich dabei nur um Banales wie Essen, Routenverlauf und einen Schlafplatz zu kümmern, reduziert das Leben auf das Wesentliche. Viel braucht es nicht, um glücklich zu sein. Süchtig nach den Momenten des unbekümmerten Reisens, wurden die Ausfahrten in den folgenden Jahren ausgedehnt, und zum Glück bedurfte es nicht viel an Überzeugung, die Frau meines Lebens mit diesem Reisevirus anzustecken.

Als ich Klara nach elf gemeinsamen Jahren fragte, ob sie meine Frau werden möchte, und sie freudestrahlend bejahte, kamen wir zu dem Schluss: jetzt oder nie! Eine ausgedehnte Hochzeitsreise bot sich an. Gibt es überhaupt einen schöneren Grund, endlich gemeinsam aufzubrechen, als eine Heirat?

Klara: Noch bevor wir im Mai 2012 heirateten, buchten wir Flüge nach Island und von dort aus nach New York. Wie es dann weitergehen würde, wollten wir erst auf dem Weg entscheiden. Die Zeit verging wie im Flug und erst nach unserer Hochzeit stand uns der Sinn nach genaueren Vorbereitungen. Dafür hatten wir knapp zwei Monate, in denen ich mein berufsbegleitendes Studium abschloss, wir unsere Jobs kündigten, unsere Wohnung aufgaben und unser gesamtes Hab und Gut verstauten. Mir fiel es schwer, mich auf diese große Reise einzustellen – ich hatte einfach zu viel um die Ohren und mein damaliges Leben schien auch so sehr erfüllend zu sein. Fast ertappte ich mich, etwas zu zweifeln. Tränen der Rührung überkamen mich, als wir uns von unseren Lieben am Bahnhof verabschiedeten. Ich war hin und her gerissen zwischen Abschiedsschmerz und Vorfreude auf das Ungewisse. So lange hatten wir von dieser Reise geträumt. In ein paar Stunden sollte unser Abenteuer beginnen!

DER BEGINN
EINER UNVERGESSLICHEN REISE

ZWEIFEL 15. Juli 2012, 22:00 Uhr

Klara: Großartig! Seit Monaten, nein, seit Jahren – mindestens einem gefühlten Jahrzehnt – ordneten Flo, mein Neo-Ehemann, und ich beinahe alles dem *Wegfahren* unter. Bei wichtigen Entscheidungen begannen die Begründungen für oder gegen etwas meist mit „*Wenn wir dann wegfahren* …". Ob es sich dabei um das unverwüstliche, vererbte Achtzigerjahre-Retrogeschirr im schrägen Grau-Rosa-Muster meiner Eltern handelte, das wir nicht durch neues ersetzten, denn „*wenn wir dann wegfahren,* müssten wir das neue Geschirr sowieso einlagern, da entsorgen wir das alte lieber vor der Reise", um die Wohnungswahl („lieber die kleine günstige, nur, *bis wir dann wegfahren* …") oder gar um den Hochzeitstermin („im Mai, dann kommen wir zur warmen Saison nach Island und in die Staaten"), im hintersten Eckchen unserer Gehirnwindungen stand fest: Eines Tages kommt der Zeitpunkt der Abreise!
Nun ja, endlich ist es so weit. Und wir? Lungern übermüdet, strapaziert und mies gelaunt in der Abflughalle. So habe ich mir das aber nicht vorgestellt. Florian sichtlich auch nicht. Jetzt kommen sie, die Zweifel: Lohnt sich der Mega-Aufwand? Wozu tun wir uns das eigentlich an? Hätten wir nicht doch lieber eine Eigentumswohnung samt Golden Retriever kaufen sollen? Ist unsere Ära als hygieneresistente Lowbudget-Radreisende eventuell unbemerkt vorübergegangen? Aber nein, wir plagen uns nicht nur selbst mit diesen Fragen, sondern laden unseren Unmut als Draufgabe auch noch beim anderen ab und machen uns gegenseitig für etwaige Unbehaglichkeiten verantwortlich. Ich frage mich zum Beispiel, ob sich Florian nach unserer Hochzeit (von mir unbemerkt) zum fahrradfetischistischen Pedanten entwickelt hat. Natürlich, er hat die Räder wunderbar und bis ins kleinste Detail auf Vordermann gebracht, aber dass er jetzt so übergenau ist?! Pah … Flo wiederum scheint von mir momentan auch nicht gerade besonders angetan zu sein. Bloß weil ich es nicht einmal hinkriege, das Pedal für den Flug abzuschrauben. Und dann motz ich auch noch blöd?! Ach … Wohin geht die Reise!?

Klara: „Jetzt kann es losgehen", denken wir uns. Los geht aber vor allem unsere totale Erschöpfung. Wie bei jedem unserer Urlaube – vom kurzen Wochenendausflug bis hin zu eben dieser Weltreise – gestaltet sich die Abreise superchaotisch. Das scheint bei uns zu einer *perfekten* Reise anscheinend da-

Jetzt ist es also so weit? Ganz können wir es noch nicht glauben.

zuzugehören. Zigmal verabschieden wir uns von unseren Freunden und Familien, verstauen die letzten Habseligkeiten und machen die Räder bis in die frühen Morgenstunden reisefit. Nach einem wirklich allerletzten gemeinsamen Essen mit meinen Eltern (das wir mit einem 50-Euro-Hochzeitsgeschenkgutschein begleichen und das zufällig auf den Cent genau 50 Euro ausmacht) werden *just in time* auch noch unsere, bei Flos Elternhaus vergessenen Fahrradwimpel in einem ÖBB-Zug von einem verständnisvollen Schaffner nachgeliefert.

Flo: Abgerackert sitzen wir im Zug zum Münchner Flughafen und kommen uns eher vor, als würden wir, wie unsere zwei bayerischen Sitznachbarinnen, nur auf der Heimreise von einem kurzen Wochenendausflug sein – die vollbepackten Räder einmal weggedacht. Wir kommen schnell mit den beiden ins Gespräch und merken, dass sie sich innerlich bereits auf eine neue Arbeitswoche einstellen. Für uns ist es ein eigenartiges Gefühl zu erzählen, dass wir für lange Zeit nicht jeden Wochentag aufstehen werden, um zur Arbeit zu gehen. Stattdessen würden wir drei Monate durch Island und die USA reisen und nicht genau wissen, wohin es anschließend gehen soll. Wir haben keine Vorstellung davon, was das Ganze tatsächlich mit sich bringen wird. Die Routenplanung ist, wegen aller anderen Vorbereitungen und, um es ehrlicherweise zuzugeben, vor lauter Selbstsicherheit (oder -überschätzung) in puncto Reiseerfahrung einfach unter den Tisch gefallen. Somit wissen unsere Sitznachbarinnen nach einem knapp halbstündigen Gespräch tatsächlich alles, was es über unsere Reisepläne zu berichten gibt. Ein nicht gerade beruhigendes Gefühl!

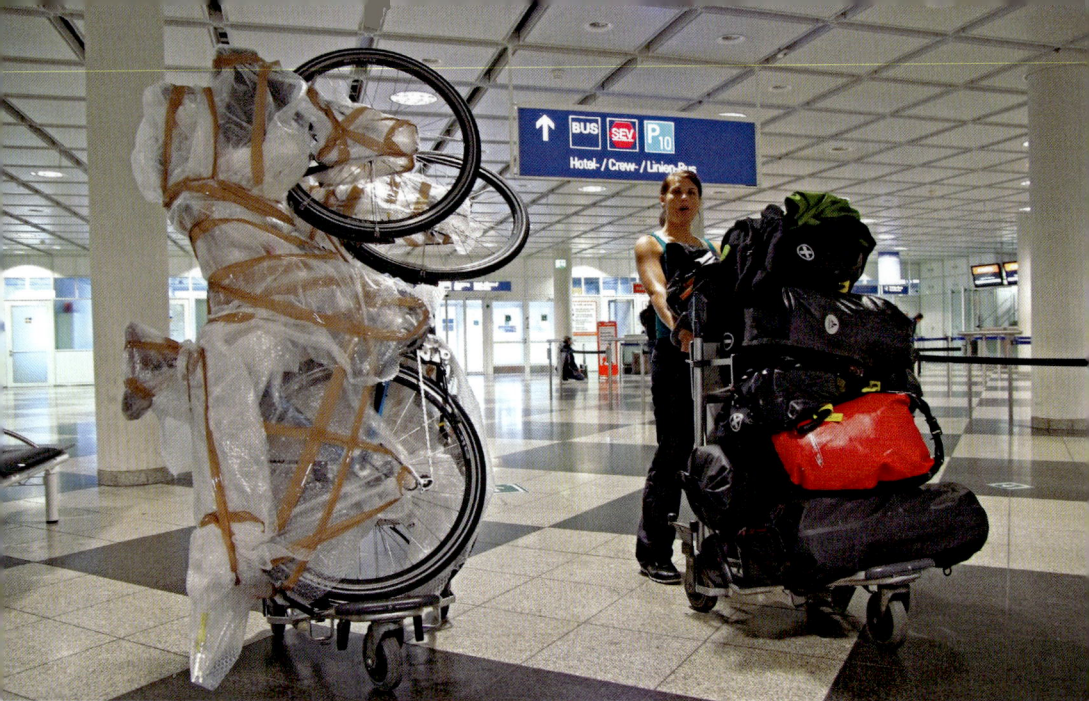

Etwas mehr als nur Handgepäck …

Klara: Wenigstens die Abflughalle für unseren Flug nach Reykjavik finden wir in Windeseile. Es scheint nämlich einen unausgesprochenen Dresscode für Islandtouristen zu geben, der sich aus der neuesten Ausrüstung, die der Outdoor-Markt zu bieten hat, zusammensetzt. Wir werden mit unseren Wanderhosen und multifunktionellen Windjacken also gleich wärmstens in der Community aufgenommen. Lediglich die Wanderschuhe fehlen uns, dafür tragen wir unsere Radhelme in der Hand (und setzen sie beim Einstieg ins Flugzeug sogar peinlicherweise auf, um eine Hand freizubekommen).
Kurz vor Mitternacht startet unser Flug und noch immer kommt uns vor, als wäre das Ganze nur eine Sache von ein paar Wochen.

AUF DER INSEL

Klara: Gegen drei Uhr morgens erhasche ich im Licht der Mitternachtssonne vom Flugzeugfenster aus einen ersten Blick auf die stürmische Vulkaninsel. Der aufgewühlte Atlantik umspült Island in wogenden Wellen, von hier oben erscheint das Land menschenleer und unbewohnbar. Ich sehe rauchende Vulkane, riesige Gletscher, weitläufige, wilde Flüsse, an der Küste grüne Wiesenflächen und dazwischen vereinzelte Straßen. Erst kurz vor der Landung entdecke ich ein paar bausteingroße Häuschen rund um hölzerne Kirchen. Mir ist unbegreiflich, wie man auf diesem kargen Stück Land überleben kann. Hier scheinen die Naturgewalten zu herrschen. Dieser Meinung bin ich auch ein paar Tage nach Beginn unserer Reise noch. Schließlich sind wir im Sommer angekommen, wie es hier im Winter aussieht, kann ich mir kaum vorstellen. Island ist spärlich besiedelt – nicht nur Menschen, auch Bäume sind dünn gesät, denn nach einer großflächigen Abholzung durch die ersten Siedler wachsen diese, aufgrund des polaren Klimas, nur äußerst langsam nach. So sollte es ein paar Tage dauern, bis wir überhaupt unser erstes kleines Bäumchen erspähen konnten.

Nachdem wir gleich nach Ankunft unsere Räder startklar zusammengebaut haben, suchen wir uns ein paar Kilometer außerhalb des Flughafens einen Zeltplatz. Das geht hier ganz leicht, denn es gibt viel freie Fläche und wildes Campieren wird größtenteils akzeptiert. Unser Zelt, ein Hochzeitsgeschenk, hat nun also Premiere und als wir es flugs aufgebaut haben, fallen wir bei gleißendem Morgenlicht in einen tiefen Schlaf. Am Vormittag kaufen wir in der Stadt Keflavík Proviant ein. Gleich fällt uns auf, dass im Supermarkt größten-

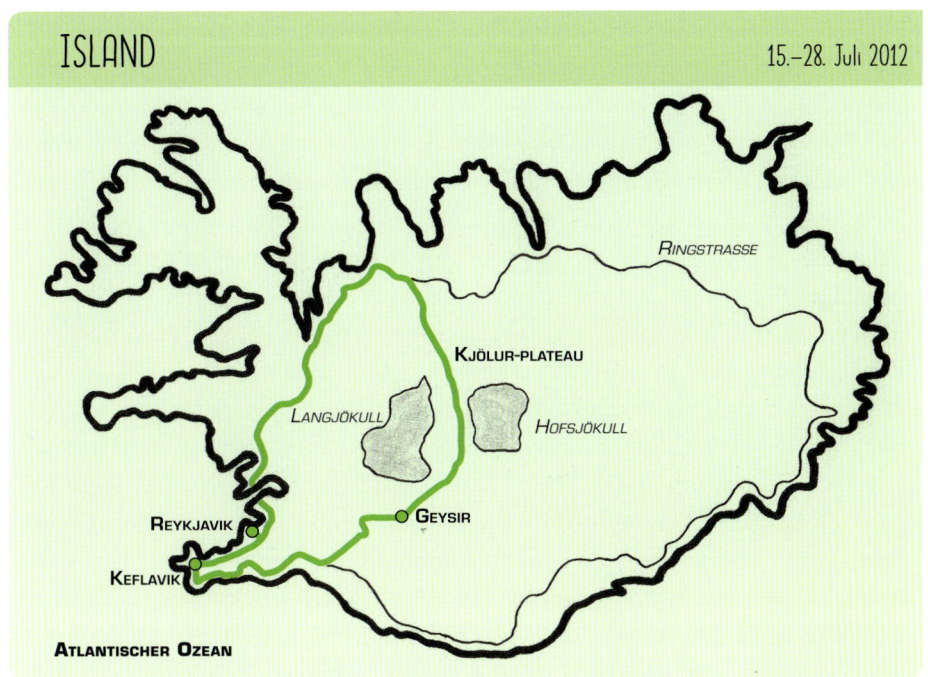

Wer kann bei diesem Zeltplatz widerstehen? Irgendwo an der einsamen Straße zwischen Grindavik und Þorlákshöfn.

teils importierte Ware angeboten wird. Obst und Gemüse ist nur spärlich vorhanden und sehr teuer. Florian und ich werfen einen Blick auf die Landkarte, planen die Route und fühlen uns fast noch ein bisschen wackelig, als wir auf unseren Fahrrädern, mit ungewohntem Gewicht vollbepackt, aus der Stadt hinaustorkeln. Ich hatte schon fast vergessen, was es heißt, ein fast 60 Kilo schweres Gefährt zu manövrieren. Nahe dem Meer geht es entlang schwarzer Lavafelder, die mit niedlichen violetten Heideblümchen verziert sind. Wir kommen vorbei an Dörfchen mit kleinen Holzkirchen und überqueren die Kontinentalspalte, an der sich die eurasische und die amerikanische Kontinentalplatte treffen – mit ein Grund für die vielen heißen Quellen Islands.
Eigentlich wollen wir am ersten Tag noch etwas länger fahren, doch nach 50 Kilometern kommt uns ein traumhafter See dazwischen. Sofort sind wir uns einig, hier unmöglich vorbeiziehen zu können. Im goldenen Licht des Spätnachmittags errichten wir unser Camp, kochen Kaffee und fühlen uns so richtig wohl. Florian begibt sich unfreiwillig in feindliches Terrain, als er die geschäftigen Seeschwalben auf Futtersuche fotografiert. Diese sonst harmlosen Tiere fliegen nämlich Scheinangriffe, um den *Feind* (in diesem Fall meinen Mann) zu verängstigen. Immer wieder zischen sie im Sturzflug bis knapp über Flos Kopf hinunter, sind dann aber klug genug, um im letzten Moment nervös abzubiegen. Während unserer zwei Wochen auf Island passiert uns

Hochlandpiste Kjölur, zehn Uhr abends. Ein Blick auf die Karte bestätigt: Keine Ahnung, wo wir sind.

dies auch während des Fahrens sehr häufig – zuerst werden wir zugegebenermaßen von diesen kleinen Kreaturen beinahe verängstigt, bis wir im Reiseführer lesen, dass die Schwalben tatsächliche Angriffe vermeiden. Plötzlich sind wir wieder die tapferen Helden, die sich ihrer Überlegenheit vollends bewusst sind!

ALLES GUT! 16. Juli 2012, 21:55 Uhr

Klara: Es hat ein paar Anläufe gedauert, aber spätestens nach dem ersten selbstgebrühten Kaffee und den ersten Tritten in die – diesmal von *mir* angeschraubten Pedale – ist es so weit. Die schlechte Stimmung weicht der Gewissheit: Die Entscheidung war die richtige und auch die Wahl des Partners zum Glück doch nicht ganz so falsch. Island holt uns mit seiner vulkanischen Landschaft, den Geysiren und dem sommerlichen Willkommenswetter ab und bereitet uns verspätet einen großartigen Start. Zufrieden bauen wir unser Zelt am Ufer des kleinen Sees auf. Florian ergibt sich der Müdigkeit und starrt ins *Narrenkastl*, während ich ebenfalls in die Luft schaue und dazwischen die zur Hochzeit geschenkte Mundharmonika ausprobiere. So lässt sich's leben!

ZWEI CHAOTEN AUF DIREKTEM WEG GEN HOHEN NORDEN

Klara: Jeder uns am Weg entgegenkommende Tourist erstrahlt in einer, für Island wohl eher untypischen, Sonnenbräune und erzählt in unterschiedlichen Varianten die gleiche Botschaft: „Die letzten zwei Wochen hatten wir Traumwetter. Kein Regen, keine Kälte, nur Sonnenschein und Sommerstimmung!" Auch wir wähnen uns schon glücklich – aber halt: Ab dem dritten Tag ist die anfängliche Schönwetterphase eindeutig vorbei! Bei dunklen Gewitterwolken erwachen wir auf unserem Campingplatz, einem riesigen schwarzen Lavafeld direkt am jadefarbenen Atlantik. Mit Hilfe des Rückenwinds versuchen wir den Wolken ein Schnippchen zu schlagen und schaffen es tatsächlich auf die Minute genau – vor Einsetzen des Starkregens –, einen Unterschlupf in Form eines kleinen Cafés in Þorlákshöfn zu erreichen. Hier wollen wir das Ende des Regens abwarten und erst dann wieder weiterfahren. Diesen Plan können wir uns leider bald abschminken, denn hier gibt es nichts abzuwarten, weil es schlichtweg in den nächsten zwei Wochen kaum ein Ende des strömenden Regens geben wird. Also fahren wir entlang unzähliger Pferdehöfe und Seen weiter Richtung Laugarvatn und verbringen am dortigen Campingplatz eine Nacht, bevor wir im strömenden Regen zu einer der Hauptattraktionen Islands, *dem* Geysir, fahren. Der heißt wirklich genau so und ist damit jenes dampfende Naturschauspiel, das allen anderen dieser Erde den Namen verlieh – sozusagen der *Urgeysir*. Aus der Ferne verraten übrigens nicht die dampfenden Eruptionen seinen Standort, sondern die unzähligen Reisebusse, die Scharen von Touristen zu dieser Sehenswürdigkeit karren.

Nachdem wir auch den Gullfoss, einen riesigen Wasserfall, umgeben von sattgrünen Wiesen, begutachtet haben, bekommen wir langsam etwas Lust auf Abenteuer. Die Landstraße zum Wasserfall wurde für die Touristen perfekt asphaltiert, nun mündet sie aber in eine ruppige Schotterpiste, von der wir wissen, dass sie übers Hochland gen Norden führt. Dort trifft sie wieder auf die berühmte Ringstraße, die die Insel entlang der Küste umrundet. Unter dem vor Dauerregen schützenden Vordach einer Info-Hütte kochen wir fröstelnd einen Kaffee nach dem anderen und beobachten dabei fasziniert die triefenden und schmutzig – aber zufrieden – aussehenden Tourenradler, die die Straße immer wieder auszuspucken scheint. Wir wollten eigentlich in Ruhe unsere Reise starten und eher eine gemütliche Strecke auf einfachen

Straßen fahren, doch nun überkommt uns beide ein kribbeliges Gefühl, und ohne lange zu diskutieren, radeln wir am späten Nachmittag geradewegs in die Hochlandpiste Kjölur hinein. Falls man dies noch als *Radeln* bezeichnen kann, denn eine so schlechte Piste haben wir noch nie erlebt. Der ohnehin schon schwierig befahrbare, wellblechartige Untergrund, aus dem diese *Straße* besteht, verschlechtert sich von Zeit zu Zeit auch noch durch pflastersteingroße Felsbrocken und Schlaglöcher. Weil es auch noch meist bergauf geht, haben wir alle Hände voll zu tun, bei all den Ausweichmanövern nicht auch noch das Gleichgewicht zu verlieren. Für mich ist das koordinativ, aber auch konditionell eine ganz schöne Herausforderung. Landschaftlich entspricht die Hochlandroute auf jeden Fall meinen Träumen: Wir befinden uns im Nichts. Lavafelder und Gebirgszüge so weit das Auge reicht, ab und an ein wilder Fluss. Regen, Wind, Wolken und wir. Leben pur!

Wir sind größtenteils abgeschieden von Versorgungsmöglichkeiten und erleben genau das Abenteuer (oder vielleicht noch mehr), das wir uns so sehr gewünscht hatten.

ALS WIR UNSERE LEKTION LERNTEN

Flo: Okay. Wir haben es anscheinend etwas übertrieben – alle Anzeichen sprechen dafür, auch wenn wir diese im derzeitigen Zustand nicht mehr richtig deuten können: Klaras Sinne sind nicht mehr fähig einzuordnen, ob sie sich *auf* oder *neben* der Piste befindet, während mir nicht mehr auffällt, dass ich gleichzeitig bremse und in die Pedale trete. Im trüben Licht der Mitternachtssonne streunen wir über das isländische Hochland, um die rettenden heißen Quellen des einzigen Camps weit und breit, Hveravellir, und vor allem das dringend benötigte Trinkwasser zu erreichen. In die missliche Lage haben wir uns wieder mal höchstpersönlich manövriert, da wir als vermeintliche Radreiseprofis keine genaue Routenplanung vorgenommen hatten (sehr schlau, ich weiß). „Schließlich sind wir sowieso nur zwei Wochen hier, was soll da schon großartig passieren?", dachten wir hochnäsig. So fahren wir also von Abenteuerlust getrieben ein Stückchen in die Kjölur hinein, um zu schauen, wie so eine isländische Hochlandpiste aussieht. Mit ein bisschen weniger Luft in den Reifen, um etwas mehr Dämpfung zu erzeugen, so reden wir uns ein, würde das schon gehen – ein Stückchen zumindest und dann könnten wir ja jederzeit auch wieder umdrehen. So ignorieren wir unsere mickrigen Essensvorräte und die Tatsache, keine Ahnung über die Trinkwasserversorgung entlang der Route zu haben.

„Schön ist es hier schon", stellen wir nach den ersten Kilometern steil bergauf und bei Nieselregen fest und negieren unsere Zweifel. Als wir zwei anderen Radfahrern begegnen, fragen wir sie etwas blauäugig, ob es auf dem Weg etwas zu essen gäbe und sich die Strecke tatsächlich lohnen würde. Die beiden sehen uns kritisch-irritiert an, doch davon lassen wir uns nicht einschüchtern. Das angepriesene Café, einige Kilometer entfernt, verleiht uns zusätzlichen Elan, zumindest psychisch. Denn rein aus physikalischen Gründen entspricht ein Tempo von 7 km/h hier schon fast Lichtgeschwindigkeit – und zwar bergauf und bergab (!). Schließlich ist die rutschige Wellblechpiste teilweise mit kopfgroßen Steinen und unzähligen Schlaglöchern ausgestattet.

Das Café, ein besonders niedliches aus weißen Holzlatten, gibt es zum Glück tatsächlich. Eine Oase inmitten wilder Natur, umgeben von reißenden Bächen, weiten Ebenen und den mächtigen Felsen des Langjökulls und des Hofsjökulls, zwei Bergmassive, deren Gletscher milchig graue Seen speisen. Und das Beste am Café: Wir erleben unsere fünf Minuten Ruhm! Wir fühlen uns wie Helden – zumindest für einen kurzen Moment. Dann nämlich, als eine Gruppe österreichischer Bustouristen zu uns stößt und uns, ob unserer – zugegebenermaßen noch nicht ganz vollbrachten Leistung – in den Himmel lobt. Ein mitgereister Hobbyjournalist interviewt uns sogar für seine Zeitung und notiert eifrig unsere Antworten. Anfangs ist uns der Rummel etwas peinlich, aber nach kurzer Zeit fühlt es sich nach den Strapazen doch recht angenehm an, so im Mittelpunkt zu stehen. Wir werden ganz überdreht und flicken vor den Augen unserer Bewunderer auch noch bestens gelaunt einen platten Reifen. „Alles kein Problem für uns!", denken wir motiviert. Als sich die Gruppe dann verabschiedet, wird es still und wir sind wieder allein. Der Gegenwind ist nebensächlich, da wir die magische Schallmauer von 10 km/h ja sowieso nicht durchbrechen können. Schnell werden wir auf den harten Boden der Tatsachen zurückgeholt und wissen wieder, dass wir diese Reise sicher nicht für die Anerkennung anderer machen wollen, sondern nur für uns. Schließlich haben wir uns zu dieser Auszeit entschlossen, um viel Zeit draußen in der Natur genießen zu können.

Und diese Zeit brauchen wir auch dringend, um heute noch vor Mitternacht die heißen Quellen und den angrenzenden Campingplatz zu erreichen. Wir holpern weiter entlang der Hochlandpiste, über große Steine und durch tiefe Furten, ohne zu wissen, wann das Martyrium endlich ein Ende haben wird. Mehrmals sind wir knapp davor, für diesen Tag aufzugeben und das Zelt einfach im Nirgendwo aufzubauen, weil wir keine Kraft mehr haben. Als wir am Straßenrand unsere letzten Reserven verkochen, setzt nach einer kurzen Trockenphase auch noch starker Regen ein. Es ist kalt, es ist nass und wir fragen uns ernsthaft, was wir uns hier eingebrockt haben. Eigentlich reicht es uns jetzt endgültig, denn wir sind körperlich und nervlich fertig und können kaum noch klar denken. Doch uns bleibt keine Wahl: Das Wissen um die Wasserknappheit treibt uns voran. Und auch die Aussicht auf ein wärmendes Bad kann uns noch ein letztes Mal motivieren. Wir legen den Schalter im Kopf um, stellen auf *Automatikmodus* und wissen nicht mehr, was unser Körper eigentlich genau macht. So nehme ich auch die Vollkörperdusche eines durch eine riesige Pfütze vorbeifahrenden Geländewagens gelassen hin. Nach elf Stunden Anstrengung kostet mich das nur noch einen kurzen Seufzer (na ja, genug Kraft, um ihm den Mittelfinger zu zeigen, ist dann doch noch vorhanden).

Mittlerweile tut mir Klara schon leid. Für sie ist dieser Beginn der Reise ja noch viel anstrengender als für mich, schließlich haben wir ja eine etwas unterschiedliche sportliche Vergangenheit. Lief ich zuvor als semiprofessioneller Läufer an die 200 Kilometer wöchentlich, begnügte sich Klaras Training mit dem geradelten Arbeitsweg und sporadischen Laufeinheiten entlang der Donau. Wie sie die konditionelle Herausforderung während der ganzen Reise meistert, ist mir sowieso ein Rätsel. Zu Beginn frage ich mich des Öfteren, ob ich etwas falsch gemacht habe, da sie so locker mithält – wenn auch meist im Windschatten (diesen auszunutzen hat sie perfektioniert). Jetzt leidet sie aber und erste Tränen fließen. Ich merke, wie sie sich anstrengt und sich zusammenreißt – wie gerne würde ich ihr jetzt helfen und kann doch nichts für sie tun.

Endlich mache ich im seichten Licht die Silhouetten der dampfenden Quellen aus und versuche, sie damit zu trösten. Und tatsächlich: Mit *etwas* Verspätung (es ist jetzt ein Uhr nachts) erreichen wir den Campingplatz von Hveravellir. Die längsten und härtesten 70 Kilometer, die wir jemals gefahren sind, liegen hinter uns! Nach einem ausgiebigen Bad in den heißen Quellen fallen wir in einen komaähnlichen Tiefschlaf und hoffen unsere Lektion gelernt zu haben.

Der mächtige Gullfoss, eine der Hauptsehenswürdigkeiten Islands

Am nächsten Morgen müssen wir hurtig weiter, uns würde sonst das Essen ausgehen, denn weit und breit ist keine Siedlung zu sehen. Zudem treibt uns die Sturmwarnung eines Jeeptouristen voran. Die Straße ist nun etwas leichter befahrbar und der Rückenwind enorm. Der wirkliche Sturm beginnt zum Glück erst, als wir uns mit Nudeln im Zelt verbarrikadiert haben. In der Nacht fragen wir uns mehrmals, ob wir samt Zelt schon abgehoben haben. Die Straße wird tags darauf zunehmend besser, und als wir dann Asphalt unter unseren Rädern haben, ist die Welt wieder in Ordnung. Bei der anschließenden heißen Tasse Kaffee in einer Tankstelle ist sie sogar wieder perfekt und wir denken uns: „Ach, so schlimm war das Ganze doch eigentlich gar nicht. Irgendwie hat es sich sogar gelohnt, etwas chaotisch zu sein, denn hätten wir gewusst, was da auf uns zukommt, hätten wir dieses Abenteuer sicher nicht gewagt."

DU BIST EIN ISLÄNDER!

Klara: Nach drei Tagen treffen wir wieder auf Zivilisation. In Island ist nämlich eines klar: Hier ist die Einsamkeit zu Hause, verdammt viel Einsamkeit! Außerhalb der Ringstraße gibt es nur einige wenige, meist geschotterte Stra-

In Island hat die Natur das Sagen: im Süden der Kjölur-Hochlandpiste

ßen, die im Winter häufig nicht passierbar sind. Für Menschen, die dort ihre Höfe betreiben, bedeutet dies oft monatelange Abgeschiedenheit von der Außenwelt.

Nach ein paar Tagen wissen wir: Das gemeinschaftliche Leben am Land spielt sich in den Tankstellen ab! Nicht nur wir flüchten bei starkem Regen in Blönduós in eine Tankstelle, dem ersten und einzigen öffentlichen Treffpunkt weit und breit, sondern hier scheint das tatsächlich eine ganz normale Sonntagnachmittagsbeschäftigung zu sein: sich an der Tankstelle treffen, um dort Hotdogs zu essen. Der Aufenthaltsraum ist größer als bei einem McDonald's, es geht geschäftig zu. Viele kommen mit bis zu den Knöcheln nassen Jogginghosen, triefenden Haaren, drei Kindern im Schlepptau und verbringen dort den halben Nachmittag. Da fallen Flo und ich gar nicht so auf, wie wir etwas unschlüssig einen Kaffee nach dem anderen schlürfen und nicht sicher sind, wie wir die kommenden, mit noch schlechterem Wetter prognostizierten Tage verbringen sollen. Letztendlich entscheiden wir uns, beim Campingplatz gegenüber, schön neben einem Fluss gelegen, unser Lager aufzubauen. Das erweist sich als wunderbare Entscheidung: Es gibt eine Waschmaschine, einen Wäschetrockner und einen herrlich warmen Duschbereich. Wir de-

Langjökull: Gletscher zum Greifen nahe

cken uns schnell mit Lebensmitteln ein, um die nächsten zwei Tage nur noch in Notfällen das Zelt verlassen zu müssen. Während wir dies alles erledigen, ermitteln wir nebenbei zwei ausschlaggebende Merkmale echter Isländer:

Merkmal Nummer 1: Einem Isländer wird so schnell nicht kalt
Am Campingplatz kommen per Autostopp zwei Mädchen im Teenageralter an. Übermütig stellen sie ein klappriges Siebzigerjahre-Zelt (Stil Hundehütte) auf und spazieren dann – während wir in Fleecepullovern und mit Primaloft-Jacken frösteln – in Bikini und Handtuch zum Fluss, um dort ein bisschen zu baden. „Ihr seid von hier, oder?!", fragen wir sie und bekommen ein erstauntes Ja als Antwort. „Wie habt ihr das bloß so schnell gesehen?"

Merkmal Nummer 2: Das bisschen Regen stört hier niemanden
Es regnet in Strömen und kann nicht mehr als ein paar Grad über null haben. Flo und ich stehen in voller Regenmontur unter dem Dach eines Supermarktes. In dem Moment rollt gemächlich ein radfahrender Vater mit Baby im Kindersitz an. Das Kind trägt ein Shirt und außer dem Helm keine Kopfbedeckung. Ungeachtet der riesigen Wassermassen, die die Wolken auslassen,

herzt der Vater das Kind, fast so als wäre diese Regentaufe eine Art Aufnahmeritual in die Gemeinschaft der Inselbewohner. Dem Baby scheint's zu gefallen. „Duuu bist ein echter Isländer!", denken wir uns und müssen lachen. Wir aber sind eindeutig keine Isländer. Deshalb verziehen wir uns mit jeder Menge Fressalien in unser kuscheliges Zelt, um die nächsten 48 Stunden mit einem Hörspielkrimi und jeder Menge Schokomilch zu verbringen.

Irgendwann sind sogar wir ausgeschlafen und die Enge im Zelt wird uns dann doch zu bunt – mit eisernem Willen strampeln wir noch ein paar Tage im Gegenwind Richtung Reykjavik. In windgeschützten Straßengräben kochen wir unser Essen und Flo stellt dabei sinnig fest: „Sehr praktisch: Bei der Kälte kann man sich nie den Mund verbrennen, denn das Essen wird schon auf dem Weg dorthin kalt."

Eine Tagesetappe von der Hauptstadt entfernt lesen wir durchnässt die Erklärung auf einem Fahrverbotsschild für Radfahrer, dass uns davon abhält, die Landstraße weiterzufahren: „Hvalfjord-Untertunnelung: Durchfahrt nur für Autos". Wir haben genug. So durchnässt, wie wir sind, wollen wir keine 100 Kilometer Umweg fahren. Daher machen wir etwas, das wir sonst auf Radurlauben nie tun, ja, eine Ehrenkodex-Übertretung sozusagen: Wir strecken den Daumen raus, und ehe wir uns ganz sicher sind, ob wir wirklich *schummeln* möchten, sind wir schon in, beziehungsweise die Räder auf einem Pick-up. Die Wärme im Auto und das lustige Gespräch mit dem pensionierten isländischen Paar machen uns ganz selig und nachdem wir uns vor unserer USA-Reise noch ordentlich ausruhen wollen, können wir wohl unmöglich das Angebot abschlagen, direkt bis Reykjavik gefahren zu werden. Dort genießen wir die hübsche Stadt und unerwartete zwei Tage Schönwetter. Die Zeit auf Island ist vorbei, die Reise ist in vollem Gang, auf zu neuen Ländern!

USA

MIT SCHWEREM BALLAST DURCH DIE VEREINIGTEN STAATEN

Flo: Nach einer ruhigen Zeltnacht nahe dem Flughafen erscheinen wir überaus mustergültig sehr früh am Schalter der Icelandair, um für unseren Flug in die USA einzuchecken. Es sollte ein gemütlicher, stressfreier Abschied von der Insel werden. Dann kommt aber völlig unerwartet die alles entscheidende Frage einer Mitarbeiterin am Check-in: „Dürfte ich bitte Ihren Rückflugschein sehen, denn ohne ist es nicht erlaubt in die USA einzureisen." Überrascht entgegnen wir, wir hätten noch kein Ticket, schließlich wüssten wir noch nicht, wo es uns mit unseren Rädern nach der USA-Tour hin verschlagen wird. Die Mitarbeiterin kann leider nicht viel für uns tun, denn sie muss sich an die Vorschriften halten und die besagen nun mal, dass jeder Einreisende nachweisen muss, innerhalb von 90 Tagen das Land auch wieder zu verlassen. Fahrräder hin oder her. Auch ein Anruf des Supervisors bei der amerikanischen Einwanderungsbehörde hilft nichts. Zu diesem Zeitpunkt haben wir noch rund 30 Minuten Zeit, *kreativ* zu werden – die Uhr tickt. Zuerst muss nach diesem Schock ein starker Kaffee her. Dann wird der Laptop eingeschaltet und die billigste Busverbindung über die Grenze nach Mexiko gebucht – von San Diego nach Tijuana, obwohl wir dort eigentlich nie hinwollten. Für 24 Dollar zuzüglich zwei Dollar Stornoversicherung haben wir innerhalb von Minuten unser Ausreiseticket in der Hand bzw. am Bildschirm. Das genügt dann auch am Check-in. In letzter Minute erreichen wir das Flugzeug. In unserem Hostel in New York werden wir das Busticket wieder stornieren, so einfach funktioniert dieses ausgeklügelte System. Aber jetzt haben wir erst einmal ganz andere Sorgen und ich versuche, Klara halbwegs zu beruhigen.

Klara: Ich erleide durch die eilige Buchung des Bustickets einen wirklichen Schock, der mich schon daran denken lässt, unsere Reise abzubrechen. Während ich nämlich mein E-Mail-Postfach öffne, um nach der eingelangten Ticketbestätigung zu sehen, überfliege ich ein E-Mail meines Bruders. Der hat leider ganz schlechte Nachrichten. Mein Vater, zu dem ich, wie zu allen anderen meiner Familienmitglieder, eine sehr enge Verbindung habe, musste überraschenderweise ins Krankenhaus. Auf den ersten Blick sieht die Situation sehr ernst und beängstigend aus und sofort stehe ich total neben mir. Nachdem wir in letzter Minute noch einchecken – Flo übernimmt sofort das Kommando, worüber ich sehr froh bin –, versuche ich in der Abflughalle irgendwo ein Telefon aufzutreiben. Handy haben wir nämlich bewusst keines mit, schließlich wollten wir uns ein Jahr lang den Luxus gönnen, nicht ständig erreichbar sein zu müssen. Jetzt würde ich mir aber nichts mehr wünschen, als eben so ein Ding bei mir zu haben. Mir gelingt es in den Minuten vor dem Abflug nicht, ein Telefon aufzutreiben, und so sitze ich mit sorgenvollem Herzen in der Abflughalle, bis wir vom Flughafenpersonal namentlich aufgerufen werden – vor lauter Aufregung haben wir tatsächlich am falschen Gate gewartet! Nach dem sechsstündigen Flug, der mir wie eine Ewigkeit vorkommt und den ich nur verschwommen wahrnehme, dauert es noch einmal mehrere Stunden, bis wir bei unserem Hostel in New York ankommen und die Zeitverschiebung zumindest so weit abwarten, bis es zu Hause nicht mehr mitten in der Nacht ist. Dann erfahre ich von meiner Mama, dass so weit wieder alles in Ordnung ist und ich mir keine Sorgen machen soll. Trotzdem: Die ersten paar Tage bin ich gänzlich unentspannt und die Angst ist immer im Hinterkopf. Schließlich würden wir noch länger unterwegs sein und ich würde meinen Papa noch lange nicht sehen können. New York erlebe ich wie durch einen Schleier. Flo und ich skypen erst Tage später mit meinen Geschwistern, nun kann ich die Entwarnung ernst nehmen. Jetzt erst können wir uns beide so richtig auf die USA einlassen.

NEW YORK: DAS ABENTEUER BEGINNT

Klara: In New York waren wir beide schon einmal: Flo, als er sein Auslandssemester in Arkansas antrat, und ich, als ich ihn dort besuchte. Für mich war diese Stadt damals irgendwie unfassbar. Ich konnte im Nachhinein einfach nicht sagen, was ich von ihr halten sollte. Natürlich, die größte Stadt der USA ist laut, multikulturell, hässlich und schön zugleich. Unterwegs mit öffentlichen Verkehrsmitteln, kam sie mir damals uneinschätzbar riesig vor. Das ist diesmal ganz anders. Beim Einstieg in den Airportzug werden wir wieder daran erinnert, warum wir dieses riesige Land für unsere erste längere Radetappe gewählt haben: Es sind die fröhlichen und begeisterten Bemerkungen der Passanten, die uns auf unsere vollbepackten Räder ansprechen, uns viel Glück wünschen und uns erklären, wie toll sie unser Vorhaben fänden. Diese sympathischen Wesenszüge der Amerikaner finden wir einfach großartig. Klar könnte man jetzt einwenden, dass es sich hierbei nur um die typisch oberflächliche Mentalität der Amerikaner handelt, hinter der wenig steckt. Wir finden diese Offenheit und Begeisterungsfähigkeit aber klasse und würden uns wünschen, als Mitteleuropäer auch mehr davon zu haben.

In der feuchtschwülen U-Bahn Richtung unserem Hostel in Queens, in der wir kaum Platz finden – wir brauchen mit unseren Rädern sicher ein Viertel des Wagons –, erleben wir dann leider auch die Schattenseiten einer anonymen Großstadt: Eine sichtlich überforderte Mutter fasst ihren kleinen Jungen, der wie am Spieß schreiend in seinem Buggy sitzt, sehr grob an – so grob, dass er mit seinem Hals immer wieder am Gurt hängen bleibt und beinahe keine Luft bekommt. Teilnahmslos oder genervt schauen die anderen Passagiere zu Boden. Niemand couragiert sich einzugreifen – auch wir trauen uns nicht, was ich im Nachhinein bereue. Beim Ausstieg aus der U-Bahn merken wir schnell, dass die steilen Stufen hinauf zur Straße für uns mit den Rädern unüberwindbare Hürden sind, und wir stellen uns einzeln beim Fahrstuhl an. Einzeln deshalb, weil im Lift nur mit Mühe und Not ein vollbepacktes Fahrrad Platz hat. Schnell machen wir uns hiermit Feinde, denn vor dem Lift herrscht großer Andrang, obwohl es doch nur ein paar Stufen bis zur Straße wären. Viele beleibte Menschen wollen aber trotzdem lieber zehn Minuten

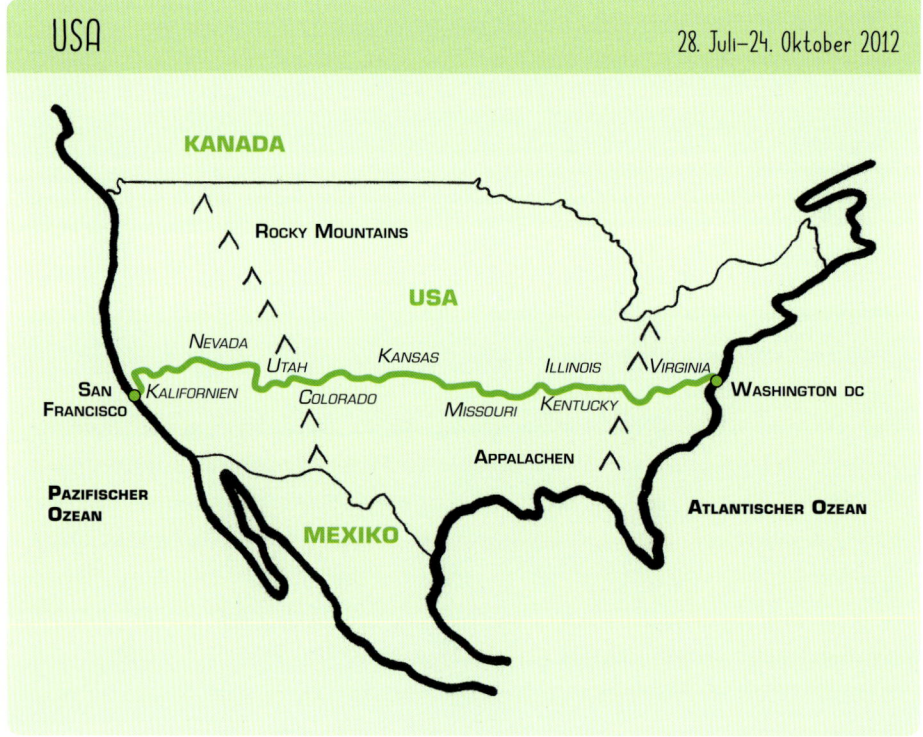

auf den Fahrstuhl warten und wir sind dabei im Weg. Manch gehfauler New Yorker blickt uns mit genervtem Blick und rollenden Augen an. „Ach ja", denken wir, „das Adipositasproblem vieler US-Bürger hätten wir schon fast vergessen!" Mit diesem Gedanken schwingen wir uns auf unsere Räder und rollen auch schon vor die Tür eines Hamburger-Ladens. Keine Minute später steht unsere erste Hamburger-Cola-Combo vor uns am Tisch und jegliche Gedanken über Ernährungsbewusstsein sind Vergangenheit.

Tags darauf trauen wir uns dann (nachdem uns der griechischstämmige Hostelbetreiber gut zugeredet hat) tatsächlich, *durch* New York zu radeln. Unser Plan ist zu diesem Zeitpunkt endlich fix: Von Washington D.C. aus wollen wir die USA durchqueren und, würde alles gut gehen, spätestens drei Monate später San Francisco am Pazifik erreichen. Das haben wir, durchorganisiert wie wir sind, erst vor ein paar Tagen beschlossen, als uns in Reykjavik ein Tourenpärchen vom sogenannten Trans-Am-Trail vorgeschwärmt hat, der südlich von Washington startet. Flo hatte zuvor schon mit diesem Trail geliebäugelt, doch erst jetzt steht unser Entschluss. In New York bestellen wir einen Kartensatz des Trails (sündhaft teuer, aber im Nachhinein gesehen ein Traum) und geben als Lieferadresse einen Campingplatz in Virginia an, von dem wir glauben, dass er am Weg liegt.

Für die Strecke nach Washington wollen wir aber noch den Bus nehmen, innerlich haben wir nämlich schon den leichten Verdacht, dass es mit unserem Dreimonatsvisum für die Durchquerung des Kontinents sonst eventuell etwas knapp werden könnte. Und so lerne ich New York auf dem Weg zum Busbahnhof nahe dem Times Square neu kennen und schätzen. Auf dem Rad macht das Ganze viel mehr Spaß und ich lerne etwas, das sich noch oft bewahrheiten wird: Das Gefühl für eine Stadt bekomme ich am besten, wenn ich mich selbstständig und aus eigener Kraft dort fortbewege.

Es ist Sonntag und somit wenig Verkehr, während wir durch die etwas schäbigen Durchfahrtsstraßen Queens' radeln. Immer wieder werden wir von den typischen gelben Taxis überholt. Als wir Passanten nach dem Weg in Richtung Central Park fragen, macht der erste ein Foto von uns und sendet es per Smartphone gleich an unseren E-Mail-Account, der nächste, ein italienischer Rennradfahrer, übernimmt die Führung und geleitet uns beim Weg über die Queensborrow-Brücke. Es fühlt sich großartig an, in einer solchen Stadt Teil des Treibens zu sein. Flo genießt das anscheinend so sehr, dass er sich, im Central Park angekommen, gleich zu den Rikschafahrern gesellt, die

New York City: Wo bitte geht's hier zum Radweg?

dort Touristen ihre Dienste anbieten. Zwischen den Fiakern und Wochenendausflüglern fällt er fast nicht auf. Wir rollen am Zoo vorbei und landen beim großen Teich des Parks. Hier herrscht eine fast magische Stimmung: Wir stehen auf einer Fußgängerbrücke und unter uns ist ein weiterer Durchgang. Überall tummeln sich die Leute, ein Chor singt und gleichzeitig zaubert ein Straßenkünstler menschengroße Seifenblasen.

Nach dem Genuss eines obligatorischen Bagels fahren wir zum Times Square, wo es wie immer rundgeht. Nun müssen wir es zugeben: Wir haben tatsächlich ein Foto mit dem *Naked Cowbo*y, einem legendären Straßenmusiker, gemacht und wissen bis heute nicht, was wir davon halten sollen.

Beim komplizierten System am Busbahnhof wird Florian dann schon fast zum Einheimischen. Zuerst stellen wir uns noch ahnungslos in einer der zwei parallelen, sicher 100 Meter langen Schlangen an, die in einer Art Abfahrtshalle für die Busse mündet. Dann erfragen wir uns schrittweise die Logik des Systems. Es läuft hier anscheinend so ab, dass neben den offiziellen blau gekleideten Auskunftskerlen sich hier jeder, der eine Ahnung hat, wohin welche Schlange führt, wann der nächste Bus fährt, beziehungsweise ob dieser

Grand Central Station in New York

noch freie Plätze hat, bemüßigt fühlt, diese Informationen weiterzugeben. Nach ungefähr einer Stunde des Wartens – wir werden dazwischen von einem Angestellten mehrmals an den anscheinend richtigen Platz bugsiert – ist Florian zum Profi mutiert und gibt jetzt, wenn er von Neulingen gefragt wird, mindestens so selbstbewusst Auskunft wie die Dame vor uns, die dieses Schauspiel jeden Sonntag erlebt. „*This is the line to Philly, 4:30, reservations only*", erklärt er geschäftig und deutet auf die Nachbarlinie. Ich kann meinen Ohren kaum trauen!

Ob wir samt unserem, zugegebenermaßen nicht unbedingt handlichem Gepäck befördert werden, hängt letztendlich von der Gunst des Busfahrers ab. Die erste Chance auf einen Platz im Bus wird vom chinesischstämmigen Fahrer mit einem knappen und scharfen „*No, no, no! It's not possible!*" aus dem Weg geräumt und so schauen wir, dass wir uns wenigstens mit dem bei dieser Aussage heimlich die Augen verdrehenden Ordnungspersonal gutstellen. Sie setzen sich dann auch wirklich für uns ein – und nach nur drei Stunden Wartezeit sitzen wir im Bus nach Washington. In mir steigt so etwas wie ein Glücksgefühl auf! Die Straßenschilder, die Autos, der Wald rings um die In-

„How romantic!" – Honeymoonfeeling vor dem Lincoln Memorial in Washington

terstate – alles ist mir vertraut und erfreut mich. Als nach zwei Stunden der Sitzplatz neben Florian frei wird, setze ich mich zu ihm und er legt den Arm um mich. „Alles wird gut", denke ich und fühle mich zur richtigen Zeit am richtigen Ort.

Flo: Mit den letzten Sonnenstrahlen erreichen wir die Hauptstadt. Washington ist ein guter Ort! Ruhig, sauber und genügend Raum, um sich frei bewegen zu können. Noch bevor wir uns eine Unterkunft suchen, schwingen wir uns auf unsere Fahrräder und begeben uns zur Mall, auf deren weitläufigem Gelände sich viele Sehenswürdigkeiten befinden.

Vor dem Kapitol machen wir ein paar Erinnerungsfotos und ich fühle mich wie Forrest Gump, der an eben diesem Platz seine Jenny wieder traf, nachdem er die USA durchlaufen hatte. Nur mit dem Unterschied, dass es bei uns in die andere Richtung geht, ich mein Herzblatt schon mithabe und wir mit dem Fahrrad unterwegs sind.

Am Vorabend der endgültigen Abreise gen Westen treffen wir auf eine deutsche Rucksackreisende, die durch die USA tourt und am nächsten Tag mit dem Bus von Washington D.C. nach San Francisco fahren will. „Wir Backpacker haben es nicht immer leicht, aber diesen beinharten 48-Stunden-Trip sollte man einmal im Leben machen", erklärt sie vollmundig. Da müssen wir dann doch innerlich schmunzeln. „Und wir planen für beinharte 48 Stunden ganze drei Monate?", sinnieren wir und scherzen: „Wir dürfen ja auch nicht auf die Autobahn!"

VIRGINIA: DURCH POCAHONTAS HEIMAT

Klara: Selbstverständlich ziehen wir am Starttag die *Just-married*-Radshirts an, die uns Freundinnen geschenkt haben. Sie sind knallgelb und auf Flos steht „*just*", auf meinem „*married*". Stehen wir nebeneinander und umarmen uns, ergibt das Ganze Sinn und es bildet sich sogar ein großes rotes Herz auf unseren Bäuchen.

Kaum rollen wir gut gelaunt und etwas nervös los, werden wir auch schon freundlich angehupt. Uns wird zugewunken und die Leute rufen uns begeistert Glückwünsche zu: „*How romantic!*", „*Congrats!*" So geht das den ganzen Tag! Es ist herrlich – wir haben fast das Gefühl, nochmals ein bisschen zu heiraten. Direkt von Washington aus gelangen wir auf den Mount Vernon Trail. Es geht entlang des Potomac-Flusses bis nach Alexandria, einer südlichen Vorstadt Washingtons mit Backsteinhäuschen, bunt bemalten Fensterläden und verlockenden Eisbuden. Dort essen wir gemütlich zu Mittag, bevor wir bis zum ehemaligen Wohnhaus George Washingtons fahren. Der schöne Radweg ist ab hier Geschichte. Jetzt geht es nur noch auf vier- bis sechsspurigen, stark befahrenen Straßen weiter, an den ersten Ausläufern der Appalachen rauf und runter, von einer Ampel zur nächsten. Alles sieht gleich aus, eine Einkaufsmeile nach der anderen, wie sie wohl in jeder größeren Stadt Nordamerikas zu finden sind: Walmart, Radioshack, McDonald's und Starbucks … Zum Verrücktwerden. Es wird schon dunkel, als wir endlich den ersten und einzigen State Park weit und breit entdecken. Diese kleinen Naturschutzgebiete bieten häufig die Möglichkeit zu campen – ideal für Reisende wie wir. So können wir uns die sporadisch auftauchenden, heruntergekommenen Motels sparen. Im dunkln, tiefen Wald des Parks ergattern wir eine einfache Hütte und kochen noch schnell Pasta, bevor wir in die Schlafsäcke fallen und sofort einschlafen.

In den kommenden Tagen werden wir auf unmissverständliche Art und Weise mit dem Begriff der *rolling hills* und den Appalachen vertraut gemacht. Hatten wir in Island mit einer sogenannten Wellblechpiste zu tun, bei der uns kleine, wellenartig aneinandergereihte Erhebungen das Fahren schwer machten, so fordert uns nun ein steiler Hügel nach dem anderen. Hier, im Land von Pocahontas und den Blue Ridge Mountains, gibt es viel Wald und neben der üppigen Fauna und den „Meine-kleine-Farm-Höfen" findet sich allerlei spannendes Getier. Allen, die gleichfalls Pocahontas kennen, braucht man ja nichts zu erzählen, allen anderen sei gesagt: Waschbären, putzige Kaninchen, Eichhörnchen, Schildkröten, Füchse, zutrauliche Rehe und Eulen versüßen unsere Radtage.

Die meisten US-Touristen sind aber aus einem ganz anderen Grund in Virginia: Sie klappern ein Bürgerkriegsmonument nach dem anderen ab, denn hier wurde das intensivste Kapitel dieses Konflikts geschrieben. Die *Rednecks*, wie die Südstaatler genannt werden, mussten 1865 nach rund vier Jahren Krieg vor den *Yankees* aus dem Norden kapitulieren und somit die Sklaverei aufgeben.

Wir schlafen weiterhin meist in State Parks, campen aber auch eine Nacht bei Katzenfrau Maria. Maria entspricht mit ihrer ausgewaschenen schwarzen Dauerwelle, der rauchigen Stimme und einem Kaffeebecher und einer Zigarette zwischen den Fingern äußerlich dem perfekten Katzenfreundinnen-Klischee. Es gibt zwanzig Katzen auf ihrem Campingplatz – und gegen Mitternacht auch in unserem Vorzelt. „Sie arbeiten für mich", schwärmt Maria mit liebevollem Blick auf ihre felligen Freunde. Auf unser mimisch leider nicht zu vermeidendes Unverständnis hin (sagen wir so: wir sind keine Katzenfreunde) erklärt sie: „Ihr könnt euch gar nicht vorstellen, wie viele Ratten ich ohne sie hier hätte!"

Zwischen den endlos anmutenden Hügeln Virginias habe auch ich meine Auf und Abs und manches Mal ein ziemliches Motivationsproblem, was für Florian, der inzwischen schon total im Radfahren aufgeht, auch nicht immer so unterhaltsam ist. Auf bisherigen Radurlauben hatte ich nach spätestens zwei Wochen stets ein Hochgefühl erlebt und war schnell auch körperlich fit gewesen, doch diesmal machen mir die steilen Anstiege einen Strich durch die Rechnung. Ich bin matt, müde und das mit der Kondition scheint einfach nicht wirklich zu werden. Innerlich verfluche ich bereits die verdammten Hügel der Appalachen und hoffe, bald ein besseres Gefühl zu bekommen.

Flo: „Unterstützt unsere Truppen!", heißt es auf Werbebannern und Plakaten. „Alle gaben etwas, manche gaben alles!", lesen wir auf Mahnmahlen in Privatgärten. Ja selbst der Kauf einer bestimmten Würstchenmarke unter-

Die ersten Tage in den USA sind ernüchternd: viel Verkehr und wir ohne Plan.

stützt die Heimatfront. Viele Bürger leben hier in Angst und Schrecken, obwohl die von den USA geführten Kriege Tausende Kilometer weit entfernt sind. „In den letzten Jahren scheint auf unserem Land ein Fluch zu liegen. Wir müssen immerfort kämpfen", lässt uns die Südstaatlerin Mary geknickt wissen. „Na ja, meistens seid es aber ihr, die irgendwo einen Krieg anzetteln", denken wir uns und geben ein etwas bedrücktes Lächeln zurück. Die ihrerseits erwartete, verständnisvolle Bestätigung bleibt von unserer Seite aus. Kriegsverherrlichung an sich gehört in der Gegend rund um Virginia einfach dazu. In kleinen Dörfern zieren Gedenktafeln – meist direkt neben den Schulen – die Ortschaft. Sie heben die leider Gottes gefallenen, oft blutjungen, ortsansässigen Soldaten öffentlich in den Himmel. Diese sind echte Helden für potenzielle Nachwuchssoldaten, die oft aus dieser verarmten Gegend rekrutiert werden. Dies alles erinnert mich an ein Gespräch, das ich mit einem jungen Kerl aus Arkansas während meines Auslandssemesters führte. Er schwärmte mir von den enormen Vorteilen einer Karriere bei der Army vor: „Da kriegst du jede Menge Kohle. Alles was du dafür tun musst, ist die gesamte Scheiße in Afghanistan in die Luft zu jagen!"

„Privateigentum!" Die vielen Verbotsschilder haben Frustpotenzial.

Ein weiterer Grund, warum wir mit der Mentalität Virginias nur langsam warm werden, sind die vielen Verbotsschilder. Jedes noch so kleine Fleckchen, jeder Baum, jede Wiese scheint mit einem Betreten-verboten-Schild versehen zu sein. Diese erfreuen unser Camperherz nicht unbedingt, da wir täglich bis zu 20 Kilometer Umweg in Kauf nehmen müssen, um einen Campingplatz zu erreichen. Wir fühlen uns schon fast unwillkommen. Die in Summe 1500 Kilometer extra würden wir in unserem Drei-Monats-Visum sicher nicht mehr unterbringen. Einmal überlegen wir sogar, die Schildchen vor einem Wald einfach zu übersehen, doch noch im selben Moment hören wir den schießwütigen Eigentümer im Wald herumballern. Der Höhepunkt ist aber ein Schildchen auf einem offiziellen Campingplatz. Wir sind auf dem Weg zur Rezeption und werden sogleich von einer unübersehbaren, wohl spaßig gemeinten Tafel „willkommen" geheißen: *„Stay out! Violaters will be shot! Those who get up will be shot again!"*

Zum Glück haben Virginia und seine Bewohner auch noch ganz andere Seiten zu bieten. Wenn man sich auf die Menschen einlässt, erfährt man die berühmte *southern hospitality,* die Gastfreundschaft der Südstaatler. Da ist zum Beispiel George, ein Farmer, auf dessen Ranch wir unser Zelt aufstellen dürfen. Er mäht extra ein besonders schönes Fleckchen an seinem See für uns aus. Einen unerwarteten Wolkenguss dürfen wir sogar noch bei einer kühlen Limonade in seinem Haus abwarten. Seine interessante Lebensgeschichte inklusive seiner köstlichen Ausführungen über seine beruflichen Erlebnisse im Beerdigungs-Business gibt es obendrauf.

Oder Rhoda, eine Mennonitin, die wir im Bear Creek Lake State Park treffen. Mit ihrem weißen Häubchen als Kopfbedeckung fällt sie uns gleich auf. Vom Auto aus beginnt sie mit uns zu quatschen. Sie sei frisch von Idaho hierher gezogen und erkunde jetzt die Gegend. Auch ihr Traum sei es schon immer gewesen, einmal mit dem Fahrrad quer durch ihr Land zu fahren. Nach einem netten Gespräch verabschieden wir uns herzlich voneinander. Kaum haben wir eine Stunde später unser Zelt aufgestellt, steht Rhoda plötzlich mit frisch gebackenem, warmen Kuchen und Milch vor uns, um uns noch einmal offiziell in ihrem Land willkommen zu heißen. Als wir uns überschwänglich bedanken, meint sie nur, wir sollen diese Gastfreundschaft einmal an andere weitergeben. „*That's trail magic*", das sei der Zauber des Pilgerns, meint sie. Und wir nehmen uns ganz fest vor, auch zu Hause Fremden diese Herzlichkeit entgegenzubringen.

ZWEI IDIOTEN GEBEN VOLLGAS 5. August 2012

Flo: Vorgestern hätten die gesetzestreuen Amerikaner wirklich einen verständlichen Grund gehabt, sich über uns zu ärgern. Fuhren wir doch unerhörterweise ein paar Meilen auf der Interstate, was sich als waghalsig, dumm und andererseits als sehr schnell herausstellte – Letzteres meint zumindest Klara, die mich davon *überzeugte*, die Abkürzung über die Autobahn zu nehmen. Dabei schubste sie mich quasi in die Auffahrt und schon waren wir bei den Fahrradfahrverbotsschildern vorbei und direkt am Pannenstreifen unterwegs. Jetzt gab es bis zum nächsten Exit in rund sieben Meilen kein Zurück mehr. Ich starb tausend Tode! Gesteuert vom Überlebenstrieb versuchte ich Klara wild gestikulierend mitzuteilen, dass sie dichter an meinem Hinterrad fahren sollte, um den Windschatten besser ausnutzen und so mehr Tempo machen zu können. Ich wollte nämlich keine Minute zu viel auf diesem gefährlichen Pflaster verbringen. Sie verstand aufgrund des Lärms der vorbeirasenden Lastwagen natürlich kein Wort und durch mein sinnloses Gestikulieren stürzte ich auch noch fast. Klara blieb ganz cool (oder dachte vielleicht einfach gar nicht so weit?). In meinem Kopf sah ich mich jedenfalls schon von einem Truck überrollt oder von einem Sheriff geschnappt. Ich zumindest mache mich ab jetzt nicht mehr lustig, wenn es im Verkehrsfunk heißt: „Zwei Tschechen per Fahrrad am Pannenstreifen der A1 Richtung Attersee …"

Klara: Jetzt sitzen wir also seit Tagen hier und warten im Claytor Lake State Park, bis der Postmann dreimal klingelt, oder, in unserem Fall, der UPS-Mann mit unseren Radkarten angebraust kommt. Das sind nicht irgendwelche Straßenkarten, sondern *die* Karten der *Adventure Cycling Association* mit unserer Route gen Westen, ohne die wir ab hier nicht mehr weiterfahren können beziehungsweise wollen. Schließlich irren wir schon seit einer Woche in Virginia herum, den halben Tag damit beschäftigt, uns im wirren Straßensystem fahrradfreundliche Routen zu suchen und abends einen Campingplatz zu finden. Wir haben genug vom Verkehr und den täglichen Extrakilometern auf dem Weg zu einem Schlafplatz. Wir wissen, in den Radkarten sind all diese Dinge eingezeichnet und damit ist Schluss mit den Strapazen. Aber die Lieferung der in New York mit einem dollarfressenden Internetanschluss bestellten Karten ließ mächtig auf sich warten.

Während der nervenaufreibenden Warterei werden wir ganz schön paranoid: Jedes Mal, wenn ein Fahrzeug an der nahe unserem Zeltplatz gelegenen Einfahrtsstraße vorbeirollt, schrecken wir nervös auf und hoffen, es sei was für uns dabei! Erwartungsfroh gehen wir mehrmals täglich zum Empfangszentrum des Parks und werden mit unserem Anliegen bald platzweit bekannt. Jeder weiß: Die zwei warten auf ihre Karten. Oft bekommen wir schon, noch bevor wir wieder mal nachfragen können, ein verneinendes Kopfschütteln, dem hoffnungsspendende Worte über ein baldiges Eintreffen folgen. Wir kommen uns teilweise ganz schön vertrottelt vor und vertreiben uns die Tage mit Wäschewaschen – die hier, in diesem feuchtschwülen Wetter, aber einfach nicht trocknen möchte. Irgendwann helfen uns dann die beiden Parkhosts Marion und Don liebenswerterweise aus. Sie sind für unseren, insgesamt fünf Zeltplätze umfassenden Abschnitt des State Parks verantwortlich und dürfen dafür die ganze Saison lang mit ihrem monströsen Campingbus (in den Ausmaßen eines typischen europäischen Reisebusses für 50 Personen) gratis campen. Für ihr jahrelanges Engagement haben sie sogar schon die goldene Ehrenanstecknadel erhalten. Don war Flugzeugingenieur bei der Army und dementsprechend haben sie ihren kleinen Vorgarten vor dem Bus gestaltet. Neben Windspielen und Topfpflanzen hängen hier unzählige US-Flaggen. Getoppt wird das alles von einem überlebensgroßen Denkmal. Dabei handelt es sich um eine Art Scherenschnitt aus schwarz lackierten Pressspanplatten in Form eines Soldaten, der vor einem Grab kniet. Darunter steht so etwas wie: „Danke für euren Einsatz für Freiheit, Frieden und Gerechtigkeit!" Anders als es ihre uns befremdende antipazifistische Einstellung zunächst vermuten lässt, sind die beiden sehr hilfsbereit und fahren uns extra in den 20 Kilometer entfernten Waschsalon, wo wir endlich unsere Wäsche trocknen können. Als wir im Schritttempo durch den Campingplatz rollen, bleibt Don plötzlich stehen und steigt aus. Wir fragen uns gerade, was er bloß vorhat, da hebt er ein winziges Ästchen vom Weg auf, schwingt es triumphierend in die Höhe und erklärt: *„That's part of our job!"*

Wir vertreiben uns außerdem die Zeit mit Baden am kleinen See des State Parks, was uns nicht ganz so viel Spaß macht. Denn hier erscheint uns alles sehr restriktiv: Sogar die Kinder rufen uns von der Ferne ermahnend zu, wenn wir, ohne uns unseres Vergehens bewusst zu sein, nicht im Badebereich – einem 20 Meter langen Uferstreifen –, sondern fünf Meter weiter drüben ins Wasser steigen wollen. Am Ministrand gibt es sogar baywatchgleiche Rettungsschwimmerinnen – mit rotem Badeanzug und Boje, versteht sich!

Ansonsten beobachten wir unzählige zutrauliche Rehe, Schmetterlinge und Eichhörnchen und genießen die vielen Begegnungen mit lieben Campnachbarn, die gern Marshmallows grillend vor den Lagerfeuern sitzen. Alle scheinen mittlerweile mit uns mitzufiebern, wann denn nun endlich die Karten kommen und unsere große Reise gen Westen so richtig durchstarten kann.

Wir warten und warten und warten. Innerlich sind wir aber nicht mehr so ruhig, sondern haben das Gefühl, uns läuft die Zeit, beziehungsweise das Drei-Monats-Visum, davon. Wenigstens hat mein Körper Zeit, sich zu erholen und endlich fit zu werden.

Siehe da, nach fünf Tagen passiert das Wunder – und noch dazu ganz still und heimlich! Diesmal werde ich durch unser raffiniertes System von Schere, Stein, Papier auserkoren, mal wieder beim Parkeingang nach einem Päckchen zu fragen, und man glaubt es kaum: Ohne dass wir es bemerkt hätten, hat der Postmann tatsächlich das langersehnte Paket geliefert. Wir können ihm nun nicht einmal jauchzend um den Hals fallen. Das ist ja wie Ostern und Weihnachten zusammen! Don und Marion applaudieren fast, als ich, stolz wie ein Pfau mit den Karten winkend, bei ihrem Camper vorbeischreite. Dann folgt ein kurzes Rechenspiel meinerseits: die uns bevorstehenden Kilometer dividiert durch die noch vorhandenen Tage und ein großer Schock. Bei der uns bevorstehenden durchschnittlichen Tageskilometerzahl möchte ich am liebsten jetzt sofort losstarten – auch wenn es schon dunkel wird! Flo beruhigt mich: Wir könnten ja ein paar Pausentage *hereinradeln*, wenn wir an anderen Tagen nur umso mehr schaffen. „Das sind ja großartige Aussichten", denke ich mir und freue mich gleichzeitig, dass die Reise endlich wieder weitergeht. Kentucky: Der olympische Traum lebt.

Flo: Kentucky, das ist ein einziger grüner Tunnel in den Hügeln der Appalachen. So steile Hügel, dass wir einmal nach einem besonders anstrengenden

Claytor Lake State Park: Warten auf den Postmann

Anstieg simultan auf unsere zuvor ausgebreitete Plane fallen und kaum noch klar sehen können. Zum Glück haben wir noch den, ansonsten für uns eher ungenießbaren, Maisbrei mit, der uns in der Not die nötige Energie bringt, doch noch weiterfahren zu können.

In den kommenden Tagen und Wochen versuchen wir, mindestens 20 Kilometer *über* unserem errechneten Tagesschnitt zu fahren, denn wir möchten uns unbedingt in den aufregenderen Bundesstaaten wie Colorado, Utah und Kalifornien mehr Zeit lassen können. Zum Glück funktioniert das mit unseren Karten auch perfekt, denn die tägliche Organisation des Schlafplatzes ist somit geregelt. Auf dem TransAmerica-Trail gibt es für alle, die das *Crossing-the-States-Thing* machen, gratis Schlafmöglichkeiten in Kirchen, Turnsälen und Stadtparks – besonders in Gegenden ohne touristische Infrastruktur. Dies erleichtert uns das Reisen in diesem Land enorm. Wir treffen jetzt auch ab und zu andere Radfahrer – eine Seltenheit und eine Freude in Kentucky, wo es eher unüblich scheint, sich zu bewegen. Sie alle fahren den Trail, der in den 1970er-Jahren zu Ehren der Nation entstanden ist. Er wurde für *mostly unexperienced cyclists,* also hauptsächlich für unerfahrene Radfahrer entwickelt. Um diesen Anspruch zu untermalen, wurde auf dem Kartencover ein Gruppenfoto eben solcher Radfahrer – in ausgefransten Jeansshorts, engen Rudershirts, mit Hornbrillen und wirren Lockenköpfen – abgedruckt. Ein Blick darauf genügt, um jegliche miese Stimmung zu vertreiben, wir sind *very amused.*

Mit den Karten können wir sehr entspannt dahinfahren und den lieben langen Tag vor uns hin plappern. Als Gesprächsthemen dienen auch die fanatischen Sprüche und Texte, die hier religiöse Gruppen überallhin pflastern. Wir sind eindeutig im *Biblebelt* und die Zehn Gebote finden sich an jedem zweiten Supermarkteingang. Nicht mehr ganz so lustig finden wir aber Selbsthilfebücher mit Titeln wie: „*Satan, you won't get my children*".

PROFESSIONELLE BEINE 12. August 2012

Klara: Ich erlebe eine Premiere: Ich bin oft weit und breit, zum Beispiel im riesigen Walmart, die Dünnste von allen! Etwas, das mir zu Hause selten passiert. Und dann die *legs*-Geschichte: Ich bin ja nun wahrlich kein *Hirtermadl* (Sie wissen schon, die mit den dünnen Wadeln)! Aber gleich so ein Trara um meine muskulösen Beine zu machen … In Kentucky werde ich ständig auf meine *legs* angesprochen. „*Look at her legs! They are amazing*", höre ich im amerikanischen Singsang mindestens zwei Mal die Woche, während rotlackierte Zeigefinger auf meine untere Körperhälfte deuten. Oder, aus aktuellem Anlass (die Olympiade wird gerade in London ausgetragen): „*Are you training for the olympics? Your legs look professional!*" Mir ist das peinlich, Flo findet es lustig und bestätigt mit ernster Miene, dass wir 2016 in Rio live dabei sein werden. Kentucky, das ist der Bundesstaat der Bluegrass-Musik (gefällt uns), der Bundesstaat der Rennpferdezucht – bis zu elf Millionen US-Dollar für einen Hengst – (finden wir interessant) und der Bundesstaat mit der größten Anzahl an offensichtlich Fettleibigen (finden wir schockierend). Kentucky, quo vadis?

Flo: Hier werden Stereotypen bedient. Auf den ersten Blick leben in Kentucky vor allem dicke, burgermampfende Menschen mit großen Autos. Menschen mit wenig Umweltbewusstsein und schlechten Bildungschancen. Das stellt zumindest Ben fest, ein Amerikaner aus Boston, der ebenfalls mit dem Rad nach *San Francisco* unterwegs ist: „Ich bin schockiert über mein Land! Für mich ist es hier mindestens so überraschend wie für euch Europäer. Ich hätte niemals für möglich gehalten, wie anders die Südstaatler sind." Kentucky ist einer der ärmsten Bundesstaaten der USA. Aufgrund der Schließung vieler Kohleminen und des Zusammenbruchs der Holzindustrie leben in ge-

Von Kaff zu Kaff durch den Bible Belt. Selbst der Tabakladen hat eine Drive-through-Möglichkeit.

wissen Regionen bis zu 40 Prozent der Bevölkerung unter der Armutsgrenze. Ein guter Nährboden für morbide Adipositas. Über 60 Prozent der Leute sind fettleibig oder übergewichtig. Wir zählen zum Glück noch nicht dazu, obwohl unsere Diät, die hier vorwiegend aus Fett und Zucker besteht, bereits Wirkung zu zeigen beginnt. In den kleinen Dörfern entlang unserer Route gibt es nämlich kaum frische und gesunde Nahrungsmittel und so schnabulieren wir Donuts, Burger und unsere tägliche Ration Pasta.

Auffällig ist hier auch, dass zahlreiche Autos einen Behindertenausweis am Nummernschild befestigt haben, um bei Supermärkten direkt vor dem Eingang parken zu dürfen (wenn es gemeinerweise keine *Drive-through*-Möglichkeit gibt). Erst einmal eingeparkt wird direkt vom Auto auf einen elektrischen Einkaufswagen – natürlich mit gemütlichem Sitz – gewechselt. Jetzt wird durch die riesigen Regalreihen geflitzt. Der mitgeführte Gehstock wird praktischerweise dafür verwendet, an die Leckereien im oberen Bereich der Regale zu kommen – nur um nicht unnötigerweise aufstehen zu müssen.

Kein Wunder, dass wir oft unverständliche Blicke ernten, wenn wir vollbepackt – zwar sitzend, aber ganz ohne Motor – durch die Gegend fahren. *No sports* ist angesagt. Bei längerer Unterhaltung folgt auf Unverständnis aber

Das Pferd braucht zwar keinen Treibstoff, sein Besitzer aber schon: Kaffee und Cola gibt's an jeder Tankstelle.

meist Begeisterung und wir werden mehrmals (ernsthaft!) mit guten Wünschen für die Olympischen Spiele verabschiedet.

Klara: Manchmal kommen wir uns wirklich wie beim beinharten Training vor. Das Höhenprofil der schwülheißen Appalachen zeigt uns des Öfteren unsere körperlichen Grenzen auf. Schweiß läuft uns in die Augen. Mit unseren Händen können wir ihn bloß verwischen und verstärken dabei blöderweise meist nur das salzige Brennen in den Augen. Bei extrem steilen Passagen, wo die dicke Luft zu stehen scheint, haben wir besonders Mühe, auf den Rädern zu bleiben: Uns rutschen die Lenker aus den Händen, da diese klitschnass geschwitzt sind! Noch dazu brechen uns beim andauernden Hügelhochsprinten im Wiegetritt unsere zu schwach ausgelegten Alu-Gepäckträger. Provisorisch richten wir diese mit Kabelbindern (das Universaltool schlechthin!) und Draht wieder her. Ich lege damit sogar noch eineinhalbtausend Kilometer zurück, ehe ich in Colorado einen neuen Gepäckträger bekomme.

Flo: Klara ist ein wirklich gutmütiger und liebenswürdiger Mensch, aber bei einem Ford F150 oder einem *Dodge Silverado* hören sich auch bei ihr jede Freundschaft und die guten Manieren auf. Die überdimensionierten Pickups mit viel zu viel Hubraum und Spritverbrauch werden zu ihrem erklärten

Feindbild. Nicht nur wegen der sinnlosen Ressourcenvergeudung und des furchteinflößenden Motorengeheuls dieser Maschinen (mehrmals wähnen wir einen Monster-Lkw hinter uns und stellen dann verblüfft fest, dass es doch nur eines dieser Autos ist), sondern vor allem aufgrund der Personen, die solche Autos fahren. In den USA zählen wir in vielen Bundesstaaten (anscheinend vor allem in den republikanischen) als minderwertige Verkehrsteilnehmer und Störelemente auf der Straße. Und das lassen uns die Autofahrer auch spüren, indem sie uns durch empfindlich nahes Überholen oft fast von der Straße drängen. Manchmal ist es wirklich knapp und uns kommt es vor, als hätten sie ihren Spaß damit. Manche können wohl auch nichts dafür – reden wir uns ein –, da die Fahrausbildung mangelhaft zu sein scheint. Es gibt aber auch unsere persönlichen Helden, wie zum Beispiel einen Truckfahrer, der über internen Funk seine Kollegen bittet, auf uns Acht zu geben, oder solche, die beim Überholen ausreichend Abstand lassen. Mehr brauchen wir eigentlich nicht, um uns auf der Straße wohlzufühlen.

Und dann sind da noch die Hunde. Die Leute mit den ärmlichsten Behausungen haben die bissigsten und aggressivsten Hunde. Das Bisschen, das sie haben, versuchen sie wohl durch die Köter energisch abzusichern. Klara hat aus dem letzten Radurlaub in Südrumänien ein kleines Trauma davongetragen und zuckt jedes Mal zusammen, wenn sie Hundegebell hört. Und ich mache mir jedes Mal riesige Sorgen um sie – aber nicht, weil ich fürchte, dass sie gebissen wird, sondern aufgrund ihrer eigenartigen Reaktionsgewohnheit, die mich immer an ein Huhn erinnert, das wie völlig verrückt orientierungslos durch die Gegend stakst. Sobald Klara einen anscheinend angriffslustigen Köter ortet, schwenkt sie unverzüglich nach links und gibt Vollgas. Ohne Rücksicht auf eventuell von hinten heranbrausende Trucks, die sie leicht niederbügeln könnten. Nur mit Mühe hat sie sich auf der Reise auch andere, vernünftigere Taktiken angeeignet.

Klara: Der mittlerweile bewährte Ablauf bei unfreiwilligen Hundekontakten verläuft folgendermaßen: 1. Wer das Biest zuerst bemerkt, beginnt lautstark und im Maschinengewehrtempo: „*He, he, he!!!*" zu rufen, der andere setzt, schockiert über den abrupten Abbruch des eben noch intensiv geführten Gesprächs, alsbald ein. 2. Ein schneller Blick nach hinten führt bei einem von uns als freundlich, aber interessiert eingeschätzten Hund zu einem gedehnten Ausruf: „*Good dog!*" Ganz im Tonfall von Radkollegen und *Nativespeaker* Ben. Bei einem gemeinen Hund jedoch, einem mit kurzer Schnauze und lechzenden Zähnen, wird das „*Good dog*" übersprungen, das Bein rausgestreckt und die „*He, he, he*"-Taktik durch ein lautes „*Schleich di!*" (österreichisch für „Hau ab!") verschärft. Das Tempo wird gesteigert und gemeine Schimpfwörter rutschen über die Lippen. Nützt gar nichts mehr, greift Flo zum ultimativen Mittel: Er nimmt eine Wasserflasche, hält sie bedrohlich gegen das Tier gerichtet und macht sprayähnliche Geräusche. Wenn es wirkt, dann wissen wir, dass dieser Hund bereits eine Begegnung mit dem Pfefferspray eines anderen Radfahrers hatte. Auf den von manchen Trans-Am-Fahrern mitgeführten Revolver (kein Scherz!) verzichten wir aus Selbstschutz freilich!

Und um meine, zugegebenermaßen zuweilen wirklich etwas irrationalen, Reaktionen zu rechtfertigen: Jeder, der hinten fährt, wird mir sofort zustimmen, dass an dem Sprichwort was dran ist: Den Letzten beißen die Hunde. Die letzten paar Tage in Kentucky werden wir immer wieder durch Verkehrsschilder darauf hingewiesen, auf die hier verkehrenden *Amish* in ihren Pferdekutschen Acht zu geben. Die „Amischen", eine auf die Täufer zurückgehende protestantische Glaubensgemeinschaft, lehnen technischen Fortschritt weitgehend ab und wirken mit ihrer rückwärtsgewandten Lebensweise wie aus der Zeit gefallen. Uns gefällt der Kontrast und das friedliche Zusammenleben der Menschen und wir sind erstaunt, als wir in einem Amish-Lädchen einkaufen. Die Amish sind neben ihren Schreinerkünsten (für Gartenmöbel und Ähnliches) vor allem für ihre qualitativen Lebensmittel bekannt. Ein weiterer Grund für uns, hier Halt zu machen. Auf der Veranda des Häuschens laden massive Schaukelstühle zum Rasten ein, im Garten daneben springen drei Mädchen mit Häubchen und Leinenkleidern auf einem Trampolin und drinnen im Laden warten alle nötigen Utensilien, um endlich unseren heißersehnten Kaiserschmarren kochen zu können. Allerdings stellen wir schnell fest, dass auch die Amischen nicht auf chemische Düngemittel verzichten und hier nichts *bio* ist. Wirklich erstaunt sind wir aber über die, mehr oder weniger, gemeinsame Sprache. „Ihr kommt aus Österreich?", fragt uns der bärtige Verkäufer, der etwa unser Alter hat und erklärt: „Na, dann können wir ja Deutsch reden." Das klingt allerdings leichter, als es ist. Während Flo anscheinend ein Amish-Gen in sich trägt und das über Jahrhunderte von unserem Deutsch getrennte und veränderte *Deitsch* der Amischen mehr oder weniger entschlüsseln kann, verstehe ich nur Bahnhof.

Nun sind wir nur noch eine Kutschenfahrt von Illinois entfernt und fahren mit einer Packtasche voll frischer Lebensmittel zufrieden gen Westen.

ILLINOIS UND MISSOURI: VON FLUSS ZU FLUSS

Flo: Illinois beginnt mit unserer Lieblingsbeschäftigung auf Radreisen (Essen und Schlafen einmal ausgeklammert): einer Fährfahrt! Sobald wir diese Möglichkeit, über den Ohio-River zu setzen, auf unserer Landkarte entdeckt haben, freuen wir uns wie kleine Kinder darauf. Seit unseren Reisen in Skandinavien, wo es häufig statt Brücken Fähren zwischen den unzähligen Inselchen gibt, sind wir wahre Fans dieses Transportmittels geworden. Illinois ist hier im Süden besonders schmal und wird vom Ohio östlich und dem Mississippi westlich begrenzt. Für uns bedeutet dies, dass wir keine drei Tage in diesem Bundesstaat verbringen werden.

An einem heißen Spätnachmittag gelangen wir tatsächlich an den riesigen Ohio, einen der größten Nebenflüsse des Mississippi. Trotz der landesweiten Dürre scheint der Fluss hier noch reichlich Wasser zu führen. Träge und blaugrün fließt er entlang grüner Wiesen und schattiger Bäume. Wir haben lange Zeit nur verdorrte Felder und vertrocknete Wiesen, vor allem aber kein so großes Gewässer mehr gesehen und merken erst jetzt, wie uns dieses kühle Nass auch innerlich gefehlt hat. Als dann auch noch die Fähre anlegt und wir an Bord gehen, ist unser Glück perfekt. Viel zu kurz ist das Vergnügen mit der kleinen Fähre, die nicht mehr als ein paar Autos und eben uns Radfahrer transportieren kann. Am gegenüberliegenden Ufer erwartet uns ein Dorf mit dem Namen Cave in Rock, geschuldet einer Höhle, die sich in einem Felsen am Ufer des Flusses befindet. Früher war dies ein wichtiges Versteck für Flusspiraten, jetzt ist es eine kleine Sehenswürdigkeit und ein beliebter Kletterfelsen.

Schnell bauen wir unser Zelt am nahen Campingplatz auf, außer drei anderen Radfahrern aus den Staaten sind wir die einzigen Gäste. Wir verstehen uns auf Anhieb gut und teilen uns den Zeltplatz. Die Campingplätze in den USA bezahlt man nämlich pro Platz und nicht pro Person – für Familien oder Rentnerpaare mit Riesencamper ein fairer Preis, aber für Soloradfahrer mit kleinem Zelt verhältnismäßig teuer. John und Helen fahren in die unserer Route entgegengesetzte Richtung, Paul, laut eigenen Angaben Tontechniker für schlechte Horrorfilme, ist auf dem Weg von New Orleans nach St. Louis. Bei Sonnenuntergang sitzen wir auf dem großen Felsen und genießen den Blick von oben auf den glitzernden Fluss. Im Dunkeln gehen wir zurück zu den Zelten und verbringen einen gemütlichen Abend mit unseren neuen

Der Ohio-River trotzt der Dürre.

Freunden. Wir hören Bluegrass aus Helens iPod, tauschen Radfahrerlebnisse aus aller Herren Länder aus und verstehen uns prächtig.

Klara: Am nächsten Morgen fahren wir alle zeitig los. Paul ist früher dran als wir, weil wir, dank unseres Espressofaibles, etwas länger brauchen. Dafür holen wir ihn nach ein paar Kilometern ein und fahren die 30 Kilometer, auf der sich unsere Routen überschneiden, gemeinsam weiter. Wir quatschen über die Tiere, die wir auf unserem bisherigen Weg gesehen haben – meist plattgefahrene Tiere, wie sich herausstellt. Während Paul es anscheinend meistens mit Gürteltieren zu tun hatte (das englische Wort dafür fällt mir nicht gleich ein und er hilft mir mit „die Ratte mit dem Schildkrötenpanzer auf dem Rücken" auf die Sprünge), berichten wir von den fettschwänzigen Ratten, die wir an jeder zweiten Kurve erspähen oder ekelhafterweise in der brütenden Hitze schon von Weitem riechen können. Dann schwingen Flo und ich nach rechts und sind wieder allein. Und, *big surprise*: Hier geht's mal wieder schön kupiert weiter. Vor uns liegt eine Aneinanderreihung sanft geschwungener bis steiler Hügel. Das Höhenprofil dieses Streckenabschnittes hatten wir bis dahin noch gar nicht beachtet, schließlich wähnten wir uns nach dem Ende der Appalachen in flacheren Gefilden. Doch dem ist nicht so. Wir fahren durch Felder und kleine Wälder eine schmale Landstraße entlang und sehen die ersten Pro-Obama-Schildchen. Es ist Wahlkampfzeit und in zwei Monaten wird der Präsident gewählt. In den bisherigen Bundesstaaten schienen die meisten aber eher für den republikanischen Romney zu sein. Hier ist alles schon etwas liberaler. Dafür haben es die paar Anstiege, die uns laut Landkarte in ein Kaff namens Eddyville bringen sollen, ganz schön in sich. Es geht steil hinauf, es ist schwül und es ist heiß. Mittlerweile haben wir beide Kondition aufgebaut, doch die Hitze und die Steilheit, die diese Kuppen haben, fordern uns voll und ganz. Verschwitzt treten wir stehend in die Pedale und brauchen alle Kraft, um uns hochzukämpfen.

Eddyville ist dann nicht mehr als eine Landstraßenkreuzung samt Tankstelle und ein paar kleinen Häuschen. Ein guter Ort für eine wohlverdiente Pause. Nachdem wir uns auf dem Tischchen vor der Tankstelle Nudeln gekocht haben, verebbt unser Gespräch während des Essens langsam. Und kaum ist der letzte Bissen gegessen, legen wir die Löffel beiseite und schlafen gleichzeitig ein. Ein herrliches Gefühl! Das könnte ewig so weitergehen, würde da nicht plötzlich ein störender Schatten auf mich fallen und mein Mittagsschläfchen unterbrechen. Es handelt sich dabei anscheinend um den (vielleicht nur selbsternannten) Bürgermeister von Eddyville, der uns mit den Worten weckt: „Was kann ich für euch tun, ich bin der Mann, auf den ihr gewartet habt." Das ist sehr nett von ihm, nur wissen wir, verschlafen wie wir sind, momentan einfach nicht, warum wir auf ihn warten hätten sollen, geschweige denn was er für uns tun könnte – außer vielleicht uns weiterschlafen zu lassen. Müde blinzeln wir gegen die Mittagssonne, während der Kerl ohne Gnade weiterredet. Wenigstens wissen wir jetzt, dass noch jede Menge steiler Hügel auf uns warten, denn dies macht uns der freundliche Besucher eindeutig klar: „Ein Zuckerschlecken wird das nicht, das sage ich euch!" Nachdem wir endlich wieder allein sind, sehen Flo und ich uns in die Augen und denken beide das Gleiche: „Eine Runde geht noch!" Also Kopf nach hinten und zurück ins Land der Träume.

NICHTS FÜR WASCHLAPPEN: DIE ROLLING HILLS

Klara: Nach weiteren 20 Minuten Schläfchen geben wir uns doch einen Ruck und machen uns auf, die prophezeiten Hügel abzuradeln. Der Bürgermeister hat dabei nicht untertrieben und so kommt es, dass Florian und ich den Spieß in puncto Ausdauer und Sportlichkeit – zwei Attribute, die normalerweise eindeutig auf den männlichen Part unserer Combo zugeschnitten sind – umdrehen. Tapfer fährt Flo im Wind und will und will nicht aufgeben. Schon bei einem kurzen Stopp, um Eier ab Hof zu kaufen, stolpert er fast über seine – wie er selbst sagt – zahnstocherdünnen Beinchen, die normalerweise sein Erfolgsgeheimnis zu sein scheinen, wenn er nähmaschinengleich dahinstrampelt. Aber diesmal helfen ihm selbst seine Turbobeine nicht mehr weiter. Er ist einfach fertig und unterzuckert. Kurz: *kaputto chetto!*, wie wir in solchen Fällen sagen. Endlich taucht eine Tankstelle auf! Mein sonst so starker Mann sinkt auf die schäbige Holzbank vor dem heruntergekomme-

Knock-out: Da hilft nicht mal mehr ein Tritt in den Hintern.

nen Lädchen und rührt keinen Finger mehr. Hier würde er sich gern der totalen Erschöpfung ergeben, wäre da nicht die Tankstellenbesitzerin, eine Furie, die ihresgleichen sucht. Noch bevor wir sie zu Gesicht bekommen (was gar nicht so leicht ist, denn sie ist klein gewachsen, trägt braune Tarnfarben und versteckt sich hinter ihrem verschluderten Tresen), wissen wir sofort, wer hier das strenge Regiment führt. Mithilfe von Videokameras und Lautsprechern herrscht sie über ihr Reich und kommandiert mit tiefer Stimme tankende Kunden herum, die wieder mal nicht wissen, wie die Zapfsäulen zu bedienen sind: „Nummer 3, Nummer 3: Den Hebel drücken! Ich wiederhole: Den H e b e l drücken!" Obwohl Florian hinterm Eck lümmelt, hat sie ihn schon mit ihrem dritten Auge ausfindig gemacht und hält seinen Schwächeeinbruch offenbar für sehr unmännlich. Als ich allein beginne, unsere Flasche für den Benzinkocher voll zu tanken, stelle ich mich etwas ungeschickt an – vielleicht aus Angst vor dem alles überwachenden Ungetüm auf der anderen Seite der Linse. Ihre Anweisungen aus dem Off helfen mir da nicht unbedingt weiter. Nach einer Minute ist ihre Geduld am Ende: Wütend stapft sie aus der Tür, sieht Flo verächtlich an, verdreht die Augen und wirft mir einen „Na-du-hast-dir-aber-einen-tollen-Mann-geangelt-Blick" zu: „Du brauchst wohl einen Tritt in den Hintern, um deinen faulen Körper aufzuraffen und deiner Frau zu helfen!", schnauzt sie ihn an. Flo ist zu schlapp, um zu reagieren. Jetzt hilft nur noch ein Cola, um so schnell als möglich von hier zu verschwinden!

Flo: Zuerst verläuft der Nachmittag noch in gewohnter Weise: Ich vorne weg und Klara im Windschatten an meinem Hinterrad klebend (Anmerkung Klara: „Dafür gehört dir ein Orden verliehen"). So weit ist die Welt also in Ordnung. Irgendwo vor Goreville ist es dann aber um mich geschehen. Die ersten Anzeichen eines Schwächeanfalls bei einem kurzen Stopp ein paar Meilen zuvor ignoriere ich noch, als sich beim Absteigen vom Fahrrad die Beine aber bereits sehr schlecht koordinieren lassen, ist es vorbei mit mir – und ich habe kein rettendes Cola dabei! Jede/r Radreisende weiß, wie leicht es passieren kann, seine Grenzen zu übersehen, zu wenig gegessen oder getrunken zu haben und für einen kurzen Moment durch Unterzuckerung beinahe von Sinnen zu sein. Und jetzt ist es so weit!

Die verachtenden Blicke und Kommentare dieser alten *Schaßtrommel* treffen mich – total fertig, einem Käfer gleich am Rücken liegend – schon ein wenig. Ich entspreche wohl nicht ihrem Idealbild eines Mannes. Wenn die wüsste, wie viel ich heute schon im Wind gefahren bin! Und dann auch noch Klaras Elan: Sie will heute noch 30 Kilometer weiterfahren, allerdings nur: *„Wenn du noch kannst."* Das ist Neuland für mich! Sie hat den Spieß umgedreht und plötzlich bin ich es, der am Hinterrad klebt. Klaras Begeisterung hält aber leider nicht lange genug an und am Ende muss ich wieder vorne fahren. Ich habe mich nach Keksen und Cola wieder einigermaßen erholt, aber nun hat sie mit den letzten Kilometern zu kämpfen. Als uns ein Ranger kurz vor Sonnenuntergang nicht in seinem Camp zelten lässt (für Pfadfindermädchen *only*) und wir bis zum Einbruch der Dunkelheit weiterradeln müssen, kommen die Tränen der Erschöpfung. Gibt es hier denn keine Kameras? Jetzt könnte ich mit meinem Durchhaltevermögen bei der alten Schachtel wohl wieder punkten …

In sengender Hitze gelangen wir zwei Tage später an ein kleines, braunes Rinnsal. Dank unserer Karte wissen wir, dass dies der Mississippi sein muss, wir können es aber kaum glauben, als wir den Damm am vertrockneten Fluss entlangfahren. Hier sollen normalerweise Raddampfer verkehren? Unsere Gedanken werden von dröhnender Rockmusik und lauten Schüssen unterbrochen. Wir nähern uns der Lärmquelle und treffen auf einen schießwütigen Mitvierziger, der quer über den Fluss auf gegenüberliegende Ziele bal-

Ganze Landstriche sind ausgedörrt. Die Rinder leiden am meisten.

lert. Die rudernden Bootsfahrer ignoriert er dabei. „Ist das wirklich der Mississippi?", frage ich den Schützen, während Klara die Böschung zum Wasser hinuntergeht. Mit dem Gewehr im Anschlag nickt er und fragt dann beiläufig: „Wohin ist deine Frau verschwunden? Sag ihr, sie soll mir nicht in die Schusslinie kommen!" Zeit, sich aus dem Staub zu machen, finden wir!
Apropos Staub: Hier wird Kohle abgebaut, und zwar so richtig! Wir sehen kilometerlange Züge, vollbeladen mit Kohle und jede Menge Trucks, die das schwarze Gold befördern. Diese Trucks überholen uns auf den schmalen Straßen dermaßen knapp, dass wir nur noch nach Chester kommen möchten, denn Chester ist die Heimatstadt Popeyes, von der wir uns viel versprechen!
Außer ein paar überlebensgroßen Figuren aus der Comicserie gibt es aber nur heruntergekommene Backsteinhäuser und vor allem eine große Durchzugsstraße für Kohletrucks – Chester hat also eher den Charme einer kleinen Industriestadt als den des starken Popeye. Netterweise lädt der Eagles-Verein alle Trans-Am-Fahrer ein, in einer kleinen Baracke am hiesigen Sportplatz zu schlafen. Dort gibt es sogar ein kleines Radio. Dauerthema ist die Jahrhundertdürre dieses Sommers. Flüsse vertrocknen, die Ernte ganzer Bundesstaaten ist verdorrt, für Rinder gibt es nicht mehr ausreichend Futter und Wasser.

Sogar die Fähre über den sonst so breiten Mississippi musste eingestellt werden. Uns hält nichts in Chester und so fahren wir tags darauf über die Brücke nach Missouri.

COLA MAKES THE WORLD GO ROUND   23. August 2012

Klara: Okay, jetzt beginnt mir die Sache schön langsam unheimlich zu werden. Dass man beim ausgiebigen Radfahren alle paar Kilometer einen Zuckerschock braucht, ist mir mittlerweile klar (spätestens, wenn ich keine drei Sätze Englisch mehr sprechen kann, ist es Zeit für einen Little-Debbie-Schokoriegel). Was Flo aber hier betreibt, ist jenseits von Gut und Böse. Unsere übliche Ration von einer Halbliterflasche Cola je vor- und nachmittags pro Person wurde vorgestern von meinem Windschattenmacher ohne großes Aufsehen einfach unbemerkt in eine Einliterflasche Pepsi pro Person umgewandelt. Tags darauf kam er freudestrahlend mit einer Zweiliterflasche aus dem Supermarkt zurück und kommentierte: „Da stimmt das Preis-Leistungs-Verhältnis." Mir kamen erste Bedenken, doch das Schlüsselerlebnis, das mir endgültig die Augen öffnete, war, als im Nirgendwo, mitten in Missouri, zwischen ausgetrocknetem Farmland und bei brennender Hitze plötzlich ein Colaautomat auftauchte. Ich hatte mein Rad noch nicht abgestellt, drückte er mir schon eine Dose in die Hand. Damit aber nicht genug. Kaum leer, stand er mit zittrigen Händen vor dem Automaten und bekam fast einen Anfall, als sich herausstellte, dass die Maschine die Ein-Dollar-Note nicht und nicht nehmen wollte. „Das gibt's doch nicht! Nicht jetzt!" Ich wollte diese brenzlige Situation ja fotografieren, wäre da nicht Jack, ein Mittsiebziger und ebenfalls auf dem Trans-Am, um die Ecke gebogen, der Florian im letzten Moment auf ein Cola einlud und somit Schlimmeres verhinderte.

So viel also zu unserer gesundheitlichen Versorgung. Ja, wir essen viel und ja, es ist viel Müll. Teilweise können wir gar nicht anders. Obwohl wir an Metropolen wie London, Madrid, ja sogar Vienna vorbeikommen (die Einwohnerzahlen pendeln irgendwo zwischen 45 und 243 Einwohnern), gibt es hier oft weit und breit nichts außer einer Tanke, um sich mit dem Nötigsten (sprich Burger, Kekse und dem Diesel der Beine: Cola) versorgen zu können. Einerseits manchmal eine s e h r willkommene Ausrede, andererseits manchmal echt hart, wenn tagelang kein Gemüse, Obst oder Joghurt in Sicht ist.

Flo: Ja, mich erschreckt es ja selbst, wie viel Cola der menschliche Organismus verträgt. Wer jedoch auf seinen Körper hört und sensibel genug ist, der spürt einfach, was er braucht – so wie ich. Besonders bei den rekordverdächtigen Temperaturen von bis zu 42 Grad Celsius verlasse ich mich auf meine, bei diversen Radausfahrten langjährig ausgebildeten, Instinkte. Ein einziges Mal vergaß ich auf die benötigte Ration des süßen Getränkes und was dann an der schäbigen Tankstelle passiert ist, ist ja bekannt!

Den „Diesel der Beine" gibt's an jeder Tanke.

Klara: Wir befinden uns jetzt, nachdem wir das immer gleiche Auf und Ab der Appalachen und der Kuppen in Illinois hinter uns gebracht haben, direkt im nächsten Hügelgebirge. Diesmal sind es die Ozarks mit ihren alten, wieder mal einfach von A nach B gebauten Straßen, wie sie die ersten Siedler entlang der gesamten Ostküste angelegt haben. Beinahe kommt es uns vor, als hätten die Pioniere tatsächlich versucht, so viele Kuppen wie möglich in die Straße einzubauen. Unser Höhenprofil gleicht den seismographischen Aufzeichnungen eines Erdbebens der Stufe 6. Die *rolling hills* der Ozarks werden gern auch als Achterbahn bezeichnet. Mit dem nötigen Schwung schafft man solche Hügel locker, hat man den nicht, dann heißt es innerhalb von Sekunden von gefühlter Lichtgeschwindigkeit (= 60 km/h) auf Schildkrötentempo (= 4 km/h) heruntergebremst zu werden und zu fluchen zu beginnen. Apropos Schildkröten: Vier retteten wir mittlerweile schon ehrenhaft von der Straße. Bei unserem Tempo bergauf ist es ja auch nicht schwer, sie rechtzeitig zu entdecken.

Ich trage sogar schon eine Art Sehnenscheidenentzündung vom vielen Schalten zwischen dem kleinsten und dem größten Gang (und vice versa) davon. Mein Mann findet das aufregend und meint, er kenne zwar einen Tennisarm, ein Schaltarm sei ihm jedoch neu!

Hier in den Ozarks ist es stickig heiß und wir sind – genauso wie die Tourenradfahrer aus anderen Teilen der USA – schockiert über die Armut und schlechte Allgemeinbildung vieler Menschen hier. Genau wie in Virginia, Kentucky und Illinois bestehen nach wie vor die meisten Siedlungen aus *mobile homes* (einfache Holzbaracken), vor denen Autowracks herumstehen. Viele wissen nicht, wo Österreich liegt (das leuchtet uns in Anbetracht unserer geringen Landesgröße noch ein), denken aber auch bei genauerer Beschreibung – „ein kleines Land in Europa" –, dass wir direkt von dort losgeradelt sind.

Was unsere Stimmung jedoch hebt, ist die Freundlichkeit und Hilfsbereitschaft der Menschen, auch wenn wir ihre Reiseinformationen über die kommenden topographischen Gegebenheiten nicht unbedingt gern hören. *„There's one big hill in front of you!"*, hören wir vor, nach und zwischen jedem Bergchen und jeder scheint zu meinen, sein Hügel sei der schlimmste und unbezwingbarste von allen. Mittlerweile fragen wir uns, ob die Leute glauben, wir wären soeben per Hubschrauber vor ihrer Nase abgesetzt worden und hätten nicht bereits rund 2000 Kilometer reines Bergauf – Bergab hinter uns. Mit der Zeit nehmen wir das Ganze gelassen, denn mit Hurrikan *Isaac* im Nacken, der soeben in Florida wütet, geht bei uns die Post ab. Er bringt uns Rückenwind und schiebt uns förmlich gen Westen!

Trotzdem: Ich freue mich wie ein kleines Kind auf die flachen Ebenen von Kansas. Täglich schwärmen uns die gen Osten reisenden Radfahrer davon vor: *„With the right wind you do 120 Miles a day."* Ich stelle mir mittlerweile schon vor, Kansas bloß aussitzen zu müssen. Bildlich wird mein Fahrrad zum windbetriebenen Moped, auf dem ich mit 30 km/h ohne Treten dahinbrause. Wohlverdienter Rückenwind und totale Flachheit, das wird herrlich! Kansas, wir kommen!

KANSAS: EAST OR WEST?

Flo: Kansas, das sind menschenleere Ebenen, meilenlange Mais- und Getreidefelder, das sind Durststrecken, Hitze und Tornadogefahr. Das sind wunderschöne Sonnenuntergänge und lange Schatten. Kansas, das ist Prärie, bretteben, rasterartig angelegte Straßen entlang schnurgerader Eisenbahnschienen. Wir fahren mehr als 700 Kilometer ohne jegliche Kurven entlang der *96-West*. Kansas gehört zum Mittleren Westen und bedeutet für uns somit die Halbzeit unserer USA-Durchquerung. Und endlich bekommen wir das Gefühl, ganz in dieser Reise angekommen zu sein.

Dieser Bundesstaat ist nicht unbedingt ein Touristenmagnet. Für uns aber, vermutlich weil wir in diesen zehn Tagen der Monotonie so richtig unser Hirn ausschalten können und leicht verrückt werden, ein absolutes Highlight unserer USA-Durchquerung. Wir verstehen uns prächtig und haben so richtig unseren Spaß. Irgendwie scheint es ein ungeschriebenes Gesetz zu geben: Wird es anstrengend, aber machbar, kommen Klara und ich partnerschaftlich auf Hochtouren. Im Nachhinein wird Kansas zu einer unserer Lieblingsetappen auf der ganzen Reise, weil wir uns so gut miteinander verstehen.

Hier gibt es kaum Campingplätze oder Motels. Überhaupt gibt es hier meist nur alle 30 Kilometer ein kleines Örtchen. Hier fährt man durch und nicht hin! Schade eigentlich, denn die Leute aus Kansas gelten als die freundlichsten der gesamten USA. Hier schaut man sich in die Augen und grüßt freundlich. Hier wird gelacht und gescherzt und als Fremder ist man offensichtlich willkommen. Mangelnde touristische Infrastruktur wird durch Gastfreundschaft ausgeglichen. Radfahrer dürfen in jedem noch so kleinen Stadtpark schlafen. Das ist oft nicht mehr als ein knarrender Spielplatz aus den Siebzigern (dessen TÜV-Tauglichkeit wir zu bezweifeln wagen) und ein überdachter Picknickbereich zwischen drei heruntergekommenen Häusern. Fast immer gibt es einen Wasserzugang, und wenn nicht, kann man den Sheriff fragen, der uns einmal sogar noch den Schlüssel für ein kleines Freibad aushändigte.

Klara: Durch die Flachheit von Kansas übermotiviert, schaffen wir es, zweimal hintereinander die 160 Kilometer (also 100 Meilen) zu knacken. Obwohl wir sonst sehr gesprächig sind und gern mit den ebenfalls sehr gesprächigen Einheimischen quatschen, wollen wir kurz vor Einbruch der Dunkelheit nur noch essen und das Zelt aufbauen. Die Kollegen vom Campingplatz leider nicht. Die Beantwortung der Frage, die wohl jeder TransAm-Fahrer täglich zehn Mal hört, ist auch hier oberstes Gebot: *„Are you going east or west?"* *„West"*, erklären wir erschöpft und versuchen unterzuckert irgendetwas Essbares herzustellen. Vier Mal besucht uns ein Spaziergänger mit Hund und erzählt uns im Schneckentempo dieses und jenes über Kansas. Ich kollabiere fast – Flo auch! Gerettet werden wir von einem Pärchen in den Achtzigern, das vom Wohnwagen gegenüber die Situation beobachtet, uns schnell ein paar rettende Melonenscheiben vorbeibringt und den Plauderer, leider ohne Erfolg, abzuwimmeln versucht.

Tags darauf, noch vor Sonnenaufgang: Wir sind noch ganz verschlafen und in Unterwäsche auf dem Weg zur Toilette, da wird Flo von einem älteren Trans-Am-Fahrer aufgehalten. Müde reibt er sich den Schlaf aus den Augen, während die drei Schlüsselworte *„East or west?"* fallen. Doch halt, eine Antwort wird gar nicht erwartet, denn dieser eitle Radfahrer nutzt die Frage sowieso

Die lang ersehnten Ebenen Kansas' im Mittleren Westen

nur rhetorisch, um einen viertelstündigen Monolog über seine glorreichen Heldentaten zu beginnen. Jetzt träumen wir von einer kleinen Schachtel mit Aufnahmegerät, die wir vor unser Zelt stellen und die erklärt: *„Please speak to the box. We will listen to it while cycling."*

QUINCY UND BOBBY AUF STREIFZUG

Klara: Bis auf den letzten Tag ist der Wind in Kansas leider nicht, wie erhofft, unser Freund, sondern wir kämpfen mit starkem Gegenwind, sodass wir – bei kaum 14 km/h – schon ganz dumm im Kopf werden.
Flo hat im Allgemeinen wirklich so seinen Ehrenkodex. Meist lässt er es sich einfach nicht nehmen, mir den Windschatten zu spenden. Bei Kilometer 130 bremst er aber abrupt und murmelt: „Ich brauche eine Banane! Mir ist schwarz vor Augen." Dann muss ich übernehmen, ebenfalls schon im Automatikmodus und mit Tunnelblick, und könnte mich schieflachen, als Flo nach dem Aufsteigen ruft: *Upps*, ich habe vergessen mich anzuschnallen!"
Wir sehen anscheinend so erbärmlich aus, dass uns sogar ein vorbeifahrender Motorradfahrer fragt, ob wir etwas bräuchten. Er trägt einen Eierschalenhelm mit Streifen, Jeans und ein kariertes Hemd und ist uns gleich sympathisch. Ein paar Kilometer später, in der Stadt Eureka, treffen wir wieder auf ihn. Nathan, der Postmann, wie er sich nennt, ist Engländer und schon seit

Ein Pläuschchen unter Kollegen der Landstraße: Wo geht's hier nach Newton?

ein paar Jahren auf einem alten, roten Postmotorrad unterwegs, dass er sich in Australien gekauft hatte. Zuerst fuhr er von dort bis nach Hause. Dann ließ er das Motorrad nach New York verschiffen, um die USA zu durchqueren. Wir verstehen uns auf Anhieb gut und wollen uns kaum verabschieden. Später sollte sich herausstellen, dass er in der Motorcycle-Community weltweit schon eine kleine Berühmtheit ist, jedenfalls bekommen wir mehrmals von einem britischen Motorradfahrer auf einer alten roten Schüssel zu hören.
Zwischenzeitlich sind wir von unserer Colafixierung kurz auf *Arizona-Icetea* umgestiegen – nur um festzustellen, dass der im Ernstfall nichts bringt. Flo entwickelt im Anbetracht unserer sonst so durchtrainierten Körper den Begriff Colabauch! Na toll! Mein Gegenargument: Wir brauchen eiskalte Getränke, denn das Wasser in unseren Trinkflaschen ist dank 35 bis 40 Grad Lufttemperatur kinderbeckenwarm.
Mittlerweile haben wir auch eine Hautfarbe angenommen, die der Nudisten auf der Donauinsel würdig wäre – wenn auch nicht am gesamten Körper. Besonders ledrig (man könnte es auch rot nennen) sind wir auf der linken Seite, wo uns, aufgrund der schnurgeraden Straße von Ost nach West, stets die Sonne von Süden aus bestrahlt.
In Toronto, einer ausgestorbenen Wildweststadt mit genau 129 Einwohnern, essen wir das denkbar unhygienisch hergerichtete Sandwich aller Zeiten. Der Typ ist nass vor Schweiß, wischt sich mit der Hand über die Stirn und durch

die fettigen Haare und schneidet gleichzeitig unseren Käse auf. Zur Ablenkung und angeregt durch die immer westernmäßigere Umgebung beginnt Flo mit der rauen Bruststimme eines Cowboys zu sprechen: „Hygiene? Ich weiß doch nicht mal, wie man das Ding buchstabiert." Schnell entstehen die Charaktere Quincy (Flo mit tiefer Stimme und Banane als Revolver-Hilfssheriff und Bandit in einem) und Bobby, der etwas unterbelichtete (das bin ich – na großartig!) Handlanger Quincys. Wir filmen mit unserer Kamera mehrere Kurzwestern, die allerdings mit hoher Wahrscheinlichkeit auch nur für uns lustig sind. Das dafür aber umso mehr!

Ein paar Tage später – mit 42 Grad der heißeste Tag bisher – feiern wir den Labor Day mit einem Besuch in Gregs Sportsbar. Greg setzt dabei anscheinend eher auf Fritteuse statt auf Qualität. Mit dem Resultat, dass wir weder Fisch (meine Schrimps) noch Fleisch (Florians Steakfingers) noch Pommes auseinanderkennen.

Die Landschaft Kansas kennen wir dafür schon zur Genüge, sodass wir sogar froh sind über die Sicherheitsnoppen, die motorisierte Verkehrsteilnehmer vor einer nahenden Kreuzung warnen. Nach ein paar Stunden monotonem Dahinstrampeln ist diese Abwechslung ein echtes Highlight. In Newton allerdings haben wir ein echtes Problem.

Flo: „Jetzt beruhig dich!", schnauze ich Klara an. „Nein du!", kontert sie. Eine verzwickte Situation in der Kleinstadt Newton. Keiner will sich eingestehen, dass er nicht mehr richtig tickt und die anstehende Entscheidung zwischen hier nächtigen oder doch weiterfahren womöglich unter falschen Gesichtspunkten beurteilt. Diese *sinnvolle* Diskussion ohne jeglichen Konsens hat weniger rationale Gründe, sie ist vielmehr ein Produkt übereifrigen Radfahrens. Die letzten beiden Wochen fuhren wir ohne Pause durch und machten dabei viele Kilometer, zu viele – Ben, der TransAm-Fahrer aus Boston, der bisher immer gleichauf war, konnte unseren Eifer kaum glauben und fragte uns per E-Mail, ob wir plötzlich einen Motor eingebaut hätten. Die weiten Ebenen Kansas gefielen uns die letzten Tage wirklich sehr gut, auch wenn wir gegen Hitze und Durst anzukämpfen hatten. Vorbei an brennenden Ölförderanlagen, endlosen Weizenfeldern und riesigen Mühlen strampelten wir in meditativer Monotonie dahin. Selbst der stetige Gegenwind samt Mehlstaub machte uns nichts aus – bis er mich von der Straße wehte: Glücklich radelte ich singend dahin – passenderweise: „Aus der Bahn, aus der Bahn, weil ich nicht mehr bremsen kann …" –, als mich eine starke Windböe erfasste. *Out of control* wurde ich in den Straßengraben katapultiert, wo ich auf einmal hilflos herumstand. Der anfängliche Spaß über diese lustige Reiseanekdote wich schnell dem Frust über zwei platte Reifen. Das dornige Buschgras war härter als meine sonst so robusten Tourenreifen. Ab diesem Zeitpunkt – wir haben wohl zu viel Sonne erwischt – wurden wir dann zunehmend schlapper und gereizter. Normalerweise umarmen wir uns inmitten der trostlosen Gegend, stecken unsere Köpfe in die Arme des anderen und versuchen uns so kurz in andere Sphären zu beamen. Einmal nickt Klara dabei sogar im Stehen ein!

Doch diese vertrauten Rituale kann ich nun, an dieser Kreuzung in Newton, wohl nicht vorschlagen. „Aus! Stopp! Schnitt!", rufe ich zerstreut und schnipse wie verrückt vor Klaras Gesicht herum, um mich und meine ebenbürtig durchgeknallte Reisepartnerin runterzubringen. Und tatsächlich: Es wirkt! Ich schlage vor, die Spannung durch einen Kaffee im gegenüberliegenden Bioladen rauszunehmen, und Klara lässt sich darauf ein. Die Stimmung steigt wieder und einstimmig beschließen wir, in der Stadt zu bleiben. Beide sehen wir ein, dass wir übertrieben haben und eine Pause brauchen. Aber nicht irgendwo, sondern in der *firestation*, wo alle TransAm-Fahrer schlafen dürfen. Der Feuerwehrhauptmann führt uns durch die Zentrale, zeigt, wie der Pizzaofen funktioniert, und erzählt uns ein paar Anekdoten aus seinem Leben als Feuerwehrmann, bevor er uns den Raum zeigt, in dem jährlich bis zu dreihundert TransAm-Fahrer beherbergt werden. Wieder mal sind wir fasziniert von der Unkompliziertheit der Amerikaner. Die nächtlichen Einsätze – die *firefighters* rutschen wirklich eine Stange hinunter – bekommen wir nur vage mit. Wir sind einfach zu müde und liegen uns vertraut in den Armen, auch wenn die Sirene angeht. Beide haben wir heute viel für kommende Situationen dieser Art gelernt und können mit solchen Momenten in Zukunft besser umgehen, ohne sie zu persönlich zu nehmen.

Übernachten in der Firestation.
Flo übt schon mal für den Ernstfall.

Klara: Ich muss es schon zugeben: Manchmal bin ich froh, dass mein Partner mit den schnellen Beinchen ab und an die Notbremse zieht. In Newton, total unterzuckert und wie von Sinnen, hätte ich nämlich wahrscheinlich noch ewig weiterdiskutiert – ohne selbst zu wissen, worum es eigentlich genau geht. Ich brauchte wohl einfach ein Ventil für meine Erschöpfung. Obwohl ich wusste, wie gern ich auf dieser Radreise war und mich aus freiem Willen dazu entschieden hatte, ertappte ich mich jetzt, Flo den Schwarzen Peter zuzuschieben. Schließlich sei er der Profisportler und für mich alles noch hundertmal anstrengender, redete ich mir ein. Nun war ich aber froh, dass ich auf Flos Schnipsen und seine Aufforderung zum Innehalten noch einsteigen konnte. Dieses Kühlen-Kopf-bewahren-Können, das er in diesem Moment zeigte, ist eine Eigenschaft, für die ich ihn unheimlich liebe. Schon eine halbe Stunde nach dem Theater mussten wir beide über unsere eigene Unfähigkeit und die irre Situation lachen. Für die weitere Reise war dies sicherlich ein wichtiger Moment: Ich weiß ab nun sofort, wann es sich eigentlich nur um eine Überforderungssituation meiner- oder seinerseits handelt, und kann alles gelassener sehen. Oft reicht schon eine Banane oder ein Tag Pause und die Welt ist wieder in Ordnung.

Flo: Am nächsten Morgen sind wir schon wieder motiviert: Weckerläuten, aufstehen, einpacken, frühstücken, weiterradeln. *The same procedure as every day!* In den Ebenen kommen wir gut voran, obwohl der Horizont nie näher zu kommen scheint. In diesem Abschnitt verzichtet unsere Karte sogar auf ein Höhenprofil. Es wäre identisch mit der Straßenführung – ein gerader Strich über Hunderte Kilometer. Uns gefällt diese Monotonie, auch wenn wir zeitweise verrückt im Kopf werden. Gelegentlich bekommen wir wie aus dem Nichts Lachanfälle. Einfach so. Wir nennen dieses Stadium *den Schalter umlegen* und bloß treten und treten und treten. Zeitweise reißt uns einer dieser riesigen *Oversized Trucks* aus unserem Tritt, wenn er mit gewaltigen Schaufeln, riesigen Silos oder gar ganzen Häusern an uns vorbeirast. Ja, die Amerikaner sind ein flexibles Volk und wechseln oft ihren Wohnort. Und wenn es sein muss samt Haus.

ENDLICH IN COLORADO

Klara: Colorado, da dachte ich an „Dr. Quinn – Ärztin aus Leidenschaft" (im Nachhinein vielleicht eine nicht ganz *so* qualitätsvolle Serie, wie ich damals, als knapp Zehnjährige, angenommen hatte). Ich dachte an gen Westen ziehende Planwagen, an sanft geschwungene Bergrücken und Holzhäuschen. Ein bisschen dachte ich auch an Bären, aber nicht so sehr. Dies sollte sich aber bald ändern!

Wir freuten uns während der gesamten bisherigen USA-Durchquerung auf diesen Bundesstaat. Von entgegenkommenden Radfahrern wurde uns ständig davon vorgeschwärmt, dass für uns ab da die absoluten Highlights beginnen sollten. Dies sollte sich zum Glück auch bewahrheiten …

An unserem letzten Tag in Kansas wachen wir gegen vier Uhr morgens durch stürmisches Getöse auf und glauben fast, uns würde das Zelt davonfliegen. „Ein nahender Tornado?", fragten wir uns aufgeregt, denn die sind hier nicht so unüblich. Die vielen Tornadoschutzkeller in dieser Gegend sind uns schließlich schon länger aufgefallen. Hätten wir da schon gewusst, was unser Zelt in Patagonien noch alles aushalten würde müssen, wären wir etwas beruhigter gewesen (dort wäre dieser Sturm nicht mehr als eine zarte Sommerbrise; dazu aber an anderer Stelle mehr). In diesem Moment aber finden wir das Ganze beängstigend. So beängstigend, dass wir trotz eingefangener Erkältung kaum noch weiterschlafen können. So früh als möglich kriechen wir aus dem Zelt, das wir netterweise in einem Stadtpark (die *Stadt* ist eine ausgestorbene Siedlung im Nirgendwo) aufstellen durften, und machen uns auf den Weg zum einzigen Zeichen von Leben: zur Tankstelle (wie könnte es auch anders sein). Dort fragen wir nervös den Besitzer, der gelangweilt den Betrag unserer Frühstücksmuffins zusammenrechnet, ob der Wind auch wirklich kein Anzeichen für einen gefährlichen Tornado sei. Der verneint, fragt uns die gute alte „*East or west?*"-Frage und bringt uns damit endlich zur Besinnung: „Ihr fährt nach Westen? Na, worauf wartet ihr dann noch? Mit dem Rückenwind seid ihr in ein paar Stunden in Colorado!" Mit dieser Prophezeiung gibt es für uns jetzt kein Halten mehr. Trotz Schnupfen und Husten schwingen wir uns auf die Räder und fahren ohne jegliche Anstrengung endlich die zuvor so sehr gewünschten 30 km/h.

Es ist noch immer flach, doch die riesigen Felder weichen nun einer buschigen Graslandschaft, die dank einem wolkenverhangenen Himmel eher trist auf uns wirkt. Natürlich befinden wir uns noch immer auf der *96-West* und die machte nun schon lange keine ordentliche Kurve mehr. Gegen Nachmittag wird der Wind etwas schwächer und die Sonne brennt wieder herunter. Alle 20 bis 30 Kilometer gelangen wir in eine kleine Ortschaft. Sugar City gefällt uns von allen Kaffs am besten – man kann sich denken, warum. Dazwischen kommen noch ein paar verschlafene Dörfer, die hauptsächlich aus fabriksartigen Rinderfarmen zu bestehen scheinen. Unzählige Tiere türmen sich beinahe übereinander, Lkws laden im staubigen Dunst fließbandartig Futter ab. Es stinkt erbärmlich und die Rinder leiden. Uns vergeht für eine Weile jegliche Lust auf Fleisch und Burger.

Bis Pueblo, unserem 135 Kilometer entfernten Tagesziel, machen wir dank des Rückenwindes nur drei kurze Stopps. Den ersten, um eine Tarantel zu fotografieren. Die Spinne ist genau so groß, wie der Mittelstreifen breit ist! Den zweiten, um mit drei entgegenkommenden Radlern zu quatschen. Die drei gleichen Tick, Trick und Track, stammen aber nicht aus Entenhausen, sondern ursprünglich aus New York. Sie sind in San Francisco gestartet und zu allerlei Scherzen aufgelegt. Allerdings beschweren sie sich (jetzt schon!) über zu viel *scenery* und wollen endlich wieder mehr Zivilisation. Die Landschaft gen Westen werde immer wunderbarer, schwärmen sie uns vor. Da wissen wir nicht so genau, was wir ihnen umgekehrt vorschwärmen sollen, denn eines ist klar: Bei uns gab es bis jetzt fast nur *scenery* und die war nicht immer *so* abwechslungsreich ...

Kaum wieder auf den Rädern, kommt auch schon die erste Kurve seit über zehn Tagen daher und es fühlt sich für uns beinahe ungewohnt an, den Lenker wieder einmal schwenken zu müssen. Hinter der Kurve dann die ersten sanften Hügel und vor allem das ersehnte Willkommensschild für Colorado. Grund, den dritten Stopp einzulegen. Wir wähnen uns unbeobachtet, es scheint auch wirklich weit und breit niemand zu sein: *kein* Haus, kein Auto, nur der Wind, das (riesige) Schild und wir. Sehr verlockend, hier ein paar „Colorado: Wir sind da!"-Fotos zu machen. Nach ein paar langweiligen Einstiegsfotos – wir zwei händchenhaltend vor dem Schild – bricht Flos kabarettistisches Element durch und er beginnt zu blödeln. Von unten hängt er sich wie ein Affe kopfüber ans Schild, springt, von der Straße kommend, mit gewaltigem Anlauf quer durchs Bild (und sieht dabei aus wie die vom Wind verblasene Mary Poppins) und sportn auch mich an, jegliche Hemmung abzulegen. Unser Übermut siegt. Wir kommen dabei ganz schön ins Schwitzen und hätten wohl noch lange so weitergemacht, hätte uns nicht plötzlich eine blecherne Stimme mit den Worten: „Wenn ihr so weitermacht, seid ihr bald so fertig, dass ihr es nie nach Pueblo schafft!" erschreckt. Wir fühlen uns erwischt und blicken uns peinlich berührt um. Da entdecken wir schräg hinter uns einen Sheriff in seinem Polizeiauto, das er hinter einen Busch geparkt

In der Monokultur der Weizenfelder kommt eine kleine Sonnenblume groß raus.

hat. Aus dem heruntergelassenen Fenster schwenkt er sein Megafon und amüsiert sich sichtlich darüber, uns so ertappt zu haben. Da lachen auch wir mit. Mit *„Have a good time in Colorado"* verabschiedet er uns. Das hätte er gar nicht extra betonen brauchen, die haben wir jetzt schon!

Flo: „Ab sofort seid ihr im Bärenland!", teilt uns David nebenbei mit, als er uns für den kommenden Morgen zum Frühstück in sein kleines Blockhaus einlädt. „Wir haben jede Menge Schwarzbären hier in der Gegend. Ein Jungtier habe ich schon vor ein paar Tagen erschossen. Die Mutter werden wir auch noch erwischen, schließlich schleicht sie hier öfter durchs Dorf", erklärt er, während wir ihn mit großen Augen anstarren. Wetmore, der Ort, von dem David, einer der wenigen Bewohner dieses Dorfes, redet, besteht aus nicht mehr als ein paar Holzhäuschen, einer Bibliothek, einer kleinen Kirche und dem liebsten Futtersuchplatz der trauernden Bärenmutter – unserem Zeltplatz!

Es ist der Vorabend meines Geburtstages. Heute schafften wir nur 50 Kilometer von Pueblo bis hierher. Wir brachen erst nachmittags auf und hatten ein paar Defekte am Rad zu reparieren. Klaras hinterer Gepäckträger machte uns bereits seit der ruppigen Hochlandpiste Islands zu schaffen und so musste in Pueblo ein neuer her. Außerdem war es nach 5500 Kilometern höchste

Zeit, die Ketten zu wechseln. Kaum hatten wir uns endlich in Bewegung gebracht, merkten wir die Erkältung der letzten Tage. Wir sind ziemlich schlapp. Endlich erreichen wir aber die ersten Ausläufer der Rocky Mountains und in Wetmore, am Fuße unseres ersten Passes, dürfen wir neben der Bibliothek unser Zelt aufschlagen. David hält es zwar für übertrieben, doch der Dorfreverend teilt unsere Meinung und lässt uns unsere Lebensmittel im Gemeinschaftssaal der Bücherei anstatt in unserem Zelt verstauen. „Sicher ist sicher", denken wir.

Schwere, keuchende Atemzüge wecken mich an meinem großen Tag. „Wer rüttelt an unserem Zelt?", denke ich mir noch im Halbschlaf. Plötzlich schießt es mir: Die Bärenmutter ist hier und hat verdammt schlechte Laune, weil ihr Baby getötet wurde! Wie gelähmt liege ich in meinem Schlafsack, denke mir: „Ich war es nicht" und wecke Klara vorsichtig auf. Wir machen uns fast in die Hosen (wenn wir welche anhätten), weil wir uns in unserer Stoffhütte derart ausgesetzt fühlen. Neugierig umkreist die Bärin unser Zelt und tastet es mit der Nase ab. Sie ist so nah – wir können ihre Schnauze, nur durch den dünnen Zeltstoff von uns getrennt, ausmachen und ihren warmen Atem riechen. Nach einer Schocksekunde kommen wir zum Glück wieder zu Verstand. Wir sind bereit zur Verteidigung! Ich nehme den vorsorglich neben meinem Kopfkissen platzierten Kochtopf zur Hand und schlage zögerlich mit einer Gabel drauf. Klara klatscht in die Hände und zischt laut: „Hau ab!" Ein nicht ganz so resolutes: „Husch! Husch!" bringe ich noch zusätzlich heraus. Totstellen läge mir wohl eher. Trotz allem, die Bärin haben wir damit erfolgreich verjagt!

Am Frühstückstisch ist unsere Story für David nicht *so* aufregend (schließlich sitzen wir ja noch lebend vor ihm!). Er toppt unser Erlebnis mit dem Foto eines aufgebrochenen Bären, der die Überreste gleich zweier Menschen in seinem Magen vereint hat. Natürlich eine Ausnahmeerscheinung, denn die meisten Bären verhalten sich gegenüber Menschen äußerst passiv. Wir aber fühlen uns ab sofort wie Abenteurer im Wilden Westen.

Der restliche Geburtstag geht entspannter weiter. Uns gefällt es in den Bergen ausgesprochen gut, auch wenn wir uns körperlich noch ein wenig angeschlagen fühlen. Daher beschließen wir, auch an diesem Tag nicht allzu weit zu radeln. Außerdem wollen wir Geburtstag feiern. In Westcliff gönnen wir uns einen ordentlichen Caffè Latte, kaufen uns ein Sixpack Bier und probieren als Nichtraucher ganz im Stile von Cowboys mal ein Zigarettenpäckchen der Marke *American Spirit* aus – die müssen ja fast gesund sein, sind sie doch zu *100 % natural*. Am Ortsrand finden wir noch einen phänomenalen Campingplatz mit imposantem Ausblick auf die umliegenden Viertausender. Klara zaubert sogar noch eine Fünftausend-Kalorien-Torte aus dem Campingtopf. Ein perfekter Geburtstag!

IN DEN ROCKY MOUNTAINS

Klara: Es ist Mitte September und wir sind bisher gut 6000 Kilometer gefahren. Unseren anfänglichen Düsenantrieb lassen wir jetzt aber ruhigen Gewissens hinter uns. Schließlich können wir jetzt einschätzen, dass sich die USA-Durchquerung locker ausgeht. Hier ist es außerdem so schön, dass wir oft nur halbe Fahrtage und umso mehr *Stauntage* einlegen. Wir verbringen Stunden damit, fasziniert auf schroffe Gebirgszüge zu blicken. Die Blätter der unzähligen Espen am Fuße der Berge sind golden verfärbt und zittern im Wind, tiefblaue Seen liegen in Talsenken.

Mittlerweile hat sich so etwas wie Reiseroutine eingestellt und wir lieben unsere täglichen Rituale. Morgens wachen wir auf, packen unsere Sachen und kochen Haferbrei und Espresso. Jeder Handgriff ist so eingespielt, dass wir ganz schön ins Strudeln kommen, wenn der eine dem anderen freundlicherweise eine Aufgabe abnimmt. Dann fahren wir ein paar Stunden, bevor es mittags meist eine größere Pause und einen gekauften Snack gibt. Abends kochen wir dann wieder. Es ist schon erstaunlich: Sobald wir einen langen Radtag hinter uns haben, freuen wir uns wieder auf unsere beinahe tägliche Ration Sugonudeln mit Streukäse. Kaum nehmen wir uns einen Tag frei, ätzen wir aber: „Was kochen wir heute? Auf keinen Fall Nudeln mit Tomatensoße! Ich habe mich abgegessen!" – Nur um es tags darauf auf den letzten Kilometern schon gar nicht mehr richtig erwarten zu können, uns den Bauch damit vollzuschlagen.

Auch die gutgemeinten Warnungen unserer Bekannten daheim: „Wenn euch schon die Appalachen zu schaffen machen, dann wartet nur auf die Rockies" sind zum Glück unbegründet. Denn: Passfahren ist, wie jeder Tourenradler sicher weiß, meist viel weniger anstrengend als das ewige Auf und Ab steiler Hügelgebirge. Eigentlich haben wir größtenteils sogar eher das Gefühl, mehr bergab als bergauf zu fahren. Die Steigungen der einzelnen Pässe sind angenehm und manchmal geht es bis zu 50 Kilometer am Stück bergab.

Über atemberaubende Pässe durch die Rocky Mountains

Hier geht endlich all das, was wir uns zu Hause immer ausgemalt hatten: Wir campieren in der freien Natur, baden in Wildbächen, sitzen am Lagerfeuer und sind den lieben langen Tag von offenherzigen Leuten umgeben.

In Salida sitzen wir vor einem Safeway-Supermarkt und essen ein Riesenbaguette, da beginnt es zu regnen. Salida, müssen wir dazusagen, ist derzeit der angesagte Wohnort in den Rocky Mountains, dessen Ruf uns im Verlauf der gesamten Reise verfolgt. Wir treffen in allen möglichen Ländern auf Amerikaner, und wenn wir sie fragen, woher sie sind, kommt von jedem Zweiten ein stolzes: „Ich bin aus Salida!" oder „Wir haben einen Baugrund in Salida gekauft!"

Salida ist aber auch wirklich toll: Umgeben von Bergen, bietet es alle möglichen Outdoor-Erlebnisse direkt vor der Haustür und mit der Mischung aus weltoffenen Bewohnern und niedlichen Kaffeehäusern ist es sicher eine lebenswerte Kleinstadt. Jetzt aber regnet es, und zwar in Strömen. Bis auf einen kurzen Wolkenguss in Kentucky hatten wir seit Island keinen Niederschlag mehr und wir finden das kühle Nass richtig erfrischend. Also fahren wir ein paar Kilometer, suchen uns in einer Tankstelle kurz Unterschlupf und werden – mal wieder – prompt vom Besitzer auf einen Kaffee eingeladen. Dann ist der Regen auch schon vorbei. Eine Stunde später finden wir am Fuße des

Into the wild: Colorado zeigt sich von seiner besten Seite.

Monarch-Passes, den wir tags darauf überqueren wollen, einen gemütlichen Campingplatz am Fluss. Zeit für ein Lagerfeuer, finden wir!
Am nächsten Morgen – es regnet wieder – fahren wir früh los und schlängeln uns die von bunten Laubbäumen gesäumten Serpentinen hinauf. Je höher wir kommen, umso kälter wird der Regen. Es ist anstrengend, aber auch unheimlich intensiv. Am 3500 Meter hohen Pass schneit es schon beinahe. Triefend stapfen wir in das Aussichtslokal und fühlen uns, aufgrund unserer Aufmachung, nicht sonderlich willkommen. Schnell ziehen wir uns im Foyer um und hängen die klatschnassen Sachen auf den Stühlen rund um unseren Tisch auf. Ein Anblick, den die Gastwirte an diesem Teil des beliebten TransAm-Trails sicher nicht zum ersten Mal sehen.
Dass es Herbst wird, bemerken wir nicht nur an den buntgefärbten Wäldern, sondern auch am Frost, der sich nachts über unser Zelt legt.
Über Gunnison mit seinen Seen gelangen wir in ein paar gemütlichen Tagen nach Telluride. Dort kommen wir genau rechtzeitig an, um dem beliebten *Blues'n'Brews*-Festival beizuwohnen. Zu früheren Zeiten zog Telluride mit seinen zahlreichen Bordellen und Saloons jede Menge Banditen an – der Banküberfall des berühmtberüchtigten Gauners Butch Cassidy verschaffte der Kleinstadt zweifelhaften Ruhm. Heute drängen sich jährlich Tausende Besu-

Wir müssen uns sputen. Der Herbst steckt in den letzten Zügen.

cher durch die Gassen aus buntbemalten Häusern, um in den Bars die neuesten lokalen Bierkreationen zu testen und auf der Wiese des Stadtparks zu Bluesmusik zu tanzen. Verschwitzt finden wir ein freies Tischchen in einem der Biergärten an der Hauptstraße und bestaunen das bunte Treiben, während die Sonne langsam hinter dem mächtigen Bergmassiv verschwindet, das sich unmittelbar hinter der Stadt auftut.

Einziges Problem: Wir sind nicht die Einzigen, die heute Abend hier zelten möchten, und der Campingplatz in Telluride ist wegen Überfüllung geschlossen. Trotzdem genießen wir den Abend in der Zivilisation (ich habe schon fast vergessen, dass es so etwas wie Mode gibt!) und suchen uns dann, hinter einer Gasleitung außerhalb der Stadt versteckt, einen Zeltplatz.

Den Lizard-Head-Pass möchten wir eigentlich gar nicht fahren, nicht weil er uns zu anstrengend ist, sondern weil er für das Ende unserer Zeit in Colorado steht. Oben angekommen, schießen wir ein paar Erinnerungsfotos: Aber nicht von uns, sondern von zwei Harley-Davidson-Fahrern, die mit der Clubzeitschrift in der Hand und in verdammt knapper Ledermontur posieren. Das Outfit ist an manchen Körperstellen tatsächlich so eng, dass wir unsere

Blicke lieber auf die obere Körperhälfte der Biker richten. „Wenn wir alle 10.000 Feet (also alle über 3000 Meter) hohen Pässe Colorados abgefahren sind, bekommen wir den Ehrentitel des Harley-Clubs", erklären sie mit stolzgeschwellter Brust, lassen sich kurz feiern, werfen einen flüchtigen Blick auf die traumhafte Kulisse und brausen auch schon wieder nach unten. Wir rollen den Pass hinunter und suchen uns nach 40 Kilometern bergab (ein Hochgefühl!) einen wilden Zeltplatz am Dolores-River.

Unser letzter Morgen in Colorado beginnt mit einer starken Sehnsucht nach österreichischen Backwaren. Wir träumen von mit Marillen gefüllten Topfengolatschen, während wir noch immer bergab in Richtung Dolores radeln. Gebäck oder Brot, wie wir es in Österreich kennen, ist hier, zumindest am Land, so unwahrscheinlich wie ein vierblättriges Kleeblatt. Seit unserer Abreise träumen wir von Kaisersemmeln, Krapfen und Kipferln. Wir wissen, diese Sehnsucht wird sich frühestens in San Francisco, und dann auch nur in einer teuren Luxusbäckerei erfüllen lassen. Kaum rollen wir jedoch in Dolores ein, fällt unser Blick auf die Reklametafel einer *German Bakery*! Wir können es kaum glauben und sitzen keine zwei Minuten später im warmen Stübchen der Bäckerei vor einer – so amerikanisch muss es dann doch sein – tellergroßen, mit heißer Karamellsoße überzogenen XXL-Nussschnecke. Ein wahrer Traum!

Wehmütig verlassen wir die letzte Kleinstadt Colorados und wissen: Dieses schöne Stückchen Erde mit seinen freundlichen Bewohnern sieht uns bald wieder!

UNBESCHREIBLICH WEIT, UNGLAUBLICH SCHÖN: UTAH

Flo: Utah! Die Gedanken in unseren Köpfen kreisen um Bilder von einer Landschaft voll schroffer Canyons und wunderschöner Felsformationen. Kräftige, erdige Farben bestimmen das Bild, die im starken Kontrast zum tiefblauen Himmel stehen. Von den Rocky Mountains kommend, steigt zu Beginn jedoch Enttäuschung in uns auf. „Na super, geht das jetzt wieder los, mit dieser öden Landschaft", meint Klara, als wir, die Bundesgrenze passierend, stark gegen den Wind kämpfen müssen. In diesem Abschnitt ist wirklich nicht viel zu sehen, außer ausgedörrter Pampa mit gelegentlichen Grasbüscheln. Utahs Landschaft ist dürftig gegen die üppigen Rockies und wir hadern ein wenig damit, nicht mehr Zeit dort verbracht zu haben. Um den

Utah überrascht mit seiner bizarren Schönheit.

ersten Tag mit Utah aber noch versöhnlich abzuschließen, versuchen wir Monticello zu erreichen. Wer kann da schon widerstehen? Monticello, das klingt für uns nach italienischem Essen, Eiscreme und einer Flaniermeile. Dafür lassen wir sogar unzählige gute Möglichkeiten wild zu campen links liegen. Der Name stellt sich aber als gemeiner Lockvogel heraus. Monticello ist ein reines Truckerstädtchen! Südländische Atmosphäre entsteht nur kurzzeitig, nämlich als ich mit dem Campingplatzbesitzer über einen fairen Preis für unser kleines Zelt verhandle. Es ist aber bereits dunkel und so sind wir in keiner sonderlich guten Verhandlungsposition. Wir müssen den Platz einfach nehmen, auch wenn wir nur drei Dollar Rabatt bekommen. Dafür gibt es gratis Äpfel von den platzeigenen Bäumen. Für uns ist das ein seltener Schmaus und dankbar packen wir mehrere Kilo in unsere Fahrradtaschen. Im Supermarkt sind Äpfel für uns meist unerschwinglich. Hier verfaulen sie. Wahrscheinlich, weil sie nicht so schön glänzen und mit ihrer schrumpeligen Haut nicht mehr ganz in unser westliches Bild vom perfekten Essen passen. Oder weil man sich nach ihnen bücken muss? Das ist den Rehen, die in der Dämmerung kommen, sich nicht um unser Zelt scheren und schmatzend die Leckereien verzehren, in jedem Fall egal.

Am nächsten Tag ist Utah dann Utah, wie wir es uns vorgestellt haben, und wir sind gefesselt von der teils bizarren Schönheit dieser Gegend. Kaum vorstellbar, dass in dieser ariden Umgebung früher Indianervölker lebten. Vereinzelt gibt es noch immer einige Indianer vom Stamm der Ute, von dem der

Die Trinkwasserversorgung gilt es hier allerdings gut zu planen.

Bundesstaat auch seinen Namen bekam. Manchmal führt ein Highway direkt durch die Reservate, dann wird darauf aufmerksam gemacht, dass hier nach indianischem Recht teils andere Regeln und Gesetze gelten. Wenn man an den vielen heruntergekommenen Baracken vorbeiradelt, bekommt man ein Gefühl für die teils tristen Realitäten dort. Was der weiße Mann an den amerikanischen Ureinwohnern verbrochen hat, ist wohl nie wiedergutzumachen. Ganze Kulturen sind ausgelöscht. Einzige Relikte sind manchmal nur noch jahrtausendealte Felszeichnungen, wie wir sie oft entlang des Weges entdecken. Heute ist Utah vor allem Mormonenland. Über 60 Prozent der Bevölkerung sind Mormonen – damit ist Utah einer von nur fünf amerikanischen Staaten, in dem eine Religionsgemeinschaft eine absolute Mehrheit stellt.

Unser regelmäßiges Colatrinken, ja das Trinken im Allgemeinen müssen wir uns jetzt immer wieder mal verkneifen. Nicht etwa, weil durch Utahs Mormonen hier strenge Alkoholgesetze gelten, sondern weil es mehrmals über 200 Kilometer kein oder nur durch große Umwege zugängliches Trinkwasser gibt. Da kommt es schon mal vor, dass wir uns 15 Kilometer (bergab!) vom Highway entfernen müssen, um Wasser nachzutanken.

Überhaupt freuen wir uns über jede Menschenseele, die wir hier abseits der Touristenhighlights treffen. „Hi, ihr beiden! Irgendwelche Probleme mit den Rädern? Braucht ihr Wasser? Oder sonst irgendeine Hilfe?", kommt es wie aus der Pistole geschossen, ehe wir realisieren, wer da spricht. Hinter einem

geparkten Pick-up samt Wohnwagen tänzelt eine kleine, drahtige Gestalt hervor. Sie trägt ein viel zu großes – eingestecktes – Hemd, eine Sonnenbrille, mit der man wohl auch locker schweißen könnte, steckt voller Energie. Caryn, gegen fünfzig, ist eine wahre Zappeline und selbst begeisterte Radfahrerin: „Wie viele Kilometer schafft ihr pro Tag? Ich normalerweise so an die hundert Meilen, wenn ich mit dem Tourenrad unterwegs bin", erklärt sie in einem weiteren Redeschwall. Dieses schräge Vöglein ist uns sofort sympathisch!
Sie und ihr Mann Tony laden uns natürlich gleich zu ihrem Campingplatz am Natural Bridges National Monument ein und falls wir es wirklich bis nach San Francisco schaffen, müssen wir kurz vorher unbedingt bei ihnen in Davis, Kalifornien, übernachten. Ihrer Einladung an diesem Abend können wir nicht folgen, da wir einfach nicht mehr so weit kommen. Spätestens in Kalifornien werden wir uns wieder treffen, hoffen wir. Das geschieht schon viel früher als gedacht. Während der nächsten Tage – wir schlängeln uns gerade ein paar steile Pässe hinauf oder flitzen diese mit einem Affenzahn wieder hinunter – überholen sie uns zweimal (aktiv wie Caryn ist, hat sie mit Tony ein paar Wanderungen eingelegt) und winken uns stets freudig aus dem Autofenster zu.
Während einer besonders langen Wüstenfahrt ohne Zivilisation und Wasser überqueren wir die Stelle, an der der Colorado River in den Lake Powell mündet. Dieser Fluss formt den etwas weiter südlich liegenden Grand Canyon. Wir fühlen uns in dieser Abgeschiedenheit auf alle Fälle wie echte Abenteurer – bis wir auf ein Pärchen treffen, das die Strecke nur zu Fuß und mit einem Handwagen zurücklegt. Endlich kommen wir in Henksville, einer Art Oasenstadt, an und machen das, was jeder dort zu machen scheint: Wir essen den besten Burger weit und breit. Und dann bekommen wir Heimatgefühle, weil wir uns inmitten dieser Wüste dank WLAN auf unserem Laptop einen österreichischen Schnulzenfilm ansehen können. Ein Traum!
Die kommenden Tage sind perfekt. Die Straßen sind wenig befahren, es gibt genügend Platz zum freien Campieren und aufgrund der durchschnittlichen Höhe des Bundesstaates von rund 2000 Metern ist es trotz der intensiven Sonne meist angenehm warm. Es ist Spätherbst, der Winter naht. In der Nacht bildet sich nun öfter Reif auf unserem Zelt. Die Nächte hier draußen sind klar, es gibt keine Anzeichen von Lichtverschmutzung, dafür bei Neumond atemberaubende Einblicke in unser Universum. Wir sitzen teilweise Stunden unterm Himmelszelt, starren fasziniert in die unendlichen Weiten und sind sprachlos vor Demut.

EIN URLAUB IM URLAUB
20. September 2012

Klara: Nun sitzen wir wieder an unserem Stammplätzchen mit gutem Überblick über unseren Campingplatz, kochen uns zum fünften Mal Fertig-*Pancakes* und lassen den Tag noch einmal Revue passieren. Seit drei Tagen pausieren wir mittlerweile in diesem süßen Camp in Escalante und gehören damit mittlerweile, wie die hier freilaufenden Hühner, fast schon zum Interieur. Abenteuerlustige Leute kommen und gehen, wir aber wollen Urlaub und bleiben. Außerdem finden wir es hier zu schön, um einfach nur durchzufahren. Wir haben es anscheinend nach zweieinhalb Monaten endlich geschafft, unseren europäischen Stress hinter uns zu lassen und ganz in den Tag hineinleben zu können. Das tut so richtig gut!

Gestern lernten wir die Briten Sharon und Dick kennen, die sympathischerweise unsere Vorliebe für den Pfannkuchen teilen. Sie luden uns sofort ein, mit ihnen den Park des versteinerten Waldes anzusehen. Dort liegen tatsächlich versteinerte Bäume herum und man kommt sich vor wie zu Urzeiten.

Weil wir uns so gut verstanden, beschlossen wir, heute gleich noch einen gemeinsamen Wandertag einzulegen. Sharon und Dick stellten ihren Mietjeep zur Anreise, wir die Snacks und gute Laune. Nach den ersten fünf Kilometern entlang einer staubigen, vertrockneten Piste dann das Problem: gleich zwei platte Reifen! Einer hinten (total leer) und einer vorne. Das Loch des vorderen durfte ich höchstpersönlich über 20 Minuten mit dem Daumen zuhalten (und kam mir dabei sehr wichtig vor). Flo war fast schon so weit, sich laufend auf den Weg in Richtung Stadt zu machen, um Hilfe zu holen, da tauchte aus dem Nichts – wer wohl? – der rote Pick-up von Caryn und Tony auf. Na, wenn das kein Zufall war! Caryn ist laut Flo ein echter Feger und wir vier konnten gar nicht so schnell schauen, wie sie und Tony mit Kompressor (bitte, was haben die denn noch alles mit?!), Flickzeug und was weiß ich noch allem herumwerkelten, bis beide Reifen innerhalb weniger Minuten wieder fahrtauglich waren!

Unser Ausflug war trotzdem gestrichen, das Erlebnis aber nicht geschmälert. Nach einem kurzen Zwischenstopp beim Mechaniker in Escalante fuhren wir alle sechs zurück in den sicheren Hafen des Campingplatzes und genossen ein Kaffeepläuschchen.

IM BRYCE CANYON

Flo: Der Abschied von Sharon und Dick fällt uns schwer: Zum ersten Mal seit Beginn unserer Reise verbringen wir mehrere Tage mit denselben Menschen. Die beiden wachsen uns in dieser kurzen Zeit ganz schön ans Herz, wir lachen viel und verspüren eine starke Verbundenheit zueinander. Heute ist aber der Moment des Aufbruchs gekommen und so sagen wir uns Lebwohl. Wir machen uns auf den Weg zum Bryce Canyon Nationalpark.
Rund 50 Kilometer vor dem Park treffen wir auf zwei Biker – ein verrücktes Paar! Janey und Bill – eine Amerikanerin und ein Engländer, die sich über ein Online-Forum kennengelernt haben, um durch die USA zu radeln. Janey, Mitte zwanzig, trägt einen fliegenpilzartig gepunkteten Helm, kniehohe Lederstiefel und ein feines Röckchen und zieht eine Kühlbox hinter sich her (sie komme aus dem Death Valley, da wisse man kalte Getränke zu schätzen). Die beiden sind wirklich witzig: „Wir fahren schon gern mit dem Rad, aber bergauf geht's dann doch schneller per Anhalter!", erklärten sie uns lachend.
Am Campingplatz außerhalb des Nationalparks angekommen, fragen wir ein holländisches Pärchen mit Wohnwagen, ob wir unsere Räder bei ihnen abstellen dürfen, und schon geht es in die Parkmitte. Und das per Bus und ganz ohne Treten – ein herrliches Gefühl, sich so mühelos fortzubewegen! „Man soll sich den menschlichen Errungenschaften nicht ganz verschließen", dämmert es mir während der Fahrt. Am Canyonrand klicken die Auslöser der Kameras der Touristen ununterbrochen und auch ich fühle mich dazu verleitet, mit meiner Kamera alles totzuschießen. Klara macht mir das mit zwei Sätzen bewusst: „Was machst du denn mit den ganzen Bildern? Genieß die Landschaft!" Recht hat sie! Der Bryce Canyon mit seinen farbigen Felspyramiden ist ein Spektakel, das man wirklich ganz bewusst in sich aufnehmen sollte. Vor uns ragen die schroffen Zacken des tief eingeschnittenen Canyons heraus. Alles leuchtet in der goldenen Abendsonne in den unterschiedlichsten Rot- und Brauntönen. Wir sind verzaubert!
Mit dem letzten Bus des Tages geht es wieder raus aus dem Park. Wir holen unsere Fahrräder ab und schlagen unser Zelt in einem nahegelegenen Wald auf. Nach einer kräftigen Portion Nudeln (was sonst?) ziehe ich als Bärenbeauftragter noch schnell unsere Lebensmittel an einem Baum hoch. „Utah, du bist ein wahres Schatzkästchen", denke ich und schlafe in der klaren Luft zufrieden ein.

Der Abstecher zum Bryce Canyon ist jeden Kilometer wert.

NEVADA: ONE NIGHT IN BAKER

Klara: „Achtung: Auf den nächsten 84 Meilen gibt es keine Versorgungspunkte oder Tankstellen!", werden wir durch ein Schild nach der Stadtausfahrt von Milford, dem letzten Kaff in Utah, gewarnt. Wir sind schon darauf eingestellt, denn laut unserer Karte erwarten uns in Nevada Wüste und vor allem achtzehn Gebirgszüge, die sich, getrennt von breiten Tälern, von Nord nach Süd ziehen. Das Ganze spielt sich auf einem Hochplateau zwischen 1800 und 2400 Metern ab. Gleich neben dem Warnschild, das etwas windschief in der trockenen Erde steckt, liegt – armselig und verloren – ein kleines Kinderdreirad mit nur zwei Rädern. Das Ganze sieht wirklich wie im Film aus. Fragt sich nur, von wo der dreijährige Bandit auf dem kaputten Roller ausgebüchst ist. Mit 135 Kilometern ohne Wasser oder anderen Versorgungsmöglichkeiten haben wir eigentlich kein Problem. Auch nicht mit dem Gegenwind, der uns in ganz Nevada massiv begleiten wird – oder vielleicht doch?

Am Vorabend verabschiedeten wir uns innerlich von Utah, dem Bundesstaat, der uns im Nachhinein am meisten fasziniert und überrascht hat. In unserem

Wie? Über achtzig Meilen keine kühle Cola?

Camp, das der Lions-Club Milford zur Verfügung stellte – ein einfacher Schotterplatz mit Wasserpumpe am Stadtrand –, kochten wir Risotto (zur Abwechslung!), hörten unsere Lieblings-USA-Musik und schauten verträumt in den Sonnenuntergang. Dann stellten wir den Wecker auf sechs, um die Distanz bis Baker, dem ersten Ort in Nevada und somit unser Tagesziel, gut zu schaffen, und mussten nach dem Zusammenpacken am Morgen wie so oft schon feststellen, dass es außer der hiesigen Tankstelle keinen anderen Lebensmittelladen gab. „Klara, iss gleich noch einen Extra-Burrito! Und die große Flasche Coca-Cola nimm auch noch mit!", empfahl Florian fürsorglich, während er genüsslich in die fettige Eier-Speck-Füllung biss ...

Nun rollen wir also die Stadt hinaus und befinden uns unmittelbar in der Wüste. Außer Dornenbüschen auf sandigem Untergrund gibt es nicht viel zu sehen: Ach ja: den ersten Gebirgszug. Der scheint unglaublich nah, so nah, dass Flo und ich schnell einig sind: Unsere Landkarte hat einen Fehler! Aber schon bald belehrt uns Nevada eines Besseren. Hier ist der Himmel blau, die Sicht weit und das nächste, stets langsam ansteigende Talbecken länger, als man denkt. Es gibt in dieser dürren Landschaft einfach keinen Anhaltspunkt, mit dessen Hilfe man die Entfernung richtig abschätzen könnte. Die ganze kommende Woche wird sich dieses Spiel noch des Öfteren wiederholen und bald lernen wir, nicht mehr unseren Augen, sondern doch der Karte zu trauen, wenn es heißt, der nächste, ach so nahe scheinende Passpunkt liege noch 30

Sieht doch eigentlich ganz harmlos aus, die Bar, die uns zum Verhängnis wird.

Kilometer entfernt. Den ganzen Tag radeln wir, so schnell (beziehungsweise langsam) es bei dem – zugegebenermaßen – doch recht lästigen Gegenwind geht, den verschiedenen Bergrücken entgegen und belohnen uns bei jedem Pass mit einem kräftigen Schluck Cola. Untertags treffen wir auf nicht mehr als fünf Autofahrer und auch sonst tut sich hier nicht viel. Wüste eben.
Und so passiert es, dass wir 20 Kilometer vor Baker eine kurze Pause machen, in der wir vor Erschöpfung am Boden liegen und uns gegenseitig mit vor Unterzuckerung glasigen Augen gestehen, nicht mehr zu können! Hastig essen wir die letzten Vorräte und raffen uns, ob des mangelnden Wassers, doch noch auf weiterzufahren. Im dämmrigen Licht erreichen wir das Nevada-State-Schild, stellen unsere Uhren schnell auf die pazifische Zeitzone um – die vierte und letzte auf unserer USA-Durchquerung – und rollen hungrig in Baker ein. Und dann passiert das, was uns oft passiert, wenn wir total geschafft sind: Wir werden irre! Wir witzeln, lachen über jede noch so blöde Bemerkung des anderen und unterhalten uns köstlich. Wir sind sprachlos, wir wussten, Baker ist klein – aber doch nicht *so* klein! Ganze 68 Bewohner haben sich hier im Nirgendwo niedergelassen und außer ein paar riesigen, kreisrund bewässerten Rinderweiden und dem gut 10 Kilometer entfernten Great-Basin-Nationalpark samt dem mächtigen Mount Wheeler gibt es hier nichts. Oder doch, es gibt einen kleinen Laden (wo wir uns zur Belohnung ein Sixpack Bier kaufen) und einen kleinen, vergammelten Campingplatz samt

einer heruntergekommenen Bar davor. Wir haben unsere Räder noch nicht ganz abgestellt und lugen schon voll Vorfreude auf das gekaufte Bier, da entdeckt uns auch schon ein waschechtes Baker-Cowgirl. Wobei *Cowgirl* etwas zu lieblich klingt. Die füllige Dame mit Raucherstimme, Cowboy-Boots und zusammengefallener Föhnfrisur tritt über die Schwelle der Bar und erklärt sofort, sie fände es toll, was wir hier machen. Sie wolle uns jetzt sofort ein, zwei Biere zahlen, schließlich sei sie die reichste Frau Bakers, ihr gehöre so ziemlich alles hier in der Gegend. Eine Einladung mit Nachspiel, wie wir am nächsten Morgen verkatert feststellen müssen …

Flo: „Ich hab verdammte Kopfschmerzen!", lässt uns der ziemlich mitgenommen aussehende Sheriff, auf seine Stirn tippend, wissen, als wir ihn bei unserem Ausnüchterungsspaziergang auf der schmalen Hauptstraße Bakers treffen und er mit seinem Polizeiwagen gerade Patrouille fährt. Auch dem Barkeeper auf der anderen Straßenseite geht es nicht besser, und er ruft uns zu: „Keine Ahnung, was gestern Nacht los war, aber heute sitzen wir alle im selben Boot!" Beim Aufstehen litten wir noch an einer postalkoholischen Depression, doch nach der Absolution durch den Sherriff, dass in Baker alles in gewohnter Ordnung sei, fühlen wir uns wenigstens nicht mehr so, als ob wir die Einzigen wären, die etwas über die Stränge geschlagen haben. Langsam beginnen wir die Puzzlesteine der vergangenen Nacht zusammenzusetzen. Bald steht fest, dass das Sixpack allein nicht schuld war, und wir erinnern uns, dass wir nach dem anstrengenden Radtag nur aus Höflichkeit in die Bar des Cowgirls gingen, da man so eine Einladung ja nicht abschlagen kann. Die spendierfreudige Lady war zwar schon weg, aber die zwei versprochenen Biere bereits für uns bezahlt! Zu dem Zeitpunkt waren der Barkeeper und wir die Einzigen in der schummrigen Bar – abgesehen von einem löchrigen Billardtisch und einem kaputten Dartautomaten, der verstaubt in seiner Ecke vor sich hin vegetierte. Nach und nach tauchten ein paar junge Ranger des Nationalparks auf – sie kommen aus allen möglichen Staaten der USA und versuchen, hier das Beste aus der Abgeschiedenheit zu machen (in diesem Zusammenhang scheint die Bar eine wesentliche Funktion zu erfüllen). Als dann auch noch ein paar Bewohner Bakers dazukamen, führte plötzlich das eine zum anderen und ein paar Stunden später trank Klara Captain Morgan und Bier mit Orangensaft, anscheinend eine Spezialität der Gegend. Ich unterhielt in der Zwischenzeit die Bar mit deutschen Trinksprüchen – natürlich mit der obligatorischen Jägermeister-Verschlusskappe auf der Nase, um noch authentischer zu wirken.

Wie peinlich! Doch den harten Jungs aus der Gegend schien genau das zu gefallen – schließlich lieben die meisten Amerikaner das Oktoberfest. Als ich den Barkeeper dazu überredete, ein paar Runden *one dollar shots*, sprich ein paar Schnäpse für einen Dollar, auszugeben, war klar, wie der Abend enden würde, und niemand konnte oder wollte mehr dem *german evening* entrinnen. Tiefgründige Gespräche wurden geführt, es wurde wild getanzt und Freundschaften geschlossen – gleich einer Erstsemesterparty im Studentenheim. Dazwischen gab es Drinks und jede Menge „Zicke zacke, zicke zacke – hoi hoi hoi!", bis mein Körper schlagartig auf den Notfallmodus umstellte und mich am Bartisch der Schlaf überkam. Dankenswerterweise übernahm der Sheriff auch nach Feierabend Verantwortung und brachte mich mit einem Kollegen und Klara zu unserem Zelt. Sie stützten mich von beiden Seiten, um mich wohlbehalten zu unserem Schlafgemach zu manövrieren, doch die frische Luft der sternenklaren Wüstennacht war dann für meinen zarten Magen doch zu viel – die Stiefel des Sheriffs mussten leider dran glauben.

Zum Glück ist der Sheriff aber nicht nachtragend, sondern zeigt vollstes Verständnis für unser gestriges Benehmen. Schmunzelnd erklärt er uns jetzt von seinem Pick-up aus: „Willkommen in Nevada! So etwas kommt hier öfter vor!"

ÜBER ACHTZEHN BERGE MUSST DU ZIEHEN

Klara: Nach dem unfreiwilligen Pausentag in Baker, an dem wir es gegen Mittag doch noch schafften, das Beste aus der Situation zu machen, indem wir uns den Nationalpark samt Höhlenformationen anschauten und uns mit den armen, verkaterten Nationalparkmitarbeitern solidarisierten, legen wir tags darauf frühmorgens los. Unserer vorhandenen Motivation wird aber schon nach 200 Metern ein kleiner Strich durch die Rechnung gezogen, als meine Schaltung Probleme macht. Flo, der Mechaniker vom Dienst, hat zum Glück eine etwas unorthodoxe Lösung parat und mit etwas Superkleber hier und etwas Superkleber da ist das Ganze anscheinend kein Problem mehr.

Schon nach wenigen Kilometern gelangen wir auf eine unangenehm enge, zweispurige Straße und stellen fest, dass es sich dabei um den legendären Highway 50 mit dem Titel *Loneliest Highway of the States* handelt. „I survived Highway 50", heißt es auf T-Shirts und Souvenirtassen. Und davon gibt es jede Menge, schließlich scheint es für jeden waschechten Amerikaner dazuzuge-

Middlegate: Eine Kreuzung und eine Bar inmitten von Kampfjets und Wüste

hören, mindestens einmal in seinem Leben dieses Abenteuer zu wagen. Wir sind uns schnell einig, dass auch wir uns freuen, die einsamste Straße zu überleben, und zwar nicht, weil zwischen den Zockerstädtchen – hier haben sogar die Supermärkte im Eingangsbereich einarmige Banditen stehen – oft vier Pässe und 140 Kilometer samt Gegenwind liegen, sondern weil der Verkehr der Wahnsinn ist. Nevada steht für Glücksspiel, Minenabbau, Wüsten, Atombombenversuche, lange Distanzen ohne Wasser, US-Kampfjettrainingscamps, eine Vorliebe für höhergelegte Pick-ups und die gesetzliche Erlaubnis, Lastwagen mit drei Anhängern zu fahren. Nicht unbedingt eine Kombination, die uns besonders gefällt.

Wir vergnügen uns an langen Radtagen mit dem Beobachten der blitzschnellen Chipmunks, die am Wegesrand ihre Höhlen haben und lustig Männchen oder flinke Hakensprünge machen, um sich schnell vor uns zu verstecken. Wenn es für sie ganz brenzlig wird, machen die kleinen Tierchen einen auf „tot" und verschmelzen, dank sandfarbenem Tarnfell, wirklich fast mit dem Untergrund. Wähnen sie sich sicher, strecken sie ihr Köpfchen nervös aus ihren Löchern und sehen sich um.

An einem Tag erleben wir eine Überraschung. Wir radeln gerade in einem breiten Becken voller Windräder – sie scheinen bei dem Wind gut zu funkti-

Verdammt viel Gegend hier

onieren, stellen wir mit 13 km/h dank Gegenwind fest –, da überholt uns ein Auto, das sofort stoppt. Es ist Kim, eine Kletterin, die wir drei Wochen zuvor in Colorado getroffen haben. Wir begrüßen uns vergnügt und tauschen unsere Erlebnisse aus. Ihr Urlaub ist vorbei und sie auf dem Weg nach Hause. Kim fragt sich, wie wir diese Strecke bloß per Rad schaffen können, sogar ihr werden die langen, menschenleeren Distanzen manchmal unheimlich. Freudig zeichnet sie uns jede Menge Sehenswürdigkeiten in unsere Karte ein, lacht mit uns über den Zufall des Wiedersehens und braust dann auch schon wieder davon.

Dann sind wir auch schon wieder allein und fühlen uns den tapferen Reitern des *Pony-Express* gleich. Dieser, vor ungefähr hundertdreißig Jahren eingeführte Postbeförderungsdienst war eigentlich eine Reiterstafette. Die über 3000 Kilometer lange Distanz reichte von Missouri bis Kalifornien, alle 20 Kilometer gab es eine Zwischenstation, um den erschöpften Gaul zu tauschen. Die Stellenausschreibung für die damaligen Postboten lautete ungefähr so: „Gesucht: Unter achtzehnjährige Reiter, mager, mutig und willig, ihr Leben zu riskieren." Ein Jahr lang sorgten Buffalo Bill (der bekannteste Reiter) und seine Kollegen für die schnellste Postverbindung der USA – ein Brief brauchte für die ganze Strecke nur zehn Tage –, bis die Einführung des Telegraphensystems dem Ganzen ein jähes Ende bereitete. Damals führte die Route hauptsächlich durch feindliches Indianergebiet (kein Wunder bei dem, was die angesiedelten Weißen hier aufgeführt haben), heute entdecken wir immer wieder die zerfallenen Ruinen der Stationen. Freilich – gar so schnell wie der legendäre Buffalo Bill sind wir natürlich nicht und statt der Gäule sind es eher wir, die erschöpft und windgeplagt sind, sodass wir abends nur mehr ins Zelt kriechen können.

Überhaupt ist unser Schlafrhythmus mittlerweile um nichts besser als der eines gewöhnlichen Haushuhnes. Seit Beginn unserer Reise ist Schlafen unsere liebste Freizeitbeschäftigung und genau genommen haben wir schon die halbe Reise verpennt! In Fallon denken wir uns unseren Teil, als in einem Fastfood-Restaurant quasi mitten in der Nacht noch immer ganze Familien mit Kleinkindern eintrudeln („solche Rabeneltern!"), bis wir nach dem Zähneputzen feststellen, dass es erst halb acht ist! Wir schieben es darauf, dass die Tage jetzt gegen Ende September kürzer werden, oder so …

Tag für Tag klappern wir weiter unsere Gebirgspässe ab und können uns gar nicht vorstellen, schon in kurzer Zeit in Kalifornien zu sein. Zu unterschiedlich erscheint uns hier die Landschaft von dem, was wir uns unter dem Sonnenschein-Staat vorstellen. Nachdem wir nun schon abschätzen können, dass uns bis San Francisco noch etwas Extrazeit bleibt, nutzen wir diese, um uns am Lake Tahoe von einer Woche Einöde und Gegenwind zu erholen.

KALIFORNIEN: RAST AM LAKE TAHOE

Flo: Die Reichen und Schönen verweilen am Lake Tahoe. Und wir, da die zauberhafte Szenerie des größten Süßwassersees in der Sierra Nevada nach den eintönigen Tagen in der Wüste Nevadas unser Radlergemüt erfreut. Zwei Ruhetage gönnen wir uns hier auf rund 1900 Meter Seehöhe. Im Anstieg von Carsen City (Nevada) hinauf zum Bergsee ändert sich fast schlagartig die Landschaft – auf einmal gibt es wieder Wiesen, Bäume und Wasser. Die Eintönigkeit der letzten 1000 Kilometer ist vorbei.

Bald vorbei ist auch unsere USA-Durchquerung, da unser Campingplatz bereits in Kalifornien liegt. Etwas nervös macht mich die Tatsache, dass wir wieder ein paar Tage im Bärenland verweilen. Während wir uns Abendessen kochen, spaziert nur 50 Meter hinter unserem Campingplatz eine Bärin mit ihren zwei Jungen vorbei. Sie sind emsig auf der Suche nach Nahrung, um sich die letzten Kilos für den rasant herannahenden Winter anzufuttern. Im Lichte der zarten Herbstsonne beobachte ich dieses Schauspiel noch relativ entspannt. Doch sobald die Dunkelheit hereinbricht und wir uns ins Zelt verkriechen, werde ich zunehmend angespannter. Ich kann förmlich spüren, dass die Bären um uns herum aktiv sind.

Wir haben zwar unser Essen im abgesperrten Anti-Bären-Container verstaut, doch in der Stille der Nacht interpretiere ich jedes Geräusch im Wald als nahenden Bären. Das kostet mir so einige Stunden an Schlaf. Klara ist das alles egal, weil sie sich einfach an der Statistik festhält. Die besagt, dass ein Bär den Menschen ungefähr zu 99 Prozent in Ruhe lässt. Ich dagegen quäle mich im Halbschlaf leider mit den Horrorgeschichten des marginalen einen Prozents herum.

Ansonsten verbringen wir unbeschwerte Ruhetage am See und genießen das spätsommerliche Herbstwetter mit Lesen, Baden (obwohl das Wasser um diese Jahreszeit schon ziemlich frisch ist) und Essen am Lagerfeuer. Fußballgroße, mit Harz getränkte Tannenzapfen erfreuen dabei nicht nur den Feuermeister (meistens ich), sondern reichern die klare Bergluft mit einem angenehmen Aroma an. Eine Woche später sollen wir im Fernsehen sehen, dass die Gegend rund um den Lake Tahoe schon von Schnee bedeckt ist.

DER LETZTE PASS

Flo: „Carson Pass, den hat noch keiner geschafft. Jeder, der jemals versucht hat, ihn mit dem Fahrrad zu bezwingen, ist nie wieder zurückgekehrt", scherzen wir noch mit Ben, auf den wir ein paar Kilometer nach unserem Umweg über den Lake Tahoe im Anstieg wieder aufgefahren sind. Und diesen Schwachsinn reden wir uns die letzten Tage wirklich schon fast glaubhaft ein. Dutzende Pässe und Tausende Höhenmeter liegen hinter uns, aber ausgerechnet vor dem wirklich letzten Pass vor der Abfahrt auf Meeresniveau bekommen wir auf einmal Respekt. Ben geht es ähnlich. Bei Klara wird das Ganze fast zur *self-fullfilling prophecy*: „Ich sehe auf einem Auge nichts mehr", höre ich sie hinter mir stöhnen und in den Straßengraben taumeln. Sie ist vollkommen unterzuckert und ihre Pupillen sind nur noch stecknadelgroß. Wir haben nur noch ein paar mickrige Keksreste übrig und ich hoffe, dass diese sie bis über den Pass tragen werden. Sie bemüht sich wirklich und rackert sich ab, doch zwei Kilometer vor dem Sattel ist der Ofen wieder aus. Sie liegt abermals am Straßenbankett. Die hereinbrechende kalte Nacht treibt mich an, erfinderisch zu werden. Ich mische knapp ein Viertel Kilo Zucker mit Wasser und zwinge sie, es zu trinken – ob es schmeckt oder nicht. Zum Glück – der Energieschub wirkt, sodass wir gemeinsam mit Ben noch vor Einbruch der Dunkelheit eine geeignete Campiermöglichkeit finden. Der Campingplatz des National Forrests ist zwar bereits für die Saison geschlossen, für uns aber dennoch ideal – wir können unsere Zelte dort direkt neben einem kleinen Gebirgssee aufbauen. Bei einem ausgezeichneten Risotto feiern wir unseren letzten bezwungenen Pass. Eingemummt in unsere Primaloft-Jacken erzählen wir noch lange beinharte Radlergeschichten unserer USA-Durchquerung. Es schwingt bereits ein wenig Wehmut mit.

EHRENRUNDE AM PAZIFIK

Klara: Am nächsten Tag ist Ben bereits in Feierlaune und mächtig stolz darauf, bald San Francisco erreicht zu haben. Er überredet uns um zehn Uhr morgens anstatt des Kaffees ein Guinness mit Orangensaft zu probieren. Anfangs sind wir skeptisch, doch das *Gesöff* entpuppt sich als durchaus annehmbarer Drink, fast schmackhaft. Auch die Bardame findet Gefallen daran und lädt uns geschundene Radler auf eine zweite Runde ein. Irgendwann schaffen wir es dann doch, von der Bar loszukommen, und freuen uns auf die große Abfahrt vom Carson Pass. Seit drei Monaten schon freue ich mich auf diesen letzten Downhill und bin mir sicher, dass ich hier für all die unzähligen Höhenmeter entschädigt werde. Und jetzt? – Taucht nach einer kurzen Abfahrt gleich wieder ein Anstieg zu einer kleinen Gipfeltafel auf. Mehr als drei Gipfelfotos haben wir schon gemacht. Immer glauben wir, das sei jetzt wirklich das letzte! Doch ha: So geht es den ganzen Tag. Abends stelle ich enttäuscht fest, dass wir nun also beinahe auf Meeresniveau sind, ohne je so richtig Fahrtwind um die Nase gehabt zu haben.
In den kommenden Tagen passieren wir Folsom und können uns als eingefleischte Johnny-Cash-Fans natürlich auf keinen Fall einen Besuch des Folsom Prisons entgehen lassen. Mittlerweile scheint die halbe Stadt aus einem riesigen Gefängniskomplex zu bestehen und die Polizeipräsenz zu Land und in der Luft ist uns fast etwas unheimlich. Ständig kreisen Hubschrauber über uns und an jeder Ecke wartet ein Wagen der Cops. Zuerst überlegen wir noch, nahe der Stadt einfach wild zu campen. Ben überzeugt uns dann doch, dies-

Kaum zu fassen: Wir sind tatsächlich an der Westküste angekommen.

mal lieber den offiziellen Campingplatz zu nehmen. Wir wollen ja nicht für geflüchtete Sträflinge im heimlichen Unterschlupf gehalten werden! Anschließend pausieren wir zwei Tage in Davis, wo wir von Caryn und Tony herzlichst empfangen und so richtig verwöhnt werden. Flo und ich haben schon seit über drei Monaten kein normales Wohnhaus mehr betreten und können es gar nicht fassen, welches Glück es jetzt bedeutet, in einem Bett zu schlafen oder eine ordentliche Küche zu haben. Das nutzen wir gleich aus, um für unsere amerikanischen Freunde ein österreichisches Abendmahl zu kochen. Davis, das ist *die* Radmetropole der USA. Hier wurden die allerersten Radwege der gesamten Nation gebaut. Alles hier ist *green* und alternativ und in meinem ganzen Leben habe ich noch nie so viele unterschiedliche Arten von Fahrrädern gesehen: Liegeräder für einen oder zwei, Riesenräder, Räder mit Solarantrieb, Tandems in allen möglichen Ausführungen und natürlich das Neueste vom Rennsport. Ben, Flo und ich werden von allen bejubelt und geehrt, als wären wir die Ersten, die jemals per Rad eine längere Strecke gefahren sind. „Man braucht nur viel Zeit und die Lust dazu", erklären wir dann immer, denn genauso ist es!

Wir erzählen Caryn davon, einen Flug nach Mexiko gebucht zu haben. Wir haben mit Flos Familie vereinbart, uns dort zu treffen, und wollen zuvor noch

einen Badeurlaub an der Karibikküste verbringen. In zehn Tagen soll es von San Francisco aus losgehen. Caryn, in ihrer schnellen, logischen Art, erkennt sofort, dass wir beide bis dahin noch genügend Zeit haben. Und sie merkt auch, dass uns noch eine Extrarunde reizen würde. Wir haben nach unserer Ankunft noch nicht mal geduscht, da hat sie schon eine riesige Karte ausgebreitet und eine perfekt auf uns zugeschnittene Tour eingezeichnet. Unsere Route verläuft zuerst gen Norden und dann zum kleinen Hafenstädtchen Mendocino, bevor wir entlang des Pazifiks gen San Francisco fahren werden. Tags darauf fühlen wir uns, als gäbe sie uns zur Verabschiedung innerlich noch einen Klaps auf den Hintern – ganz nach dem Motto: „Und jetzt nutzt mal eure restlichen Tage ordentlich aus und macht mir keine Schande hier!"
Für Ben geht es nun in die Zielgerade. Wir aber fahren zum ersten Mal seit Langem nicht gen Westen, sondern durch kalifornische Weinplantagen, herbstliche Wälder und entlang von Stauseen nach Norden. Jeder dieser Tage ist ein voller Genuss, denn abwechslungsreicher ginge es kaum. Wir beobachten schwimmende Hirsche, fahren mal wieder einige Pässe und treffen auf Andrew und Maggie, ein Tourenpärchen aus Neuseeland. Sie sind in den Achtzigern, noch immer sehr verliebt und topfit. Soeben bringen sie die Strecke Vancouver – San Francisco zu Ende. Echte Vorbilder für uns!
Wir gelangen in die Wälder der Redwoods. Sofort spüren wir die bezaubernde Stimmung, die von diesen uralten Baumriesen ausgeht und sich auf alle Besucher des inmitten des Waldes gelegenen Campingplatzes zu übertragen scheint. Nachts haben wir dann ungebetene Gäste am Zelt. Es kracht gewaltig, Mülltonnen werden umgeworfen und ausgeräumt! Wüssten wir es nicht besser, würden wir denken, ein paar betrunkene Hooligans verwüsteten unser Camp. Aber nein, es sind nur die (gar nicht so niedlichen) Waschbären! Die sind ganz schön frech und knabbern sogar aus Gier nach dem darin befindlichen Zucker meine vordere Packtasche an. Da heißt es klatschen und wie irre rufen, um die kecken Rabauken zu verjagen.
Keine drei Tage vergehen und wir erreichen tatsächlich den Pazifik! Innerlich habe ich mich darauf eingestellt, erst in San Francisco sentimental zu werden, doch sobald wir das Meer sehen, überkommt mich eine unglaubliche Freude. Ich bin so dankbar, all die unvergesslichen Erlebnisse mit Flo teilen

Warum ein Zelt aufstellen, wenn es einen so geräumigen Mammutbaum gibt?

zu können und mit ihm durch dick und dünn gegangen zu sein. Ich bin stolz, dass wir es trotz so mancher Strapazen geschafft haben: Wir haben einen ganzen Kontinent durchquert!

MENDOCINO
17. Oktober 2012

Flo: Mannomann! Die Zeit vergeht wie im Flug und wir erleben so viel, dass sich die Eindrücke der letzten Zeit gar nicht so leicht verarbeiten lassen. Wir erreichen heute die Pazifikküste und der Tacho zeigt nun fast 8000 Kilometer. Zur Feier des Tages haben wir uns in Mendocino in einem niedlichen Bed&Breakfast einquartiert. Das sprengt zwar fast unseren finanziellen Rahmen, ist uns aber wegen seiner weißen Holzverkleidung, den Rosenranken vorm Haus und dem Blick auf den tosenden Pazifik jeden Cent wert.

Das hübsche Städtchen Mendocino mit seinen bunten Holzhäuschen und Strandpromenaden ist der Drehort der allerorts beliebten Serie „Mord ist ihr Hobby" – Sie wissen schon, der Krimiknaller mit der, meiner Meinung nach, absolut sympathischsten aller Hauptdarstellerinnen: Angela Lansbury als Jessica Fletcher, die *obergschaftige* Dauerwellendame, die nervös und superwichtig in die Tasten ihrer Schreibmaschine klopft. Auf dem Weg hierher hatten wir ständig entweder den Serienjingle oder den Schlagerhit „Mendocino" im Ohr.

Jetzt genießen wir den Tag am Meer und schauen uns die politische Debatte zwischen den Präsidentschaftskandidaten Obama und Romney im Fernsehen an. Ehrlich gesagt fühlen wir uns mittlerweile so involviert, dass wir es fast schon persönlich nehmen, hier nicht auch unsere Stimme abgeben zu können. Unser Bild von den USA hat sich durch diese Reise sehr verändert und nach wie vor sind wir große Fans dieses Landes! Man braucht nicht mit der amerikanischen Weltpolitik einverstanden zu sein, um Nordamerika und die Menschen dort zu mögen. Ihr positiver Spirit, ihre Aufgeschlossenheit und die Vielfältigkeit der Natur sind einfach *awesome* – einsame Spitze!

ABSCHIED VON DEN STAATEN

Flo: „*If you're going to San Francisco*", trällere ich vor mich hin – ja, ein wenig banal, aber in diesem Moment doch emotional ergreifend –, als wir uns der Bucht von San Francisco nähern. Ich lasse die Reise Revue passieren und den-

Golden Gate: Da wollen wir drüber.

ke mir: „Ganz schön weit und ganz schön anstrengend, aber eine der besten Erfahrungen meines Lebens."

Wir haben unsere Route extra so geplant, dass wir über die Golden-Gate-Bridge radeln müssen. Auf dem Weg dorthin fahren wir durch den gemütlichen Vorort Sausalito. Er ist das Wohngebiet der Reichen und Berühmten schlechthin, und obwohl Klara es mir nicht ganz abkauft und ich erst später lese, dass er wirklich dort wohnt, bin ich mir zu 100 Prozent sicher, Bruce Willis beim Joggen gesehen zu haben.

Jetzt stehen wir also ehrfürchtig vor der roten Hängebrücke und genießen den Blick über das imposante Bauwerk. Natürlich machen wir gleich noch Fotos von uns in unseren *Just-married*-Shirts, ehe wir die letzten Kilometer angehen und so unsere USA-Durchquerung beenden. Wir sind ergriffen und berührt! Es fließt die eine oder andere Freudenträne, während wir über die Brücke fahren – diese wird aber sofort vom schneidigen Wind wieder weggewischt. Wir empfinden große Freude, so viele nette Menschen kennengelernt und so magische Momente erlebt zu haben, der Natur so nahe gewesen und gesund angekommen zu sein und vor allem, dass wir beide uns haben!

Klara: Wir haben uns den Abschied von den USA wie folgt ausgemalt: Wir beide kommen, nach drei gemütlichen Sightseeing-Tagen, entspannt am Flughafen an. Quasi im Vorbeigehen geben wir die Räder am Schalter ab, lassen in der Flughafenlounge unsere USA-Reise Revue passieren und steigen dann leichtfüßig und wohlgemut die Gangway zum Flugzeug hoch. Doch es kommt wie immer erstens anders und zweitens als man denkt: Wir verbringen tatsächlich drei schöne Tage in San Francisco. Allerdings sind wir keine Touristen, sondern auf der verzweifelten Suche nach Kartonboxen für den Transport unserer Räder. Einen Fahrradladen nach dem anderen klappern wir ab, bis wir in einem Geschäft endlich fündig werden. Danach zerren wir diese Ungetüme zu Fuß zur drei Kilometer entfernten Unterkunft und ernten dafür merkwürdige Blicke der Passanten. Dort angekommen stellt sich heraus, dass unsere Räder niemals darin Platz finden würden! Zum Glück versichert uns unsere Fluglinie auf Nachfrage am Telefon, dass wir diese Boxen gar nicht zwingend bräuchten. Es sei durchaus möglich, die Räder einfach ohne Box gut verpackt abzugeben. Ich frage mehrmals nach, ob das zu 100 Prozent sicher sei, und erhalte eine eindeutige Bestätigung. Ein Stein fällt uns vom Herzen!

50 Minuten vor Abflug – wir haben zuvor unsere Räder mehrere Stunden penibel verpackt – werden wir vom Bodenpersonal eines Besseren belehrt! Zu diesem Zeitpunkt – es ist bereits Mitternacht – bringt auch Verhandeln und Flehen nichts mehr. Uns wird kompromisslos klargemacht: entweder wir haben in 20 Minuten Kartonboxen für die Räder oder sie fliegen nicht mit. Wir können kaum klar denken, doch eine rettende Idee muss schleunigst her. Nach eiligen Erkundungen beim Reinigungspersonal des Flughafens (das sich als kooperativer erweist als die Mitarbeiter der Fluglinie) erfahren wir, dass in der hintersten Ecke des Gebäudes ein Versandshop sei, in dem es womöglich solche Boxen zu kaufen gäbe. Allerdings, wird uns beteuert, habe dieser bereits seit zehn Minuten geschlossen. Während Flo unser Gepäck beaufsichtigt, sprinte ich zu dem Laden, der tatsächlich schon versperrt und verdunkelt ist. Ein freundlicher Wachmann ruft aber extra den Besitzer an, der wenige Minuten später tatsächlich aufkreuzt, den Shop öffnet und uns seine letzten beiden Kartonboxen verkauft. Die sind zwar auch wieder etwas zu klein, doch mithilfe einiger Flughafenbediensteter, eines Messers und jeder Menge Klebeband basteln wir uns im letzten Moment so etwas wie Transportboxen. Ein Gemeinschaftsgefühl macht sich breit, als unsere Fahrräder

in ihrer monströsen Verpackung entgegengenommen werden! Wir haben es – und sind – geschafft!

In Mexico City verpassen wir fast unseren Anschlussflug – wir müssen samt den ausgecheckten Fahrrädern durch den mexikanischen Zoll, bevor wir unseren Inlandsflug an die Küste antreten können. Letztendlich landen wir in Cancún, nicht aber unser Gepäck …

Alles halb so schlimm, finden wir, nachdem wir kurze Zeit später im verschlafenen Fischerdörfchen Puerto Morelos angekommen sind und feststellen, in welch paradiesischer Landschaft wir die nächsten Wochen verbringen werden.

Nach ersten Tortillas, jeder Menge Fruchtsäften und dem Anblick fischender Pelikane sind wir sofort bester Laune. Nur einen Tag später werden unsere Räder bis vor die Haustür unserer kleinen *Hospedaje* geliefert, während wir am nahen Strand in der Sonne brutzeln.

LOS BICINETOS

Flo: Frei nach dem Motto: „Lieber mit dem Fahrrad an den Karibikstrand als mit dem Mercedes zur Arbeit", beschließen wir Puerto Morelos zu verlassen. Einem Geheimtipp nach soll es am Traumstrand von Tulum einen kleinen Campingplatz geben. Also genau das Richtige zum Relaxen für uns – und das nur einen Radtag entfernt! Wir haben ernsthaft vor, mindestens eine Woche Pause zu machen.

Während der Fahrt entlang der mehrspurigen Küstenstraße – Meer ist keines zu sehen, weil die Küste in diesem Bereich von Hotelburgen zubetoniert ist – haben wir gleichzeitig denselben Gedanken. Klara spricht es zum Glück als Erste aus, da nicht ich es sein will, der den Badeurlaub in Frage stellt: „Sollen wir nicht lieber nach Belize fahren? Es klingt so exotisch und liegt so nah!", platzt sie heraus. „Interessant wäre es schon", antworte ich erfreut. Doch bald lassen uns Sicherheitsbedenken und nichtvorhandene Reiseinformationen an unserem Coup zweifeln. Genau in diesem Moment treffen wir zum ersten und letzten Mal auf Tourenradler in Mexiko! Es handelt sich dabei jedoch nicht um irgendwelche Radler, nein, es sind die *Bicinetos* höchstpersönlich! Drei superlustige, mexikanische *Banditos* auf dem Weg nach – genau – Belize und Guatemala! Javier, Paco und Marco sind in unserem Alter und stammen ursprünglich aus Mexico City. Nach Abschluss ihres Studiums fanden sie eine Stelle als Touristenführer auf der Yucatan-Halbinsel. Die drei Freunde wollen das Fahrradfahren in ihrem Land, in dem der wachsende Wohlstand zu einer verstärkten Nutzung des Autos führt, wieder populärer machen. „Wir haben die *Initiative Bicineta* gegründet und fahren als Kick-off nach Tikal", lassen sie uns auf Englisch wissen. Wir müssen ihnen gestehen, dass wir Tikal nicht kennen, und stoßen damit auf großes Unverständnis. „Tikal, das ist die wichtigste aller Mayastätten. Das ist wie der Eiffelturm für Paris, das Kolosseum für Italien oder Machu Picchu für Peru!", erklären sie uns leicht irritiert. Wir fühlen uns wie Kulturbanausen. Fast fünfzig Länder haben wir schon bereist, aber von Tikal haben wir noch nie gehört. Eine wahre Schande! Zeit, die Bildungslücke zu schließen.

Wir überlegen nicht lange und schließen uns den Mexikanern an! Wir können von ihrem Einheimischen-Bonus profitieren und fühlen uns so einfach sicherer. Im Gegenzug liefern wir Reiseradler-Knowhow, denn dies ist ihre erste längere Ausfahrt überhaupt – wir bilden quasi ein Joint Venture der Fahrrad-*Toureros*.

Unsere mehrtägige Auszeit am Meer ist somit gestrichen. Wir werden mit unseren neuen Freunden zu ungeahnten Abenteuern aufbrechen. An unserem verbliebenen *freien* Tag besuchen wir die umliegenden Mayastätten, schwimmen im türkisfarbenen Meer und versuchen, einfach ruhig am weißen Strand unseres Campingplatzes zu liegen. Gegend Abend geht der Vollmond auf und taucht die Nacht in ein sanft schimmerndes Licht. Entlang des Strandes sind einige Hochzeiten im Gange und verbreiten eine fröhliche und ausgelassene Stimmung. Wir schwelgen in Erinnerungen an unsere eigene Hochzeit. Noch immer freuen wir uns über das Versprechen vor unseren Freunden, mit dem wir unsere Beziehung bekräftigt haben. Die vielen Fackeln der Hochzeitsgesellschaften und die scherenschnittgleichen Mondschatten der Palmen schaffen eine fast kitschige Stimmung. Wir genießen jedoch den *Honeymoon*, bevor es morgen losgeht!

Klara: Ich bin hundemüde und ich weiß genau, warum: Das gemeinsame Radeln mit den Bicinetos hat es nämlich ganz schön in sich! Angefangen hat es schon gestern, als wir in Tulum unsere Abfahrtszeit für heute Morgen besprachen. „Keine Ahnung, wann wir genau starten sollen", tasteten wir unsere mexikanischen Freunde vorsichtig ab. Wir beide hatten nämlich den Verdacht, unsere üblichen Aufsteh- und Abfahrtszeiten würde deren mittelamerikanisches Verständnis von „am frühen Morgen" um einige Stunden unterschreiten. Schließlich brachte Flo ein vages „Vielleicht so gegen acht oder neun?" hervor und erntete damit sofort ein ungläubiges, einhelliges: „Was, *so* spät?" Javier verkündete wild gestikulierend: „Spätestens um vier Uhr morgens ist Abfahrt! Sonst wird es viel zu heiß über den Tag!" Nun waren unsere Vorurteile über das mexikanische Zeitverständnis endgültig passé! Ganz im Gegenteil, heute Morgen – die Sonne war noch lange nicht aufgegangen und nur ein paar Straßenköter fanden sich auf den verlassenen Straßen von Tulum – schafften *wir* es, eine halbe Stunde zu spät zum vereinbarten Treffpunkt zu kommen, da wir uns im fahlen Licht unserer Stirnlampen einfach verfahren hatten. Na typisch: Die Österreicher verspäten sich aber auch immer!

Kaum saßen wir auf unseren Rädern, ging die Fragerei nach der gefahrenen Geschwindigkeit auch schon los: „Speed?", rief Marco fragend nach hinten und wir gaben ihm keuchend die Bestätigung, die 21-km/h -Marke nicht unterschritten zu haben. Die Bicinetos hatten nämlich die, zugegebenermaßen etwas kuriose Vorstellung, stets 21 km/h fahren zu wollen. Gegenwind, An-

Unsere mexikanischen Freunde, die „Los Bicinetos", beim Kartenstudium für die Reise durch Belize

stieg oder Abfahrt – egal! Das lag, wie wir später erfuhren, daran, dass die geplanten Tagesetappen mit einer Durchschnittsgeschwindigkeit von 21 km/h berechnet worden sind. Nun hatten sie aber kein Tachometer mit und mussten die Geschwindigkeit alle paar Minuten bei uns erfragen. 21 km/h – das klingt nach nicht viel, ist mit über 40 Kilo Gepäck, bei Gegenwind oder bergauf manchmal ganz schön anstrengend, besser gesagt teilweise unmöglich. Nach einer Weile wisperte ich leise zu Flo: „Oh Gott! Haben wir in den letzten Monaten denn gar keine Kondition aufgebaut? Ich bin total fertig" und merkte an seiner Reaktion, dass es ihm ähnlich ging. „Was haben die Banditen bloß gemacht, um so fit zu sein?", fragten wir uns, während wir stets gen Süden durch einen üppigen Dschungel fuhren. Wir bemerkten erst dann, dass sie gar nicht so fit waren, als sie sich zu Mittag mit schmerzverzerrtem Gesicht schwerfällig von den Rädern hievten und sichtlich erschöpft waren. So erschöpft, dass wir eine vierstündige Mittagspause einlegen mussten. Die verbrachten wir im Schatten eines Bananenbaumes, der vor einem kleinen Mayahäuschen wuchs. Die ansässige Familie lockte mit dem Schild: „Kalte Getränke und Snacks", da konnten wir natürlich nicht widerstehen. Wir durften sogar Gloria, das vier Tage alte, herzallerliebste Baby der Familie, segnen. Dazu mussten wir ihr ein Kreuz aus Spucke auf die Stirn zeichnen! Wir waren verzückt vom schwarzen Flaum auf ihrem Köpfchen und ihrem zufriedenen Gesichtsausdruck beim Schlafen. Die Mittagspause nutzten Flo und ich auch, um unsere Radfreunde davon zu überzeugen, dass die 21-km/h-Idee vielleicht doch nicht die beste sei. Besonders in Anbetracht dessen, dass wir noch zehn weitere Radtage vor uns hatten. Javier, Paco und Marco schienen beinahe froh über unseren Vorschlag, das Tempo zu drosseln, rechneten aber trotzdem nach dem Schema: „Jetzt ist es 16:00 Uhr. Um 18:00 Uhr wird es dunkel, da sollten wir schon in Felipe Carrillo Puerto angekommen und auf der sicheren Seite sein. Es sind noch 45 Kilometer. Wenn wir 20 km/h fahren … [Denkpause]… ach egal, wir müssen einfach ein bisschen schneller fahren, dann können wir jetzt noch eine halbe Stunde Pause machen!"

Jetzt bin ich also total geschafft. Kein Wunder! Die letzten 20 Kilometer mussten wir uns gewaltig sputen, kamen aber trotzdem erst im Dunkeln an. Bis Javier uns noch eine Camperlaubnis bei der hiesigen Feuerwehr verschafft hat, war es sowieso schon nach acht. Unseren lustigen Freunden können wir aber wirklich nicht böse sein! Sie sind mit ihrer Mischung aus Chaos und Organisation einfach liebenswert. Und wer könnte einen besser in die kulinarischen Köstlichkeiten Mexikos einführen als die Bicinetos höchstpersönlich? Ich auf jeden Fall bin sofort wieder auf den müden Beinen, wenn es heißt: „Los, gehen wir essen!"

UNTERWEGS IM LAND DER MAYA

Klara: Um vier Uhr morgens klingeln uns die Handywecker aus dem kurzen Schlaf und während ich im palmengedeckten Gebäude des Feuerwehrgebäudes mit Miguel, einem Feuerwehrmann, quatsche und dann ewig lange einen bunten Vogel beobachte, packen die Bicinetos ihr Gepäck an die Räder. Das ist gar nicht so leicht, denn während wir mit unseren wasserfesten Klickpacktaschen innerhalb von fünf Minuten abfahrbereit sind, werkeln die drei fast zwei Stunden, bis auch der letzte Rucksack, Plastiksack oder Korb an der von ihnen vorgesehenen Stelle montiert ist. Mit Händen und Füßen stemmt sich Javier gegen sein Rad. Indes versucht Marco mit einem fünf Meter langen Seil mehrere Gepäckstücke zu fixieren. Es wird geflucht, es wird geschwitzt und es wird, mit Blick auf uns, festgestellt: „Ihr dürft ab jetzt jeden Tag mindestens eine Stunde länger schlafen!"

Um halb sieben ist es dann endlich so weit: Wir rollen aus der Stadt hinaus – halt – Trinkwasser haben wir vergessen! „Javier, kannst du die Flasche noch verstauen?" Doch was ist das? Javiers ausgeklügeltes Montagesystem versagt

Fahrradfahren im Paradies: In Tulum, Mexiko, ist der Abschiedsschmerz von den USA schnell vergessen.

bei der kleinsten Berührung. Eine wirkliche Gemeinheit! Die Packerei beginnt von vorne …

Auch sonst ist immer mal wieder eine Schraube locker. Flo wird zum Ehrenmitglied der Bicinetos ernannt, weil er dank seines handwerklichen Geschicks und des mitgebrachten Werkzeugs so manche Panne beheben kann. Paco, der bisher noch nie ein Rad mit Gangschaltung gefahren ist, bekommt bei etwaigen Steigungen den richtigen Gang von Marco eingestellt. Dazu werden die Räder kurz getauscht und schon kann es wieder weitergehen! Dieses Improvisationstalent finden wir große Klasse. Zumindest im Nachhinein. Während der Tour konnten die ungeplanten Zwischenstopps manchmal ganz schön nerven. Zum Glück kann man sich hier in den Dörfern am Straßenrand auch mal schnell einen Gepäckstränger schweißen lassen, sonst hätte für Javier die Reise ein frühzeitiges Ende gefunden. Von der stets guten Laune der Mexikaner können wir uns sicher etwas abschauen, stellen Flo und ich häufig fest.

Flo: Paco, Javier und Marco sind teils ganz fasziniert von den Unmengen an Material, das wir in unseren Taschen haben. Bei jedem neuen Ding, das wir hervorziehen (ehrlich: alles, was wir mithaben, ist sinnvoll!), wundern sie sich wieder: „Das gibt's doch nicht! Was habt ihr denn bitte noch alles mit?", fragen sie uns mit Blick auf unsere Zaubertaschen. „Na, als Österreicher für

Wer mit den legendären „Los Bicinetos" unterwegs sein will, muss bei Sonnenaufgang schon im Sattel sitzen.

jeden ein Paar faltbare Skier natürlich", erklären wir und müssen lachen, als wir einen Moment lang den *Echt-jetzt?*-Blick in ihren Augen sehen.
Abgesehen von den kleinen Pannen sind die Radtage traumhaft: Wir baden in türkisblauen Lagunen, schaukeln in den vielen Pausen in Hängematten, sehen jede Menge Affen, Echsen, Papageien und riesige Krabben (die nachts auch gern in unser Zelt klettern). Wir erkunden die Mayapyramiden der Yucatan-Halbinsel und genießen die Gastfreundschaft der hier lebenden Maya. Nachdem Marco ein paar Brocken ihrer Sprache spricht, werden wir gleich noch herzlicher empfangen. Mayas sind bekannt für ihren kleinen, kompakten Körperbau, vor allem aber für ihr offenherziges Wesen. Kaum machen wir einen Stopp und fragen nach dem Weg, werden uns schon die süßesten Orangen in die Hände gedrückt.
Javier, der Clown der Gruppe, besitzt eine Luftdruckhupe am Rad, die es locker mit einer Lkw-Hupe aufnehmen kann. Ein Tool, ohne das er seiner Erklärung nach in Mexico City schon längst überfahren worden wäre. Auf Landstraßen grüßt er entgegenkommende Lkw-Fahrer mit einem so lauten Hupen, dass es mich regelmäßig vor Schreck fast vom Sattel wirft. Die gutgelaunten Fahrer hupen natürlich gleich zurück und Javier freut sich wie ein kleines Kind! Kommen wir in eine Stadt, erklärt er verzückt: „Herrlich! Ich liebe es, in einer chaotischen Stadt Rad zu fahren! Es gibt mir einen unglaub-

lichen Kick!" Nun fährt er hinten und gibt mit großflächigen Handzeichen den Autofahrern Fahranweisungen – er lotst uns so richtig durch die Stadt. Freundlichen Fahrern gibt er ein Dankeszeichen – eine verkehrspädagogische Erziehungsmaßnahme, wie er erklärt!

Obwohl wir nach ein paar gemeinsamen Tagen unser Spanischvokabular um gut 50 Prozent gesteigert haben (überraschenderweise beziehen sich alle neu gelernten Wörter auf irgendeinen mexikanischen Gustohappen), erfahren wir erst jetzt das magische Geheimnis der Tortilla-Transformation.

DIE TORTILLA-TACO-TRANSFORMATION

Klara: Mexikanische Kinder lernen es schon in der Grundschule, wir werden aber erst nach einer Woche Bewährungsprobe in die Verwandlung der Tacos eingeweiht. Da haben wir aber auch ohne dieses Spezialwissen schon gefühlte zweihundert Stück dieser Maisfladen gegessen. Das kommt so: Gemütlich sitzen wir am Frühstückstisch und essen ein typisch mexikanisches Frühstück, also Spiegeleier, die heißgeliebten Bohnen und: Maisfladen. Die werden in meinem Kopf unbemerkt automatisch abwechselnd als Tacos oder Tortillas bezeichnet. „Mehr Tortillas bitte!", bestellt Javier den Nachschlag. Die das Fladenbrot herstellende Dame steht vor einer heißen Platte und wendet die dünnen Fladen professionell. Schnell bringt sie uns Nachschub. Ich nehme mir eine Tortilla und streue etwas Salz darauf. Da erklärt Marco begeistert: „He! Du isst deinen Taco ja wie eine Mexikanerin! Taco mit Salz! Herrlich!" Da klingelt es mir: Eben war der Teigfladen noch eine Tortilla und jetzt ist sie plötzlich ein Taco? Paco klärt uns anhand einer praktischen Demonstration auf: „Liegt der Teigfladen auf einem Stapel und trägt noch keinen Belag, dann handelt es sich um eine gewöhnliche Tortilla", sagt er und zeigt auf das Exempel. „Nun hebe ich sie auf und sie ist noch immer eine Tortilla", erklärt er, „und jetzt kommt die Transformation!" Er kippt mit einer Gabel etwas Bohnenbrei auf die Tortilla. „Kaum belegt man seine Tortilla, und sei es auch nur mit etwas Salz, wird sie zum Taco!", ruft er begeistert. Die anderen beiden Mexikaner haben sich das anscheinend schon länger nicht mehr so eindeutig durch den Kopf gehen lassen und müssen mitlachen. Sie können sich erinnern, die Tortilla-Taco-Verwandlung tatsächlich in der Grundschule durchgenommen zu haben. Flo sieht schon ein Arbeitsblatt mit Symbolbildern vor sich: Kreuze alle Tacos an!

So fröhlich und optimistisch die meisten Mexikaner auch sind, wir kommen nicht umhin, die offensichtlich riesigen sozialen Unterschiede zu bemerken. Während unsere drei Gefährten via Smartphone ihre Facebook-Freunde über den Verlauf unserer Reise informieren, haben unzählige andere Mühe zu überleben. Javier ist sich dessen bewusst und erzählt uns etwas über die Ursachen und Hintergründe dieser Entwicklung. Schnell wird daraus ein politisches Gespräch und der Kreis zu den Tortillas schließt sich, diesmal allerdings auf weniger spaßige Weise: Manche Bewohner Mexikos, besonders in den ländlichen Gegenden, seien so arm, dass Politiker vor der Wahl ganze Dörfer bestechen. Dazu reichen traurigerweise schon ein paar Kilo Tortillas aus!

BELIZE: VOM PELIKAN BIS ZUM BRÜLLAFFEN

Flo: *„Hey Gringos, what's up?"* oder *„Hi sugarbabe!"*, so werden wir und speziell Klara von den belizianischen Grenzbeamten empfangen. Die Zeit der extrakurzen Radhosen scheint in Anbetracht dieser Anspielung für sie nun vorübergehend vorbei zu sein. Der Grenzposten wird beschallt von Reggae-Musik. Wahres Karibikflair entsteht. Die lockere Atmosphäre fällt sofort auf. Auch, dass im ehemaligen Britisch-Honduras Englisch als Amtssprache gilt – das haben wir hier in Mittelamerika nicht erwartet. Und schon gar nicht, dass ab sofort selbst die Mexikaner für Gringos gehalten werden. Laut unserer Freunde stammt der Begriff aus der Zeit des mexikanisch-amerikanischen Kriegs, als man den amerikanischen Soldaten mit ihren grünen Uniformen mit der Parole *„green go!"* entgegentrat. Unsere drei Freunde glauben erst, nicht richtig zu hören, als sie auf einmal mit *„Hi Gringo!"* begrüßt werden. Normalerweise sind es doch sie, die Amerikaner und Weiße im Allgemeinen so bezeichnen. Doch für die Belizianer gilt: Jeder, der nördlicher wohnt als sie, ist ein Gringo! Basta!
Vor ein paar Tagen sahen wir bei der Routenplanung, dass wir ab der Grenze am Northern Highway fahren müssen, der wichtigsten und einzigen Nord-Süd-Verbindung des Landes. Wir stellten uns somit auf anstrengende Radtage auf stark befahrenen Straßen ein. Doch schon nach den ersten Kilometern können wir Entwarnung geben. Der *Highway* hat in etwa die Dimensionen und das Verkehrsaufkommen einer kleinen österreichischen Bundesstraße in der Provinz.

What's up, babe? Die Grenzkontrollen in Belize sind locker.

Marco ist der Stratege der Gruppe und hat alle Tagesetappen im Voraus geplant. Unsere Mexikaner nehmen es zumindest formal sehr genau. Zur Orientierung bedient sich Marco einer touristischen Landkarte, die nicht gerade unseren kartographischen Standards entspricht. Hauptsächlich sind Sehenswürdigkeiten von Fauna und Flora eingezeichnet, dafür gibt es keine Kilometerangaben. So teilt uns Marco nach der Grenzkontrolle mit, dass wir am ersten Tag vom Pelikan bis zum Brüllaffen fahren könnten. „Bis zum Brüllaffen, das schaffen wir doch locker!", schmunzelt Klara. Als Anhängsel der Bicinetos brauchen wir uns nicht über mangelnde Vorbereitung zu beschweren, haben wir selbst doch gar keine Karte.

Weil der Abstecher nach Belize und Guatemala so nicht geplant war, lernen wir erst vor Ort etwas über Land und Kultur, ohne uns vorher in einem Reiseführer informieren zu können. Sehr interessante Inputs kommen dabei von Marco, da er ja als Touristenführer arbeitet und ein wahrer Fan der Mayakultur ist.

Aber auch ihn überrascht die Vielfältigkeit des kleinen Belize, wo unterschiedlichste Volksgruppen friedlich zusammenleben: Mestizen und Kreolen, die einst als Sklaven hierherkamen, Indigene mit Mayawurzeln und viele kleinere Bevölkerungsgruppen wie Inder, Chinesen, Araber, weiße amerikanische Einwanderer und deutschstämmige Mennoniten. Letztere haben eine ähnliche Geschichte wie die Amischen in den USA, doch hier wirken sie noch exotischer und fallen mit ihrer kreideweißen Hautfarbe stark auf. Ihr Erscheinungsbild erinnert uns an das Europa des vergangenen Jahrhunderts. Die Männer tragen Latzhosen mit Hemd und Hut und für die Mädchen und Frauen ist ein Kopftuch obligat.

Ab der Grenze sind nicht nur Klara und ich, sondern auch unsere mexikanischen Begleiter etwas angespannter. Belize hat in puncto Sicherheit keinen guten Ruf und spielt leider eine wichtige Rolle als Transitland für den Drogenhandel mit dem Westen. Paco, Marco und Javier erkundigen sich auf der Straße häufig nach der Sicherheitslage und man merkt schnell, dass diese Thematik auch für die hier lebende Bevölkerung Teil des alltäglichen Lebens ist. Für uns ist dies eine ganz neue Erfahrung auf dieser Reise, für die Jungs aus Mexico City ganz normaler Alltag.

Am ersten Abend erreichen wir laut Landkarte tatsächlich noch den Brüllaffen. Die Affen selbst sehen wir nicht, dafür haben wir aber den Ort Orange Walk erreicht. Bald weiß das ganze Dorf, dass wir hier heute übernachten werden, denn uns wird eindringlich geraten, bei Dunkelheit nicht weiterzufahren oder gar wild zu campen. Auf der Wiese eines Pastors dürfen wir zum Glück unser Zelt aufstellen. Innerhalb von Minuten kommt ein bunter Haufen Kinder angelaufen. Die gutgelaunten Kinder sind ein wahres belizianisches Phänomen: Sie haben unterschiedlichste Wurzeln und so unterhalten sich schon die kleinsten mindestens zweisprachig. Neben der Amtssprache Englisch und dem häufig gebrauchten Spanisch kommen durch die unterschiedliche Herkunft der einzelnen Volksgruppen auch noch verschiedene Maya-Sprachen, Englisch-Kreolisch, Garifuna, Plautdietsch und Pennsylvania-Deutsch vor. Da wird dann manchmal mitten im Satz die Sprache gewechselt und jeder weiß, was gemeint ist.

Unser Equipment wird genauestens inspiziert! Besonderes Highlight ist das Probeliegen im Zelt und das Tragen unserer Stirnlampen. Javier bespaßt die köstlich amüsierten Kinder bis in die späten Abendstunden mit allerlei Blödeleien. Gleichzeitig ist aber klar, dass dank der Kinder nun wirklich jeder weiß, dass Fremde mit neuen Rädern in der Stadt sind, und wir sichern darum alles mehr als sorgfältig ab. Obwohl es ein sehr herzlicher Abend mit der

Dorfgemeinschaft ist, beschließt Paco freiwillig draußen zu schlafen. Er meint, so noch besser auf unsere Sachen aufpassen zu können. Vielleicht wird ihm aber auch nur das Ein-Mann-Zelt, in dem alle drei Mexikaner nächtigen, schön langsam etwas zu eng.

Klara: Schon nach einer Nacht tritt bei mir Entspannung ein. Belize mit seinen vielen verschiedenen Sprachen und der wunderschönen Landschaft zeigt uns allen schnell, dass wir unter Beachtung einiger Regeln genauso unbeschwert reisen können wie zuvor. Besser noch: Zu fünft trudeln wir in jedem Dorf fröhlich klingelnd ein und die Kinder winken uns von allen Seiten lachend zu. Überall werden wir von den entspannten Bewohnern herzlich gegrüßt und angelächelt. Das macht Freude! Wir rollen vorbei an Zuckerrohrfeldern, bunten Holzhäusern auf Stelzen, sandfarbenen Rindern mit nach unten hängenden Ohren und weißen Reihern auf saftig grünen Feldern. Wir sehen Bananenplantagen und kleine Tümpel, in denen sich anscheinend auch Krokodile suhlen. Javier hebt bei einem kurzen Zwischenstopp eine zwei Meter lange Schlange hoch! Igitt!

Zur allgemeinen Entspanntheit in Belize tragen die Kreolen wohl das meiste bei. Dabei fällt nicht ihre dunklere Hautfarbe als Erstes auf, sondern ihre ausgesprochene Coolness. Bisher kamen mir dieser *Mister-Lover-Lover*-Ton und der Reggae-Style lediglich bei unter Dreißigjährigen auf Selbstfindungstrip unter. Hier aber wird das *Baby-don't-worry*-Prinzip (... *every little thing's gonna be alright*) von einer ganzen Bevölkerungsgruppe in allen Altersstufen derart authentisch gelebt, dass man die Kreolen einfach gernhaben muss! Hier zur Veranschaulichung ein kleiner Auszug eines Gespräches zwischen Javier und Slim (allein dieser Name!), einem Barbesitzer aus Belize: Javier kommt frisch geduscht an die strandbarmäßige Theke, Slim brät zu lautstarker Reggaemusik Burger, einige andere Statisten schaukeln in den Hängesesseln oder trinken Bier. Slim (im *Mister Bombastic*-Englisch): „*Whatz up man? Are you fresh?*"
Javier (angestrengt versuchend, ebenfalls cool zu sein): „*Man, I'm totally fresh, man.*"
Slim: „*Yeah man, you're fresh after grabbing some fresh!*", und mit Blick zu mir: „*Wanna have another beer, sugar?*"

Es gibt aber auch Momente, die uns nachdenklich stimmen. In Belmopan, der 20.000 Einwohner kleinen Hauptstadt Belizes, verbringen wir einen Abend mit Gregory. Er hat nichts außer seinem Fahrrad, das ihm hoch und heilig ist und ihm ermöglicht, von seiner kleinen Hütte ab und an in die Stadt zu fahren. Bereits mit zehn Jahren musste er auf sich allein gestellt leben. In einem Missionarsheim verlor er sein letztes Vertrauen, mit zwölf kam er ins Jugendgefängnis. Dort wurde er wegen Überfüllung zu den Erwachsenen gesteckt. Gregory zieht sein Hemd hoch und zeigt uns die oberkörperlangen Narben, die ihm die Gefängnisinsassen in seinem Trakt zugefügt haben. Wir sind trotz allem fasziniert von ihm: Er hat einen so spürbaren Optimismus, wir werden fast demütig angesichts dieses Schicksals und aus Respekt vor dem, was er selbst geschafft hat. So hat er sich allein Lesen und Schreiben und fließendes Englisch beigebracht! „Ich hatte keinen einfachen Start ins Leben und muss hart arbeiten, um etwas zu schaffen.

Berührt lauschen wir den Erzählungen von Gregory.

Früher war ich aggressiv und machte Probleme, aber ich habe bewiesen, dass ich mich ändern kann!", erklärt er uns stolz.

Belize City hatten wir aufgrund von Sicherheitswarnungen sowieso nicht vor zu bereisen. Am Fahrrad ist man einfach gefährdeter als im Touristenbus, da man ungeschützt langsamen Tempos unterwegs ist. Gregory bestätigt unseren Entschluss: „Es lohnt sich doch nicht, sein Leben zu riskieren", meint er und erklärt uns, wir sollen uns mit unserer, hier sehr teuer wirkenden Ausrüstung dort besser nicht blicken lassen. Ob die Lage wirklich so dramatisch ist, wissen wir natürlich nicht. Wir behalten Belize als ein tropisches Wunderland in Erinnerung, mit einer der nettesten Bevölkerungen, die wir jemals kennengelernt haben. Schade, dass wir nur drei Tage brauchen, dieses Miniland zu durchqueren, und die aufregende Küstenregion samt Schnorchelparadies links liegen lassen müssen!

GUATEMALA: ENDSPURT DURCH DEN DSCHUNGEL

Flo: Angekommen in Guatemala, kosten wir uns in der Grenzstadt Melchor de Mencos gleich durch die lokalen Spezialitäten. Restaurant unseres Vertrauens ist ein Straßenstand der örtlichen Kirchengemeinschaft. Dort gibt es feines Hähnchen, Dauer-Kirchenpop-Beschallung inklusive. Die Damen sind von unserem Appetit begeistert und freuen sich, dass wir selbst nach einer doppelten Portion des Hauptgerichts auch ihren Nachtisch noch problemlos verschlingen.

Auch wenn Guatemala seinem Nachbarland Belize sehr ähnelt, merkt man schnell, dass die Leute hier ärmer sind. Tatsächlich versuchen viele Guatemalteken, in Belize einen Job zu finden, da dort das Lohnniveau doppelt so hoch ist wie zu Hause – bei fast identen Lebensmittelpreisen.

Grenzstädte laden in Zentralamerika üblicherweise nicht zum Verweilen ein. Daher drängen wir zur Eile, um an diesem Tag noch ein Stückchen weiter zu kommen. Doch Paco ist verschwunden! Nach gut einer Stunde taucht er mit einem Schleckeis in der Hand wieder auf und präsentiert seine frisch geschnittene Haarpracht. Von seinen Freunden wird er nicht zu Unrecht *Mayan Princess* genannt. Unser Plan, noch weiterzufahren, ist somit hinfällig – wir möchten unbedingt vermeiden, im Dunkeln zu radeln, da wir noch kein Gefühl für die Sicherheit in dieser Gegend haben. Paco gibt aber Entwarnung: Neben seinem Frisörbesuch hat er die Zeit genutzt, sich über die Sicherheitslage zu informieren. Hier sei der sicherste Ort im Umkreis von 40 Kilometern. Den Rest des Tages widmen wir – ganz im Stile der Mexikaner – dem Essen. Für sie ist es beinahe Sport, die besten Schmankerl der Stadt ausfindig zu machen. Javier und Marco nützen den freien Nachmittag noch zusätzlich, um ihren Gepäckträger schweißen zu lassen, denn mein Repertoire aus Kabelbindern, Draht und Spanngurten hält ihn nur noch vage am Rad.

Am nächsten Morgen – mittlerweile stehen wir zu moderateren Zeiten auf – starten wir nach ein paar würzigen Tacos ungewohnt gemächlich. Normalerweise geht bei den Mexikanern auf den ersten Kilometern die Post ab, aber heute erklärt uns Paco, er habe etwas mit den Beinen. „Ich weiß nicht, was los ist, sie schmerzen so, wenn ich trete!", stellt er entrüstet fest. Wir machen ihm klar, dass er wohl ein wenig überanstrengt sei und dieses Phänomen als Muskelkater bezeichnet werden kann. „Das ist nichts Tragisches", lassen wir ihn wissen.

Die Region Petén rund um Tikal hat sicherheitsmäßig einen schlechten Ruf, denn die verhältnismäßig wohlhabenden Touristen, die die Mayastätten besuchen, ziehen immer wieder Wegelagerer an. Es ist also angebracht, sich in jedem Dorf bei den Bewohnern oder Polizeibeamten über die aktuelle Sicherheitslage zu informieren. Das Auswärtige Amt rät sogar explizit von Fahrradreisen in dieser Gegend ab, da es in der Vergangenheit immer wieder

Die Stufentempel von Tikal, einer antiken Stadt der Maya

zu Raubüberfällen kam. Wir fühlen uns unbehaglich, nehmen diese Warnung ernst und erbitten bei der Polizei Schutz durch einen Streifenwagen. Das ist hier gar nicht so ungewöhnlich und wäre in diesem Fall für die Bicinetos eine angemessene Sicherheitsvorkehrung. „Ihr könnt problemlos allein nach Tikal radeln. Wir haben die Banditen letzte Woche im Dschungel erschossen!", lässt uns der Uniformierte wissen. Für uns eine bizarre Auskunft, doch für unsere mexikanischen Freunde nichts Ungewöhnliches. „*Business as usual*", meint Marco resigniert.
Entlang des Weges ist tatsächlich kein Anzeichen von möglichen Kriminellen wahrzunehmen. Ganz im Gegenteil! Wieder einmal sehen wir, dass meist nur die negativen Informationen über gewisse Länder nach außen getragen werden. Klar besteht ein höheres Sicherheitsrisiko, Geschichten über die herzliche Bevölkerung schaffen es aber nie in die Nachrichtenagenturen Europas. Die hier lebenden Menschen leiden genauso unter den paar Banditen, das wird oft vergessen. Diese wiederum sind häufig Flüchtlinge aus Mittel- und Südamerika auf dem Weg in die USA. In der Hoffnung auf ein besseres Leben.
Die letzten Kilometer nach Tikal durch den hügeligen und schwülen Regenwald sind verstärkt durch Militär und Polizei abgesichert. So ungefährlich

scheint es hier doch nicht zu sein. Alle paar Kilometer fragen wir einen Uniformierten, wie weit es noch bis zum Eingang sei, da wir uns beim Mittagessen wieder mal verzettelt hatten. Kurz nach fünf Uhr wird es schon wieder dämmrig und es sind – je nach Auskunft – noch fünf bis 50 Kilometer zu fahren. So genau kann es uns keiner sagen. Wir treten fest in die Pedale. Paco hat Probleme, Anschluss zu halten, denn das mit den Gängen hat er noch immer nicht ganz raus. Marco hilft ihm so gut er kann. Um seine gerissenen Speichen können wir uns jetzt aber nicht kümmern.

Abgekämpft und voller Adrenalin erreichen wir kurz nach Einbruch der Dunkelheit bei tropischem Platzregen den Eingang des Tikal-Nationalparks. Die eigentlichen Tempelanlagen liegen aber noch rund 20 Kilometer entfernt. Wir müssen also hier nächtigen. Die Ranger bieten uns an, in ihrem Aufenthaltsraum zu schlafen. Sogar Matratzen bekommen wir zur Verfügung gestellt. In der schwülheißen, stockdunklen Nacht, umgeben von riesigen Bäumen, sind nur die Stimmen des Dschungels zu hören. Lautes Affengebrüll wechselt sich mit dem Gesang der vielen exotischen Vögel ab. Womöglich hören wir auch Laute eines Jaguars ...

„Mich hat was gebissen! Es juckt wie wild! Außerdem machen mich die unzähligen Mosquitos fertig!", höre ich Klara im stockdunklen Raum leise jammern. „Uns auch", stellen alle anderen fest. Nach einer kurzen Inspektion unserer Körper ist gewiss: In unseren Matratzen leben Bettwanzen! Also doch lieber wieder zurück auf die eigenen Isoliermatten. Gleichzeitig werden die Stechmücken immer unausstehlicher und wir schmieren uns mit der fettigen Mückenschutzcreme ein, die wir von einem Vietnamkriegsveteranen in Belize geschenkt bekommen haben. „Die haben wir immer verwendet und mich hat nie etwas gestochen", versicherte er überzeugt. Doch den Viechern hier scheint das egal zu sein. Einzige Möglichkeit, um halbwegs zu Schlaf zu kommen, ist, unseren Winterschlafsack bis über den Kopf zu ziehen. Eine Horrornacht! Gebadet in einer Schweiß-Mosquitocreme-Brühe versuchen wir Stunde um Stunde die Nacht zu überstehen, ehe wir bei Sonnenaufgang weiterradeln können.

Marco, Javier und Paco sind begeistert von der antiken Mayastadt Tikal, die von dem sogenannten Großen Platz und den vielen verstreuten Tempeln geprägt ist. Einige der Stufentempel darf man sogar besteigen. Dabei hat man einen grandiosen Blick über die Weiten des schier undurchdringlichen Dschungels, aus dem vereinzelt weitere Tempel emporragen. Für die Mexikaner geht ein Traum in Erfüllung. Auch wir sind begeistert, mindestens so glücklich wie der Anblick Tikals macht uns aber die befreiende Dusche nach dieser durchwachsenen Nacht.

Unsere drei Freunde radeln von hier wieder zurück nach Mexiko, während wir uns auf den Weg in das rund 70 Kilometer entfernte Flores machen. Auf der kleinen Insel im Petén-Itzá-See quartieren wir uns für vier Tage in einer Jugendherberge ein und schaffen es, endlich einmal nichts zu tun. Wir kochen den ganzen Tag Kaffee auf unserem Benzinkocher und hängen auf der Dachterrasse in den Hängematten ab. Abends gehen wir in Backpacker-Lokale. Dort werden Trinkspielchen veranstaltet und oberflächlich Konversation geführt. Wir fühlen uns etwas fehl am Platz.

Nach den entspannenden Tagen machen wir uns zu einer wahren Odyssee auf, um meine Mutter und meinen Bruder zu treffen. Per Minibus, Boot, einem zweiten Minibus und einem Reisebus fahren wir nach Puebla, Mexiko. Unsere Räder stellen sich zwar als großer Klotz am Bein heraus, doch nach anstrengenden 30 Stunden Dauerreise haben wir alles überstanden.

ZURÜCK IN MEXIKO

Klara: Prinzipiell sind wir ja vehemente Verfechter öffentlicher Verkehrsmittel, aber während des Reisemarathons von Guatemala nach Mexiko sehnen wir uns auf unsere Fahrräder zurück. Zusätzlich entwickeln sich diese in solchen Situationen zu einer wahren Plage: Jedes Mal müssen wir eine Mitnahmegebühr verhandeln, nie können wir sicher sein, ob sie tatsächlich mitgenommen werden, und dann das ewige Gefühl, dass sie bei der ganzen Aktion sowieso nur kaputtgehen … Zeitweise opfern wir sogar unsere Kopfkissen, um der schlechten Straßen Herr zu werden und die Räder etwas zu schützen. Da sind wir froh, in Puebla wieder auf unsere, zum Glück noch heilen, Fahrräder steigen zu können und schnurstracks auf die mexikanische Autobahn aufzufahren. Maut zahlen wir aber keine! Warum der ganze Aufwand? Warum nochmals zurück nach Mexiko? Wir bekommen Besuch von Florians Mama Gertraut und seinem Bruder Gernot. Bei unserer Bekannten Manuela und ihrer Familie können wir uns quasi einnisten. Manuela lebt mit ihrer kleinen Tochter Valentina und ihrem Freund Markus, der hier für ein großes österreichisches Unternehmen arbeitet, für mehrere Jahre in der Kleinstadt Atlixco, die am Fuße des imposanten Vulkans Popocatepetl liegt. Vom Kü-

Der Vulkan Popocatepetl brodelt vor sich hin.

chenfenster des Hauses sieht man die Rauchwolken! Kaum angekommen, montiert Flo schon mal die von seiner Familie mitgebrachten Ersatzteile, um unsere Räder für Patagonien fit zu machen. Schließlich haben wir vor, dort unseren nächsten Reiseabschnitt zu verbringen. „In Patagonien kann man nur mit dem Besten vom Besten fahren", lässt er mich fachkundig wissen, während er breitere Reifen aufzieht, um die dortigen Schotterpisten besser zu überstehen.

In den nächsten beiden Wochen erkunden wir per Mietwagen das Land. Wir besuchen Azteken- und Mayatempel, trinken die beste heiße Schokolade unseres Lebens, beobachten Delfine und Meeresschildkröten und werfen uns in die Fluten des Pazifiks.

Die Kunstfertigkeit der mexikanischen Schuster nutze ich zur Reparatur meiner (von Florian gern als Skischuhe bezeichneten) Radschuhe. Sie sahen vorher schon furchtbar aus – zwei Nummern zu groß, „aber sehr komfortabel", wie ich immer betone. Nun haben sie auch noch zwei dicke Nähte vorne drauf.

In Palenque, einer der wichtigsten Mayastätten, wird Flo und mir endgültig bewusst: Die wahren Highlights finden sich für uns in der Begegnung mit der

Geschafft! Am höchsten Berg von Mexiko, dem Pico de Orizaba

Natur und den Menschen anderer Kulturen. Kaum haben wir das Ticket zur Besichtigung der Kultstätte gelöst, staunen wir nämlich nicht über die mächtigen Mayapyramiden, sondern gehen blindlings an ihnen vorbei, um dem tiefen Brüllen aus dem nahen Dschungel auf die Spur zu kommen. Es ist markerschütternd und klingt, als warte ein Ungetüm mit zwei Metern Schulterhöhe darauf, uns bei lebendigem Leib zu verspeisen. Fast traue ich mich nicht näher zu kommen, da entdecken wir in der Krone eines lianenverwachsenen Baumes ein kleines schwarzes Brülläffchen! So sehen wahre Monster aus! Mexiko ist Flo und mir mittlerweile ans Herz gewachsen. Die lebensfrohen, immer hilfsbereiten Leute, die Landschaft, die Tierwelt, die ganze Buntheit des Lebens dort! Wir fühlen uns sicher und sind begeistert von der Offenheit der Mexikaner.

DÜNNE LUFT: IZTACCÍHUATL UND POPOCATEPETL

Flo: Während des gemütlichen Radfahrens, bei dem es mir vorrangig um den Genuss und das Unterwegssein ging, hatte ich meine ehrgeizige Seite schon fast vergessen. Jetzt meldet sie sich aber wieder. Bei der Besteigung des Iztac-

cíhuatl (5220 Meter) schafften Klara und ich es nicht bis auf den Gipfel. Ein anderer Berg muss her! Deshalb möchte ich mit meinem Bruder auf den Orizaba gehen – den höchsten Berg Mexikos.
Der Pico de Orizaba sieht aus wie die meisten hohen Berge des Landes: unten herum viel Schotter und kahle Steine, oben eine weiße Spitze aus Eis und Schnee. Mit seinen 5636 Metern ist er der höchste Berg Mexikos und sogar der dritthöchste Nordamerikas. Gut durchdacht ist der Aufstieg nicht wirklich, geschweige denn, dass wir die richtige Ausrüstung dafür dabeihaben. Antiquarische Steigeisen *Made in Western Germany* und Pickel lassen sich im kleinen Dorf Tlachichuca am Fuße des Berges organisieren.
Gegen drei Uhr morgens machen wir uns von der Schutzhütte auf 4200 Metern, dem Ausgangspunkt der Besteigung, in Richtung Gipfel auf. Im seichten Mondlicht steigen wir zügig über das Geröllfeld. „Ein Bergführer wäre jetzt auch nicht schlecht", denke ich mir bald, als wir scheinbar etwas von der Aufstiegsroute abkommen. Ich kann weder vor noch zurück, denn mich umgibt plötzlich nur noch blankes Eis. Blöderweise haben wir die Steigeisen noch nicht angezogen! Da hilft nur noch die rettende Hand meines Bruders, der mich mit seinem Pickel bäuchlings über einen Felsvorsprung hochzieht. Kurz stockt mir der Atem und wir werden vorsichtiger. „Das ist ja nochmal gut gegangen", denke ich mir, während wir uns die Steigeisen überziehen. Ab sofort vertrauen wir auch dem GPS-Track, den sich mein Bruder auf sein Smartphone geladen hat. Klara und ich sind ja handylos unterwegs, jetzt bin ich aber froh über die moderne Technik.
Der mit einer festgefrorenen Firnschicht überzogene Gipfelhang ist dann technisch ziemlich einfach. Das kommt einem Gelegenheitsalpinisten wie mir nicht ungelegen! Probleme machen nur Gernots Steigeisen. Nach mehrmaligem Nachspannen der Lederriemen bricht ihm sogar ein Eisen und er muss akribisch darauf achten, bei diesen Steigungen nicht den Halt zu verlieren. Die geliehene Ausrüstung entpuppt sich als beinahe lebensgefährlich!
Am Gipfelgrat erreichen uns erlösende Sonnenstrahlen, der Tag ist angebrochen und in den weiten Ebenen am Fuße des Berges breitet sich sein kegelförmiges Schattenabbild aus. Vor uns liegen die Millionenstädte Mexico City und Puebla. Ein faszinierender Anblick. Ohne Bewegung kühlen wir aber rasch aus und wir wissen, dass sich üblicherweise im Laufe des Vormittags dichte Wolken und Nebel rund um den Berg bilden werden. Also besser wieder schnell hinunter. Gut gelaunt erreichen wir das Tal.

ADIÓS
28. November 2012

Klara: Geschafft! Wir sitzen im Flugzeug von Mexico City nach Santiago de Chile. Als wir uns vor zwei Tagen von Flos Familie verabschiedet haben, wurde uns etwas weh ums Herz. Das nächste Wiedersehen mit ihnen und anderen geliebten Menschen würde noch länger auf sich warten lassen, das spürten wir innerlich ganz fest. Denn je länger wir unterwegs sind, umso mehr gefällt uns das Reisen und so kommen ständig neue Ideen und Reiseziele auf. Wir sind uns einig: „So lange es allen daheim gut geht und uns das Reisen zu zweit noch gefällt und so lange wir mit dem Geld auskommen, fahren wir noch weiter!" Wir sind heute schon um drei Uhr früh aufgestanden, doch ich bin putzmunter. Woher das kommt? Von einer aufregenden Zeit am Flughafenschalter natürlich: „*Por favor Aaron!* Dreihundert Dollar für die Fahrräder? Das ist unmöglich! Du musst uns aus der Patsche helfen!" Ich bin stolz: Voll südländischer, vollblütiger Inbrunst *deale* ich mit dem Schalterchef Aaron um einen fairen Mitnahmepreis für unsere Fahrräder. Und das – mehr oder weniger – auf Spanisch! Wo ich doch bisher dachte, mein Wortschatz beschränke sich lediglich auf Richtungsanfragen und Essensbestellungen.

Wobei ich auf letzterem Gebiet – aufgrund eines starken Eigeninteresses – besonders fit zu sein scheine. Ich kann *Tortas*, köstliche warme Sandwiches in allen nur denk- und wünschbaren Varianten, Hähnchen gebraten, Hähnchen gekocht, *Tostadas* und verschiedenste *Tacos* in flüssigem Spanisch bestellen! Nicht zu vergessen die heißgeliebten *Licuados* – herrliche Milchshakes. Am besten gefällt mir der Ausdruck *Syncronizadas*. Dabei handelt es sich um mit Bohnenbrei und Käse gefüllte Tortilla-Doppeldecker.

„Anscheinend habe ich in den letzten Wochen in Zentralamerika doch auch Fortschritte außerhalb des kulinarischen Sprachbereichs gemacht", bemerke ich erfreut, als Aaron nach meinem wort- und gestenreichen Betteln und Flehen uns doch noch entgegenkommt. Er erspart uns einen Großteil der zuvor veranschlagten Unsummen für die Radmitnahme!

Nun gehen sechs Wochen in Mexiko, Belize und Guatemala zu Ende. Wir wissen jetzt schon, dass wir irgendwann zurückkehren möchten: Das mittelamerikanische Lebensgefühl hat uns angesteckt und es gibt noch so viel mehr zu entdecken!

PATAGONIEN

DAS WETTER
HAT IMMER DAS LETZTE WORT

Klara: Jetzt liegen wir also hier in unserem teils schnuckeligen, teils ekeligen Stübchen im chilenischen Nordpatagonien, in das wir uns aufgrund des Dauerregens verzogen haben. Wir gaben uns erstmals dem Wetter geschlagen. Nachdem uns gestern Abend gegen halb neun die alte Dame des einzigen Campingplatzes in der Umgebung lautstark – um den sintflutartigen Regen zu übertönen – von ihrem warmen Wohnzimmer aus erklärte, dass sie uns keinen Platz anbieten könne, da unser Zelt sonst davonschwimmen würde und wir daher a) entweder 15 Kilometer zurück oder b) 30 Kilometer weiter in die nächsten Orte radeln müssten (den Regen und die anbrechende Dunkelheit ignorierte sie dabei wohlweislich), fanden wir glücklicherweise noch eine Art Gemeindezentrum mit Dachvorsprung und verbrachten tatsächlich eine trockene Nacht auf der Betonfläche darunter. Heute versuchten wir wieder auf unserer geplanten Tour in Richtung Argentinien weiterzukommen, aber: Der Regen hat gewonnen!

Vor unserem Fenster schnattert eine Schar aufgeregter Vögel, die Flo als patagonische Nervensägen bezeichnet, mit richtigem Namen aber Schwarzzügel-Ibisse heißen. Langschnäbelig quietschen sie, einer verstimmten Klarinette gleich, aufgebracht vor sich hin und wecken uns damit seit unserer Ankunft in Chile allmorgendlich auf. Gruppenweise haben sie sich einen Schlafbaum direkt vor unserem Fenster gesucht, von dem aus sie in rhythmischen Abständen ihr *Lied* anstimmen. Draußen braust der Wind, während wir, in unsere Schlafsäcke gehüllt, in den Betten dahinlümmeln. Vielleicht ist die Zwangspause nach vier Tagen Chile auch gar nicht so schlecht, denn die Anreise von Mexiko war zwar spannend, aber mal wieder mit allerlei unvorhersehbaren Hindernissen gespickt. Nach einem Nachtflug mit Umstieg in Lima stiegen wir gegen halb sieben Uhr morgens in den Bus nach Temuco, einer 800 Kilometer weiter südlich gelegenen Stadt. Von dort aus wollten wir unsere patagonische Reise starten. Im Bus stellten sich dankeswerterweise sämtliche Mitreisende auf die Beine, um den Busfahrer daran zu hindern, uns ein zweites Mal für die Fahrräder bezahlen zu lassen. Das schon bezahlte Fahrradticket des Busbahnhofbüros wollte er nicht gelten lassen – er wollte den doppelten Personenticketpreis, und zwar *directamente*. Das glaubten wir zumindest zu verstehen, denn nachdem wir uns in Mexiko eben fast noch etwas auf unser ach so flüssiges Spanisch eingebildet hatten, glauben wir uns hier manchmal in Dschibuti oder wo auch immer. Kein Wort, kein einziges Wort verstehen wir! „Vielleicht liegt es doch daran, dass es hier eine andere Küche gibt und unser Wortschatz damit um 90 Prozent eingeschränkt ist?", fragen wir uns. Des Rätsels Lösung ist aber eine einfache: Chilenisch verhält sich zu Spanisch ungefähr so wie Österreichisch zur deutschen Sprache. Jetzt erfahren wir endlich mal am eigenen Leib, wie es unseren deutschen Nachbarn mit uns gehen muss, wenn wir so richtig in Fahrt kommen.
Ganz begreifen können wir auch noch nicht, dass in Mexiko anscheinend Winteranfang war (kurzes T-Shirt, Bikini) und hier Sommeranfang sein soll. Sommer auf der Südhalbkugel, versteht sich. Wobei Florian, eingepackt in Regenhose und Regenjacke, den Löffel mit Reis in der Luft schwingend, ganz richtig befindet: „So wie damals in Island! Das ist jetzt schon auch wieder praktisch: Man verbrennt sich einfach nicht mehr die Zunge." Und da wir zwei gern in kühleren Gefilden mit wilder Landschaft unterwegs sind, nehmen wir die vorherrschenden Unannehmlichkeiten gern in Kauf. Vielleicht werden morgen dann auch der Vulkan und die schneebedeckten Berge sichtbar, die sich angeblich hinter den Wolken verstecken sollen!

Wetter schlecht, Stimmung gut

REGEN ODER WIND – DIE QUAL DER WAHL!

Klara: Jetzt wird es uns schön langsam peinlich: Den lieben langen Tag hängen wir nun schon vollbepackt und in Regenmontur in Melipeuco herum und können uns einfach nicht entscheiden: Sollen wir nun doch weiterfahren oder besser den Dauerregen abwarten, um die schöne Gegend hier nicht zu versäumen? Unsere Landkarte zeigt wunderhübscheste Landschaft rings um uns, aber unsere Augen sehen nur tiefhängende Wolken und eingemummte Gestalten. Das gesamte Dorf kennt uns mittlerweile und vom Ladenbesitzer bis zum Postmann grüßen uns alle stets freundlich. Zuerst gönnen wir uns einen Kaffee, um uns vor dem Regen zu drücken, dann kaufen wir bei José ein paar Brötchen, die wir unter dem Vordach seiner Bäckerei essen, und nun werden wir von der Angestellten des Tourismusbüros gar noch auf einen zweiten Kaffee eingeladen – es ist aber auch wirklich heimelig warm in ihrem Büro. Außerdem nutzen wir das WLAN zum Buchen unseres nächsten Fluges, der uns in zwei Monaten nach Thailand bringen soll. Irgendwann aber hat auch sie Mittagspause und wir geben uns endlich einen Ruck loszufahren, da entdeckt uns Sebastian, ein Tourenführer. Sofort lädt er uns ein, bei sich zu Hause Mittagessen zu kochen. Das Angebot können wir natürlich nicht ablehnen – schon gar nicht, weil der Regen eben noch ein bisschen stärker

Das nennen die hier Sommer?

wird. Wir kochen zur Abwechslung Pasta mit Tomatensoße und unterhalten uns blendend. Sebastian erklärt zwar, das sei Studentenfraß, lässt es sich dann aber doch schmecken. Nun beschließen wir endlich, wirklich aufzubrechen. „Wo ist die Sonne?", fragen wir unseren neuen chilenischen Freund mit Blick auf den grauen Himmel. „Keine Ahnung, vielleicht in China?", erklärt der lachend und nutzt die Verabschiedung, um uns per Internet noch schnell einem Reality-Check zu unterziehen. „Willkommen in Patagonien", sagt er und zeigt auf eine Ein-Monats-Wetterprognose, die im Grunde aus 31 gleichen Symbolen, nämlich tiefschwarzen Regenwolken und dunkelblauen Thermometern, besteht. „Ich glaube, ihr könnt guten Gewissens starten – die Vulkane werden so schnell nicht sichtbar sein! Das Wetter bleibt stabil!", meint er, zieht den Reißverschluss seiner Regenjacke hoch und schlägt uns zum Abschied brüderlich auf die Schultern! Na klasse!
Im hintersten Teil unserer Köpfchen hat sich wohl auch noch ein zweiter Bremsklotz befunden, denn wir wussten sehr genau, dass es nur zehn Kilometer nach Melipeuco mit dem Asphalt vorbei sein würde. Nach unseren Erfahrungen im isländischen Hochland standen wir diesen Aussichten etwas ehrfürchtig gegenüber. Die regennasse Geröllpiste entpuppt sich dann aber als leichter befahrbar als gedacht und nach ein paar heftigen Regenschauern klart es plötzlich auf und der weitere Abend verläuft trocken. Wir finden ei-

nen traumhaften Platz nahe einem türkisblauen Wildbach und schlagen glücklich unser Zelt auf. Nachts hören wir dann wieder das Trommeln des Regens – ein Geräusch, das für mich, trotz widriger Umstände, Urlaub bedeutet: Als Kind fuhr meine Familie stets mit einem zum Campingmobil umgebauten Lkw (dem Arbeitsgefährt meines Vaters, einem Schreinermeister) ins Burgenland. Dort ist Schlechtwetter auch nicht unbedingt eine Seltenheit. Auf prasselnden Regen bin ich konditioniert: Ich schlafe, zufrieden wie ein Baby, augenblicklich ein.

Tags darauf dann die Überraschung: Warme Sonnenstrahlen trocknen unser Zelt, während wir Frühstück kochen. Ein nettes erstes Geschenk für mich, denn heute ist mein Geburtstag. Flo hat am Vortag noch heimlich Schokolade gekauft – etwas, das wir uns schon lange nicht mehr gegönnt hatten. Gut gelaunt fahren wir den steilen Pass Richtung argentinische Grenze hoch. Wir hoffen, auf der anderen Seite des Bergmassives mit allgemein besserem Wetter gesegnet zu sein. Entlang des Schotterweges blühen Wildrosen, ab und an begegnen uns Kuh- und Schafhirten mit ihren Herden. Dann gelangen wir in ein kleines Dörfchen aus Holzhäusern – der letzte Ort für längere Zeit. Schnell kauft Florian noch Wein und andere Leckereien für mein Geburtstagsfest ein und schleppt das schwere Gepäck tapfer den Berg hinauf. Wir fahren durch Wälder aus Araukarien, immergrüne Bäume, die nur in dieser Gegend natürlich vorkommen und mit ihren eigenartigen schirmförmigen Kronen sofort auffallen. Am chilenischen Grenzposten holen wir uns den Ausreisestempel – noch mehrere Male werden wir auf unserer Reise gen Süden die Grenze zwischen Argentinien und Chile passieren. Zu Mittag finden wir, am Hochplateau angelangt, einen glasklaren Fluss – das Wasser nutzen wir gleich zum Kochen und im frühlingswarmen Licht halten wir köstliche Rast.

Schon knapp danach passieren wir tatsächlich die argentinische Grenze und können es kaum glauben: Mitten in der Pampa haben die Argentinier hier ein Prestigeprojekt in Form einer nigelnagelneuen Asphaltstraße gebaut! Uns soll's recht sein! Außerdem fällt uns sofort auf, wie freundlich und humorvoll die Argentinier sind. Vor jeder weiteren Grenzüberquerung freuen wir uns schon, wieder nach Argentinien zu kommen (die köstlichen Bäckereiwaren, die es dort gibt, sind natürlich auch ein Grund zur Vorfreude). Genüsslich rollen wir den Pass hinunter. Die Landschaft ändert sich auf argentinischer Seite dramatisch, plötzlich befinden wir uns in einer kargen, trockenen Gegend. Die angeberische Straße wird außerhalb chilenischer Sichtweite schnell wieder zu einer staubigen Schotterpiste, auf der die seltenen Autos, den Schlaglöchern ausweichend, im Schritttempo Slalom fahren. Keine Stunde später finden wir, für einen Geburtstag sei das heute genug Plagerei gewesen. Am tiefblauen Aluminé-See entdecken wir einen Campingplatz nur für uns! Wir baden im eiskalten Wasser, legen unsere Matten aus und machen uns einen gemütlichen Nachmittag. Herrlich! Ich lasse die letzte Zeit Revue passieren. Mein Herz droht vor Dankbarkeit für all das, was ich im letzten Jahr erleben durfte, zu bersten. In den vergangenen Monaten habe ich unheimlich viel gelernt, bin an der Reise gewachsen und gereift. Hier und jetzt fühlt sich alles richtig an, so wie es war, ist und kommen wird.

KLARAS GEBURTSTAGSFEST   4. Dezember 2012

Flo: Klara mag Überraschungen, besonders an Geburtstagen. Das trifft sich gut. Über zwei Pässe schleppte ich zwei Päckchen Tetrapackwein, Lutscher und Schokolade mit, um ihr ein würdiges Fest zu bereiten. Angekommen an unserem Zeltplatz hatte sie sofort Urlaub und ich kümmerte mich um den Aufbau unseres Lagers und das Abendessen. Ich freute mich, dass sie ihren Geburtstag so genoss. Zufrieden lag sie, eingehüllt in ihrer Primaloftjacke, auf ihrer Isomatte am Ufer des Sees in der intensiven Höhensonne. In den letzten Sonnenstrahlen des Tages hüpfte sie noch ins Wasser und huschte dann halb durchgefroren zu mir in den Schlafsack.

Klara: Tags darauf bläst ein kalter Wind – vor dem hatten uns die Chilenen schon gewarnt: „Auf unserer Seite des Gebirgszuges hängen die Regenwolken, auf der anderen Seite bläst es wie verrückt!" „Hier hat man ja eine tolle Wahl", denken wir und finden das Ganze schon wieder lustig. Wir haben ordentlich Seitenwind und radeln gerade mal eine Geschwindigkeit von höchstens 15 km/h. Da muss man bei den bis zu 120 Kilometer langen Distanzen ohne auch nur irgendeine menschliche Behausung ganz schön vorausplanen. Nach ein paar unangenehmen Magenproblemen verwenden wir nun erstmals unsere Chlortabletten, um Flusswasser genießbar zu machen. Trotz des Windes regnet es an diesen Tagen ganz schön heftig. „Na davon wurde uns aber nichts berichtet. Wir dachten, hier niederschlagsmäßig auf der sicheren Seite zu sein!", fluchen wir vor uns her. Wenn uns nicht gerade der Wind auf

10 km/h herunterstoppt, dann der Schlamm, der sich bei dem Dauerregen auf den matschigen Pisten zwischen Reifen und Schmutzblech sammelt und so das Fahren unmöglich macht. Mit einem Stöckchen kratzen wir alle paar Kilometer den Dreck weg, doch Flos Radschuhe machen das Ganze irgendwann nicht mehr mit! Mit Gewalt versucht er die verkeilten Schuhe aus dem verdreckten Klickpedal zu lösen, mit dem Ergebnis, dass wir keine halbe Stunde später in der (glücklicherweise auftauchenden) Kleinstadt Junín de los Andes die Metallplatten seiner Schuhe ernsthaft schweißen lassen müssen. Samt Funkensprühen und Schutzbrille! Ganz nach argentinischer Art hilft das halbe Städtchen mit, uns wieder fahrtauglich zu machen.

Kurz nachdem die Schuhe fertig sind, klart das Wetter auf und gibt den Weg frei für sanfte Bergrücken, glasklare Seen und verwunschene Wälder, in denen nur noch ein Einhorn um die Ecke biegen müsste, um die märchenhafte Landschaft zu vervollständigen. Im Ferienörtchen San Martín de los Andes haben wir gleich zwei nette Begegnungen: Zuerst lockt uns ein großes, funkelndes Sportgeschäft mit dem Namen Austria an. Dort treffen wir auf den Geschäftsführer, den Sohn eines österreichstämmigen Argentiniers. Er nimmt sich ein paar Minuten Zeit zum Tratschen und erklärt uns so einiges über die Region. Nach der Stadtausfahrt treten wir einen Pass hoch und bekommen Begleitung durch einen freundlichen Straßenköter. Gut gelaunt läuft er hechelnd vor uns her und kann es wohl nicht fassen, wie langsam wir unterwegs sind. Irgendwann reicht es ihm und wedelnd flitzt er nach San Martín zurück. Am Pass angekommen, kochen wir auf einer satten Wiese Risotto, unser neues Lieblingsessen, vor allem weil wir in dieser wasserknappen Gegend dafür weniger Wasser als für Pasta brauchen. Aber trotz aller Berechnungen müssen wir zwei Stunden später *Gauchos* (argentinische Cowboys), die in der sonst menschenleeren Gegend eine Hütte bewohnen, um Wasser bitten. Wir sind fasziniert von ihrer Kultur und freuen uns insgeheim, einen Grund zu haben, wenigstens einen Seitenblick auf ihre Ausrüstung und ihre Gemeinschaft werfen zu dürfen.

WIEDER MAL RECHT WINDIG HEUTE!

Klara: In der Sieben-Seen-Region nach San Martín sind die Pisten meist geschottert, was den Vorteil hat, dass der Verkehr sich in Grenzen hält. Flo und ich sind von der Gegend verzaubert und fühlen uns bei strahlendem Sonnen-

Auf dem Weg zum Pausenziel San Carlos de Bariloche

schein eins mit der Welt. Wir baden in Gebirgsseen, halten Pläuschchen mit den gesprächigen Einheimischen und fühlen uns miteinander pudelwohl.

Die uns überholenden Autofahrer sind begeistert von uns, denn regelmäßig werden wir freudig angehupt oder gar durch Applaus angefeuert. Meist handelt es sich dabei um einen vorbeiflitzenden Fiat Uno. In dieser Gegend besitzt nämlich anscheinend jeder Zweite eines dieser Traumgefährte – „windschlüpfrig und sportlich zugleich", liebt Flo als ehemaliger Uno-Fahrer zu sagen. Gut, windschlüpfrig war er ja, der gute Uno von Flo, aber sportlich? Sportlich musste man eher als Fahrerin sein, wenn mal wieder die Scheibenwaschanlage ausfiel und man während des Fahrens über das Schiebedach Wasser auf die Windschutzscheibe gießen musste. Und das bei 110 km/h Höchstgeschwindigkeit(!) auf der Autobahn.

Zweimal bekommen wir von den empathischen Einheimischen sogar Essensgeschenke, die wir nicht abschlagen können. Den von einem argentinischen Postmann geschenkten Früchtekuchen samt Apfelwein genießen wir kurz vor San Carlos de Bariloche am azurblauen Nahuel-Huapi-See, wo wir eine kleine Bucht nur für uns finden. Hier beginnt nun tatsächlich bald der Sommer, der Himmel ist untertags klar, die Nächte sind kurz.

Wir sichern uns ein windstilles Plätzchen für das Mittagessen.

Tags darauf beginnt unsere Radetappe mit einem Schock. Wir sehen einen tödlichen Autounfall, der eben erst passiert sein muss. Der leblose Körper eines Mannes liegt im Straßengraben, Rettung und Polizei sind schon da. Florian und mir wird schlecht und wir müssen ein paar Kilometer weiter eine Pause einlegen. Wir denken an die Angehörigen des Unfallopfers und an die im Schock wie Zombies herumwandelnden Beteiligten. Verkehr, das wird uns nochmals deutlich bewusst, ist auf dieser Reise das Gefährlichste, dem wir ausgesetzt sind. Dieses Bewusstsein brauchen wir nun auch. Denn wir befinden uns auf der für den starken Wind berüchtigten *Ruta 40*, eine der längsten Straßen der Welt, die sich von Nord- nach Südargentinien zieht. Die karge, steppenartige Landschaft ist auf eintönige Weise schön. Ab und an wird sie von einem hoch aufragenden Gebirgszug unterbrochen, neben kleinen Bächen wachsen bunte Blumen in der sonst trockenen Wiese. Mächtige Greifvögel ziehen ihre Kreise. Wir genießen ein paar wunderschöne Radtage im patagonischen Hochland. Dabei bläst der Seitenwind so stark, dass wir mehrmals in Richtung Straßenmitte gepustet werden und dabei aufpassen müssen, nicht von einem vorbeirasenden Fiat Uno oder einem der riesigen Langstreckentrucks erfasst zu werden.

Unsere Mittagspausen verlegen wir nun teilweise in windgeschützte Straßengräben oder in ein großes, unter der Straße verlegtes Entwässerungsrohr. Hier herrscht Windstille! Die geteerte Ruta 40 führt über die Obstanbaugebiete von El Bolsón und Esquel nach Trevelin. Dort finden wir an einem kalten Morgen eine kleine, warme Bäckerstube und schlagen etwas über die Stränge. Die Verkäuferin kann ihren Augen kaum trauen, als sie sieht, wie viele Plundergebäckstückchen, Küchlein und mit *Dulce-de-Leche* (das Nutella Südamerikas) gefüllte Teigtaschen wir verdrücken können. Aber schließlich müssen wir unsere unterkühlten Gliedmaßen aufwärmen und da braucht der Körper doch auch etwas zum Verbrennen.

Durch die Einsamkeit der argentinischen Pampa

Eine halbe Stunde später befinden wir uns wieder auf einer Schotterpiste. Wir sind auf dem Weg zurück nach Chile, denn über den bekannten Raftingort Futaleufú mit seinem milchig türkisfarbenen Fluss wollen wir auf die *Carretera Austral*, einen besonderen Streckenabschnitt, gelangen. Kaum befahren wir chilenisches Gebiet, endet der starke Gegenwind und es regnet in Strömen. Lustig finden wir, dass diesmal die Chilenen auftrumpfen wollen: Auf ihrer Seite gibt es plötzlich eine feinsäuberlich asphaltierte Straße – nur für ein paar Kilometer versteht sich …

CARRETERA AUSTRAL: REGEN TOTAL ODER REGEN NORMAL?

Flo: „Es gibt Regen von vorne, es gibt Regen von der Seite, von oben und von unten. Es gibt Regen mit starkem Wind, mit leichtem Wind und Regen mit keinem Wind. Es gibt warmen und kalten Regen …" Klara und ich philosophieren bereits im Stile Forrest Gumps vor uns hin. Die letzten Tage verliefen wieder sehr feucht. Galgenhumor liegt in der Luft. Anfangs war die Sommerfrische ja noch lustig und eine Herausforderung. Den letzten Wetterberichten zufolge ist aber gewiss, dass wir uns mit dem Regen noch länger arrangieren müssen. Das erfreut unser Radlerherz nicht unbedingt, auch wenn wir es prinzipiell gern abenteuerlich mögen. Wir versuchen dem Wetter ein

Schnippchen zu schlagen – wir wollen einfach nicht wahrhaben, dass es die nächsten Wochen so weitergehen könnte – und quartieren uns in Santa Lucía in eine Unterkunft ein. In dem kleinen Ort sind wir, von Osten kommend, auf die berühmte Carretera Austral gestoßen und versuchen den Regen auszusitzen. Zwei Tage lang gönnen wir uns ein kleines Zimmer. „Morgen, ja morgen, spätestens übermorgen – da muss es dann endlich mal zu regnen aufhören!", denken wir uns …

Eingehüllt in einen grauen Wolkenschleier bei Dauerregen und unangenehmen acht Grad wirkt der Ort mehr als trostlos. Santa Lucía besteht zum Großteil aus Holzbaracken und einem kleinen Laden, der als sozialer Treffpunkt fungiert. Unsere Unterkunft ist mäßig isoliert – die Fenster haben fingerdicke Spalten – und der kleine Ofen hat bereits jetzt im Sommer Mühe, das Haus zu erwärmen und unsere Ausrüstung zu trocknen. Das Leben erscheint uns hier sehr mühsam, und bei diesen Aussichten wollen wir uns besser gar nicht vorstellen, wie es im Winter hier sein muss, wenn der schneidige Wind durch die Häuserzeilen pfeift, eine Unmenge von Schnee das Dorf einhüllt und die Straßen im Matsch versinken. Aufschwung für Santa Lucía soll der Ausbau der Carretera Austral bringen, die nördlich in Puerto Montt startet und momentan mit einer Gesamtlänge von rund 1450 Kilometern bis zum Dorf Villa O'Higgins reicht. Die *Carretera Austral General Augusto Pinochet*, wie sie ursprünglich hieß, war das größte Projekt Chiles im 20. Jahrhundert. Ziel war es, die südlichen Regionen besser zu erschließen, da viele Gebiete des langgestreckten Landes nur per Flugzeug, Schiff oder über die argentinische Seite erreichbar waren. Militärische Strategie spielte wohl auch eine große Rolle. Bis zu zehntausend Soldaten arbeiteten ab dem Jahr 1976 über zwanzig Jahre an dem Prestigeprojekt des Diktators Pinochet. Mehr als eine schmale Schotterstraße bis ganz in den Süden, wo ein Großteil des Landes aus ewigem Eis besteht, schafften sie aber in der Regel nicht. Die vielen Fjorde, Wälder, Gletscher und Felsen stellten die Ingenieure vor große Herausforderungen. Unter militärischem Baukommando wird heute wieder zögerlich an einer durchgehenden Verbindung des chilenischen Hoheitsgebiets bis in die südliche Stadt *Punta Arenas*, knapp vor Feuerland, gearbeitet. Veranschlagter Zeithorizont: 30 Jahre.

An unserem zweiten Abend in Santa Lucía schliefen wir voller Zuversicht ein. Sterne waren am Firmament zu sehen und beflügelten unsere Phantasie. Wir stellten uns vor, von den ersten Sonnenstrahlen geweckt zu werden und dann schier mühelos entlang der Carretera Austral gen Süden zu radeln. Vorbei an türkisfarbenen Wildbächen, die von majestätischen Hängegletschern gespeist werden, umrandet von uralten Regenwäldern. Der Realitätscheck an diesem Morgen sieht etwas anders aus. Die Wolken hängen tief und tauchen die Landschaft in ein schattiertes Grau. Auf der frisch revitalisierten Schotterstraße kommen wir aber gut voran und gegen Mittag blinzelt sogar vereinzelt die Sonne durch die Wolken. Wir sind sofort entzückt und schöpfen neue Hoffnung. Wir erblicken sogar schneebedeckte Berge und die unzähligen Wildblumen entlang des Weges erstrahlen kurz in ihren intensiven Farben. Das Schauspiel dauert aber nur wenige Minuten und bald sind wir wieder klatschnass. Die Motivation stimmt aber. Gemütlich plappernd radeln wir vor uns hin. Abends stellen wir im Dauerregen unser Zelt auf, schlüpfen in den feuchtnassen Schlafsack und hoffen wieder auf den nächsten Morgen. Neben den Stunden am Fahrrad verbringen wir durch die widrigen Umstände viele Stunden im Zelt, womöglich zu viele …

EIN AUSFLUG INS CASINO   15. Dezember 2012

Klara: Flo und ich werden im Zelt teilweise schon so vertrottelt, dass wir, auf Flos Vorschlag hin, ein von ihm erfundenes Spielchen spielen, das er irrerweise *Hirnkastl-Roulette* nennt: Dazu macht er passende Geräusche, die Kugel rollt, währenddessen denkt er sich Zahl und Farbe aus und dann heißt es: *Rien ne va plus*, die Kugel ist gestoppt, nichts geht mehr, und ich muss meinen Tipp abgeben. Komischerweise verliere ich fast immer. Na, da spiele ich doch noch lieber Schwarzer Peter ohne Karten – da zieht Flo immer den Falschen!

Flo: „Sind wir schon in Panama?", frage ich Klara heute Morgen auf meiner quietschgelben, aufblasbaren Matte schwimmend. Wo gestern noch ein scheinbar guter Zeltplatz war, ist heute eine tiefe Pfütze. Der Boden nimmt nichts mehr auf! Unsere Utensilien schwimmen im Zelt und der Schlafsack ist so vollgesogen, dass er fast nicht mehr in den Packsack passt. Der prasselnde Regen verschluckt unser Gespräch, während wir uns in die triefend nassen Klamotten vom Vortag zwängen. Wir versuchen die missliche Lage so gut es geht mit Humor zu nehmen. Was haben wir auch für eine Wahl?
Wir befinden uns grundsätzlich in einer der regenreichsten Regionen der Erde, da die Ausläufer der Anden fast die gesamte Feuchtigkeit auf der chile-

nischen Seite abladen. Dadurch entsteht ein teils dichter Regenwald mit gigantischen Bäumen und mannshohen Rhabarberpflanzen. Und Regen natürlich. Aber laut Auskunft der Einheimischen ist es heuer viel zu feucht und normalerweise haben sie zu dieser Jahreszeit doch etwas mehr Sonnenschein. Nach 40 Kilometern, die sich in der feuchten Kälte und auf der groben, bergigen Straße wie eine kleine Ewigkeit anfühlen, brechen wir in Puyuhuapi ab. Schluss mit lustig. „Das hat doch alles nichts mehr mit Radfahren zu tun", sind wir uns einig. Wir sprengen unser Budget und quartieren uns kurz vor Weihnachten für zwei Tage in einer *Hospedaje* ein. Endlich können wir unsere Ausrüstung trocknen und uns von der nassen Kälte erholen. Dass wir unter diesen Bedingungen noch keine Erkältung davongetragen haben, grenzt ja fast an ein Wunder und wir erklären unsere Widerstandsfähigkeit mit unserem völlig stressfreien Dasein und der gesunden Mischung aus Bewegung, frischer Luft und jeder Menge Schlaf.

Das kleine Fischerdorf Puyuhuapi hat eine bewegte Geschichte zu erzählen, die großteils von Deutschen geschrieben wurde. In einem um 1935 vom chilenischen Staat initiierten Programm zur Urbarmachung der menschenleeren Region wurden handwerklich versierte Deutsche angeworben. Der Lohn: Gratis Land für jeden, der es schafft, hier zu überleben und der Natur Lebensraum abzuringen. Die natürlichen Grenzen waren das Meer und der dichte Urwald. Die ersten Siedler, der Wirtschaftskrise in Europa entflohen, hatten nicht mehr als ein Boot, ein paar Äxte, Genügsamkeit und Abenteuerlust. Teilweise konnte man sich so viel Land aneignen, wie man in einem Jahr roden konnte. Dies hatte unkontrollierte und ausufernde Waldbrände zur Folge. Die Schäden des zerstörten Regenwaldes sind noch heute zu sehen. Auch die Spuren der deutschen Ahnen. In Puyuhuapi existiert zum Beispiel noch die Schafwollteppichweberei des *Walter Hopperdietzel,* und wer möchte, kann im *Casa Ludwig* nächtigen.

Unsere patagonische Erkenntnis: Es bringt nichts, schlechtes Wetter in Patagonien auszusitzen. Klara kriegt schon leichte Panik, Weihnachten diesmal in einem durchnässten Zelt feiern zu müssen. Vorbei an Thermalquellen (würden gut tun – wollen wir uns aber nicht leisten), ziehen wir im leichten Nieselregen weiter. Ein kurzer Abstecher zum Hängegletscher im Nationalpark Queulat bringt das zu erwartende Ergebnis: null Sicht. Der Regen wird stärker und unser Essen blöderweise weniger. Das ist unser Fehler, wir haben die Einöde hier einfach unterschätzt. Rein rational betrachtet, befinden wir uns am Tiefpunkt unserer Reise. Es klingt fast unglaubwürdig, aber zu zweit haben wir gerade jetzt so richtig unseren Spaß.

In einem steilen Anstieg sind wir hungrig und ausgelaugt von der Kälte und müssen im Starkregen unseren Kocher anwerfen. Die letzten Reste unserer Haferflocken werden gekocht (ohne Milchpulver und Zucker – ein Traum!). Wir fühlen uns wie in einem schlechten Film, schreien Flüche in die menschenleere Wildnis und winken dann doch den sporadisch vorbeifahrenden und uns vom Geländewagen aus filmenden Touristen einen heldenhaften Gruß zu.

Dort, wo atemberaubende Landschaften zu bestaunen wären, mühen wir uns mit klammen Fingern ab. Armselig versuchen wir im nächsten Ort abermals, in einer *Hospedaje* Unterschlupf zu erhalten. Aber wir werden abgewimmelt. Offiziell heißt es, sie seien ausgebucht, doch der verachtende Blick der Eigentümerin erklärt alles: „Solche durchnässten und schmutzigen Radfahrer kann ich hier nicht gebrauchen!" Die zweite Unterkunft im Ort können wir uns nicht leisten. Höhepunkt und grandioser Ausklang des Tages ist, dass wir in einer versifften Bushaltestelle unser Zelt aufstellen. Klara bittet mich noch, ihre vom Wasser vollgezogenen Ärmel auszuwinden, dann schlafe ich auch schon ein …

EINE PRIVATE KOCHSHOW   20. Dezember 2012

Klara: Flo und ich laufen derzeit geradezu zu partnerschaftlichen Höchstformen auf. Interessant, finde ich. Waren wir noch vor ein paar Wochen beim gemütlichen Badeurlaub in der Karibik teilweise genervt und nicht sonderlich liebenswürdig im Umgang miteinander, scheinen wir unter den gegenwärtigen Bedingungen wieder richtig zueinanderzufinden. Wir scherzen viel, bezeichnen die Wettersituation nur noch mit unserem neuen Lieblingswort: „… dass es überhaupt so *sauen* kann" und drehen mal wieder ein paar unterhaltsame Videos. Diesmal präsentiert sich Florian als Moderator*in* eines Regionalsenders, die die widrigen Umstände unserer Reise kommentiert und ab und an auch kulinarische Köstlichkeiten, die *sie* in diesem Moment zubereitet, präsentiert. Florian kocht Rührei unterm Vorzeltdach, der Regen prasselt, im Zelt liegt unsere komplett durchnässte Kleidung, eigentlich ein trister Anblick, aber die Moderatorin ruft begeistert mit hoher Stimme in die Kamera: „Na super! Heute gibt es überraschenderweise Eierspeise, wir haben Eier und Brot. Draußen regnet's, aber das ist uns wurscht!"

Home sweet home: In Patagonien wird die Bushaltestelle des Radlers bester Freund.

Flo: Mittlerweile sind wir schon froh, wenn unsere Klamotten nur noch so nass sind, dass sie durch unsere Eigenwärme während des Radfahrens trocknen. Doch heute wird daraus wohl nichts werden. Als wir in unserer Bushütte aufwachen, müssen wir unsere Socken vor dem Anziehen auswinden … *„The show must go on"*, denke ich mir. Trotz Dauerregens!

Ein entgegenkommender deutscher Radler namens Henrik meint belustigt: „Wenn man jemandem erzählt, welche Strapazen wir hier erleben, glaubt der, wir sind in einem Straflager. Dabei machen wir das alles freiwillig und haben auch noch Spaß dabei." Da können wir nur zustimmen. Er habe während des Radfahrens unendlich viel Zeit zum Nachdenken und heute Vormittag schon ein ganzes Haus geplant (im Kopf natürlich) „samt allen Elektroanschlüssen", versteht sich! Wir verstehen Henrik auf alle Fälle voll und ganz.

Ein wahrer Engel auf der Carretera ist Jorge in Villa Manihuales. Er besitzt dort einen kleinen Fahrradladen, wo er vorwiegend alte Räder restauriert und eine *Casa de Ciclista* betreibt. Als Radfahrer darf man nämlich gratis in seinem Haus, besser gesagt in seiner Werkstatt, schlafen. Gastfreundliche Einrichtungen dieser Art sind in Südamerika häufiger zu finden. Jorge versuchte selbst einmal, mit dem Rad die Carretera Austral zu fahren, wurde dabei aber so eingeregnet, dass er nach ein paar Tagen aufgab. Danach war für ihn klar, dass er künftig einen Unterschlupf für Reiseradler zur Verfügung stellen wollte. Eine großartige Idee! In puncto Gastfreundschaft können wir uns noch einiges abschauen! Ich nutze das feine Stübchen, um ein paar Servicearbeiten am Rad durchzuführen und wieder mal unser Equipment zu trocknen. Uli und Elke, zwei ambitionierte Radlerinnen aus Deutschland, leisten uns bei einem gemütlichen Abendessen Gesellschaft. In den nächsten Wochen werden wir ihnen immer wieder mal begegnen und uns über erlebte Abenteuer austauschen.

Zu Weihnachten schlägt das Wetter um. Radeln in der Sonne macht dann mehr Spaß.

Coyhaique, Hauptstadt der Region, soll der wettertechnische Wendepunkt unserer Patagonienreise werden. Wir verbringen zwei Tage in der Stadt und feiern zum ersten Mal nur zu zweit Weihnachten. Einquartiert in einer gemütlichen Jugendherberge kochen wir groß auf – traditionelle Bratwürste mit Sauerkraut und Kartoffelschmarrn. Die hiesigen Bratwürste tun es uns besonders an. Laut Hostalbetreiberin braucht man die Würste nicht mit Öl anzubraten, da sie über genug Eigenfett verfügen. Mahlzeit!
Zusätzlich verspricht der Wetterbericht Gutes: kein Regen und vermehrter Sonnenschein! Noch ein paar Telefonate mit unseren Liebsten – allen geht es zum Glück sehr gut – und eine Schnulze über eine Online-Mediathek (ja, wir geben es an dieser Stelle offiziell zu, wir sind Fans von echten Schnulzen), und es fehlt uns nichts zum Weihnachtsglück. In den nächsten Tagen offenbart der schier wolkenlose Himmel atemberaubende Landschaften. Wir tauchen ein in eine Gegend von zerklüfteten, gletscherüberzogenen Bergen, kleinen Gebirgsbächen, Seen und einer sanften Vegetation. Wir kommen am Lago General Carrera und dem berühmten Fischerparadies Rió Baker vorbei. Dabei verbringen wir jeden Tag viele Stunden im Sattel, um Kilometer zu machen. Aufgrund des groben Schotters und der steilen Anstiege sind wir nur

sehr langsam unterwegs – auch bergab. Während der Nacht wird es auf den Pässen bereits ziemlich kalt und wir müssen morgens öfters unser gefrorenes Trinkwasser schmelzen. Uns sind die Anstrengungen aber egal, entschädigt doch die tolle Landschaft für all die Mühen. Nur Klaras vorderer Gepäckträger gibt den Geist auf und wir müssen die gebrochenen Alustreben immer wieder reparieren. Noch dazu bricht bei Klaras Rad eine Feder der Bremsen, mit einem starken Kabelbinder lässt sich aber auch dieses Problemchen lösen (das Ganze hält übrigens noch weitere 10.000 Kilometer bis zum Ende unserer Reise).

RETTEN SIE DAS BABY! 26. Dezember 2012

Klara: Heute ist anscheinend der Tag der Tiere! Wurden wir morgens an unserem Zeltplatz von einem Andenfuchs aufgeweckt, der sich frech bis auf fünf Meter anschlich und uns umkreiste, sehen wir gleich danach einen riesigen Greifvogel, mehrere Kaninchen und eine wilde Guanakoherde, die hektisch vor uns auf der Straße herumläuft und nervöse Laute von sich gibt. Ein Baby der lamaartigen Tierfamilie hat sich beim Springen über einen Pferdezaun mit den Hinterläufen im Draht verhängt und klagt nun schrecklich! Sichtlich mit den Nerven am Ende, stehen die anderen Familienmitglieder rundherum. Keiner scheint zu wissen, was zu tun ist – außer Flo natürlich! Behände hebt er die Beinchen des Babys über den Zaun und schon sind alle glücklich und quietschfidel! Gelernt ist gelernt, Flo! Lämmchen aus Mamas Schafzucht oder Guanakobaby in Patagonien, das macht keinen Unterschied!

Flo: Über wild in den Fels getriebene Straßen und steile Anstiege gelangen wir nach Puerto Yungay. Nach einer Zeltnacht im Wartehäuschen der Fährgesellschaft geht es am nächsten Tag mit der Fähre weiter über einen Fjord, an dessen gegenüberliegendem Ufer die Carretera Austral weiterverläuft. Nun fahren wir durch eine total einsame Gegend (es gibt aber immer noch Steigerungsstufen, wie wir ein paar Tage später feststellen werden). Den ganzen Tag über erblicken wir keinen einzigen Einheimischen, nur ein paar Autofahrer und zwei entgegenkommende Radfahrer. Was wir im Norden an Natur verpasst haben, bekommen wir hier doppelt zurück – inklusive nerviger Pferdebremsen, die sich an unserem Blut erfreuen. Bergauf ist es besonders schlimm, und wir haben Mühe, nicht zu stürzen, wenn wir mit einer Hand versuchen, die Plagegeister zu vertreiben. Zum Glück sind sie so reaktionsschwach, dass es ein Leichtes ist, ihnen den Garaus zu machen. Heute ist der letzte Tag im Jahr und nach einer Woche ohne Dusche – wir wuschen uns in eisigen Wildbächen – entscheiden wir uns, noch heute die Carretera Austral zu Ende zu radeln. Nach all der Zeit in der Wildnis haben wir Lust auf Zivilisation.

Im fahlen Mondschein kommen wir am Silvesterabend gegen 22:00 Uhr in dem kleinen Dorf Villa O'Higgins an. Es ist geschafft! Die Carretera Austral – und somit das durchgehende chilenische Straßensystem – ist am Schlusspunkt angelangt! Ende der Einbahnstraße. Es geht nur noch per Boot weiter. Irgendwie sind wir erleichtert, die Carretera Austral hinter uns lassen zu können, und stoßen mit einem Glas Rotwein bei leckerem Essen darauf an. Uns wird wieder einmal bewusst, wie schön es ist, all diese intensiven Erlebnisse als Partner teilen zu dürfen. Die Feierlichkeiten an diesem Abend lassen wir aus, als Silvestermuffel haben wir heute wenigstens eine gute Ausrede dafür. Um Mitternacht stehen wir in trauter Zweisamkeit in der kalten, sternenklaren Nacht und sehen den feiernden Einheimischen zu. Beide sind wir gespannt, was das neue Jahr für uns bringen mag. Wir spüren, dass das Leben so viel zu bieten hat und es sehr gut mit uns meint.

DURCH DIE PATAGONISCHE PAMPA

Klara: Jetzt ist alles wieder ganz, ganz gut! Wir liegen eingemummt in unseren Schlafsäcken im Zelt, direkt vor uns grast ein schwarzes Pferd mit sanften Augen (das hier wohl das bessere Fortbewegungsmittel wäre), und wenn wir etwas weiter hinauslugen, dann blicken wir über den vor uns liegenden See direkt auf den markanten Fitz Roy. Zuckerhutförmig steigt er direkt hinter dem Ufer hervor. Meist ist der Berg von einer Wolke bedeckt. Ein Grund, warum die hierher pilgernden Kletterer oft wochenlang kartenspielend im Basislager auf besseres Wetter warten müssen, manche ohne ihn jemals besteigen zu können. Ab und an ist aber der schroffe Gipfel zu sehen und wir sind fasziniert.

„Na, jetzt ist der Tag ja geschafft", stellt Flo zufrieden fest und hält wenig später die Kratzer fotografisch fest, die ich heute davongetragen habe. Meine Beine sind ganz schön malträtiert worden: Von Villa O'Higgins aus machten

Zeltplatz mit Blick auf den Fitz Roy

wir uns frühmorgens auf. Der Abschied von dem süßen Dörfchen und vor allem von unserem heimeligen Hostel, das uns seit längerer Zeit wieder einmal ein Dach über dem Kopf und ein warmes Stübchen beschert hatte, fiel uns sehr schwer. Wir radelten acht Kilometer über eine Holperpiste und bestiegen anschließend eine Fähre (*yeah!*), die uns – zusammen mit Uli und Elke – über den unglaublich türkisfarbenen Lago O'Higgins schipperte. Die Fahrt zwischen den nahen Gipfeln, im Schmelzwasser mehrerer Gletscher war für uns alle ein absolutes Highlight. Auf der anderen Seite des Sees stiegen wir beide aus, während unsere Radfreundinnen noch eine Gletscherfahrt gebucht hatten. Sofort waren wir wieder allein, während wir Pasta kochten – dachten wir zumindest. Bis Ulf zu uns stieß. Ulf, ein deutscher Radfahrer, war schon viel unterwegs und gab uns jede Menge Tipps für weitere Unternehmungen und für die uns bevorstehende Grenzüberschreitung – im wahrsten Sinne des Wortes! Die von hier aus erreichbare Grenze zwischen Chile und Argentinien liegt auf einem Bergrücken und bedeutet eine nette Tageswanderung für alle Rucksacktouristen. Wir aber hatten zusätzlich unsere Räder im Gepäck, was sich als wahre Plage herausstellen sollte. Zuerst ging es ja noch gut los. Nachdem wir uns am chilenischen Grenzposten unseren Ausreisestempel geholt hatten, versuchten wir, den steinigen Pfad hinaufzu-

Wo darf ich meinen Pass abstempeln? Grenzübergang zwischen Chile und Argentinien

radeln – was sich aber schnell als unmöglich erwies. Trotzdem, nach eineinhalb Stunden Schieben waren wir an einem Hochplateau angekommen und meinten naiv (und ein bisschen großspurig): „Na, so schlimm war das Ganze ja auch nicht! Da hat Ulf mit seinen Horrorgeschichten wohl etwas übertrieben. Ein Tragpferd zu nehmen, das ist doch total übertrieben!" Am Willkommen-in-Argentinien-Schild machten wir noch ausgiebig Schnappschüsse, wenig später befanden wir uns plötzlich in einem Wald, wo der Weg im schlammigen Nichts endete. „Na ja, nur noch ein paar Kilometer", dachten wir uns, während wir unsere Taschen mehrmals von den Rädern herunternehmen mussten, um den kaum noch erkennbaren Trampelpfad passieren zu können. Ein paar Stunden später verlor ich aber über Stock und Stein, Wurzeln und Moorflächen fast die Nerven, beziehungsweise die Schuhe, die im Matsch feststeckten. Den Schlamm zwischen den Zehen – aber das war ja egal, schließlich kam keine zehn Meter weiter ein Bachbett ohne Brücke – ging es nun kaum noch vorwärts. Immer wieder mussten wir zu zweit die Räder über quer liegende Baumstämme hieven und ärgerten uns zum ersten Mal über unsere sonst so geliebten Kick-Ständer, die sich bei dem Terrain ständig verhedderten. Flo hat mich anscheinend noch nie so fluchen gehört und machte sich auf den letzten paar Metern hinunter zum See und zum argentinischen Polizeiposten (wo wir auch campen durften) wohlweislich aus dem Staub, um einem möglicherweise einfach losgelassenen Fahrrad aus dem Weg zu kommen. Meine von unzähligen Ästen zerkratzten Beine – ich hatte schlauerweise genau an diesem Tag kurze Radhosen an – zeugen von einem der härtesten Tage unserer Reise und ich weiß nicht so recht, wie mir geschieht, als ich sie anscheinend mehr oder weniger stolz in die Kamera präsentiere!

Flo: Einen Tag später befinden wir uns in El Chaltén, der einzigen Ortschaft in der argentinischen Pampa weit und breit. Um hierher zu gelangen, nahmen wir ein Boot über den See, das einmal täglich am argentinischen Grenzposten andockt. Schon die Bootsfahrt mit beinahe zum Greifen nahen Gletschern war ein Highlight an sich. Dann folgten 30 Kilometer auf einer Schotterstraße entlang eines fischreichen Flusses, der mehrarmig durch ein breites Tal verläuft. El Chaltén, dieses Dörfchen mitten im Nirgendwo, wurde 1985 zur Sicherung des argentinisch-chilenischen Grenzgebietes aufgebaut, hat aber nun hauptsächlich den Zweck, all den hier eintrudelnden Touristen gerecht zu werden. Hierher kommt die Elite des Bergsports, die schwierigste Kletterrouten erklimmen will, hierher kommen reiche Touristen mit Lust auf Naturerlebnis – und Radfahrer wie wir, die sich nach der anstrengenden Grenzüberschreitung, von Chile kommend, bei kurzen Wanderungen (diesmal ohne Fahrrad) in atemberaubender Kulisse erholen wollen. Im Winter ist das Örtchen tatsächlich unbewohnt, in der jetzigen Hochsaison finden wir aber keine Unterkunft und freuen uns letztendlich über einen kleinen, feinen Campingplatz, dicht besiedelt mit gutgelaunten Outdoor-Enthusiasten. Der Wetterbericht verspricht nichts Gutes für die kommenden Tage, daher wandern wir sofort los und genießen einen Nachmittag in den Bergen. Es ist zwar unheimlich viel los – wir wandern zeitweise wie strebsame Ameisen auf schmalen Trampelpfaden – die Landschaft belohnt uns aber, und die Touristen sind allesamt respektvoll im Umgang mit der Natur.

IM GEISTERHAUS

Klara: Nachts bläst uns der Wind das Zelt fast davon – mittlerweile schlafen wir aufgrund des ohrenbetäubenden Getöses nur noch mit Ohropax – und wir werden mal wieder unsicher, ob wir uns überhaupt in die baumleere Pampa wagen sollen. Wir wissen, dass uns die kommenden Tage so weit süd-

lich lediglich menschenleeres Grasland erwartet, wo der Wind mit unvorstellbaren Geschwindigkeiten über die Landschaft peitscht. Auf den nächsten 220 Kilometern gibt es keine Ortschaft. Zum Glück hat Ulf uns schon mit Informationen über Wasserversorgung und eine windgeschützte Schlafmöglichkeit, ungefähr in der Mitte zwischen hier und der nächsten Ansiedlung El Calafate, versorgt. Bevor wir uns auf den Weg wagen, fragen wir aber vorsichtshalber doch noch den Campingplatzbesitzer, ob dieser sturmartige Zustand heute nicht ganz besonders stark sei. Der sieht uns etwas belustigt an und erklärt: „Ehrlich gesagt, ist das heute ein eher schwacher Wind. Worauf wartet ihr noch?" Das fragen wir uns jetzt auch, denn wenn wir den Wind richtig deuten, dann liegt er uns für die nächsten 70 Kilometer genau im Rücken! Kaum sitzen wir auf – vollbepackt mit Wasser und Lebensmittelvorräten für mehrere Tage –, bekommen wir einen unsichtbaren Düsenantrieb und flitzen mühelos mit 35 km/h dahin. Als Highlight obendrauf ist es auch noch absolut leise. Die ständige Geräuschkulisse des böigen Windes kann einen nämlich über einen Tag lang ganz schön anstrengen. Jetzt ist also alles klasse! Flo legt übermütig seine Füße auf die Vordertaschen und zischt an mir vorbei, während ich versuche, ihn bei dieser Aktion zu fotografieren.
Wir fahren entlang des Lago Viedma, außer ein paar großen Bussen voll Touristen ist weit und breit nichts los. In dieser Einöde sehen wir einige Nandus, straußartige Vögel, und Guanakoherden. Das Zaunproblem scheint für viele Jungtiere zu bestehen, denn immer wieder sehen wir tote Guanakobabys, die in einem Drahtzaun verheddert verendet sind.
Kurz bevor wir – in nur zwei Stunden! – die 70 Kilometer geschafft haben, um auf die Ruta 40 abzubiegen (was wir nur ungern machen, denn nun bekommen wir es mit Seitenwind zu tun), tauchen plötzlich aus dem Nichts zwei Pferdeherden auf. Eindeutig haben sich die Pferde aufgeteilt, sie sollten eigentlich nur eine Herde bilden. Hinterher galoppiert der aufgebrachte Gaucho, klassisch mit schwarzer Baskenmütze und Lasso! Wir staunen über die Verfolgungsjagd, vor allem über die Präzision, mit der er seine Hirtenhunde anleitet. Irgendwann verschwindet die ganze Szene in den flachen Weiten der argentinischen Pampa und wir genießen die letzten unanstrengenden Meter, bevor wir an die Kreuzung gelangen, kurz durchatmen und uns in den Wind drehen. „Okay, dann eben 12 km/h", denken wir dennoch entspannt. Das liegt aber auch nur daran, dass schon in 30 Kilometern mitten im Nirgendwo ein unbewohntes Haus stehen soll, in dem wir unser Zelt windge-

Flo lotet die Windrichtung aus.

schützt aufstellen können. Ulf hat uns davon erzählt und auch andere Radfahrer, die wir unterwegs trafen, berichteten von diesem Geisterhaus. Man könne dort schlafen und daneben liege sogar ein Fluss zum Waschen. Nun muss man wissen, dass man in Gegenden wie Patagonien als Radtourist ohne die Informationen von Einheimischen, vor allem aber ohne das Knowhow anderer Radfahrer kaum reisen könnte. Besonders in Gebieten ohne Wasser oder in diesem Fall mit derart starkem Wind, dass auch das beste Zelt ohne Windschutz verloren wäre, aber auch in Gebieten mit instabiler Sicherheitslage oder wenn man einfach nicht weiß, wo man übernachten kann, ist Rat von anderen Gold wert.

Ich stelle mir vor, dass Reisen im Mittelalter ähnlich abgelaufen ist. Ohne viel Wissen machte man sich auf den Weg und erfuhr durch andere Reisende und Einheimische Schritt für Schritt alles Überlebensnotwendige. Bei uns führt diese Erfahrung zu einem wachsenden Vertrauen, dass es für alles eine Lösung gibt, die wir im Vorhinein einfach noch nicht kennen können. Wir lernen, vieles gelassener zu sehen, denn die Informationen, die wir brauchen, stehen oft nicht in Reiseführern. Außerdem erfahren wir im Laufe unserer Reise, entgegen der täglichen Schreckensmeldungen unserer Medien, dass die Welt gut ist!

Egal wo wir hinkommen, immer erfahren wir Gastfreundschaft, Hilfsbereitschaft und die Unterstützung von Menschen, die wir so nicht erwartet hätten. Diesmal dürfen wir also in diesem alten Haus übernachten, dessen Besitzer zwar nicht mehr dort wohnt, den Radfahrern aber erlaubt, dort zu schlafen. Leer ist es und verfallen auch! Die Fenster sind eingeschlagen, der Boden aber sauber. Kaum haben wir einen Platz für unser Zelt gefunden, entdecken wir im kleinen Nebengebäude ein französisches Pärchen, das über andere Quellen von diesem Quartier gehört hat und sich dort ebenfalls ein ruhiges Plätzchen sucht.

Rückenwind ist gut, Gegenwind anstrengend und Seitenwind gefährlich.

WIE MAN SICH BETTET, SO LIEGT MAN   09. Jänner 2013

Flo: Wir alle haben mal gehört, dass gute Matratzen und Betten wichtig sind, schließlich verbringt man darauf ja einen Großteil seines Lebens! Da dieses Thema Klara ganz besonders am Herzen liegt und wir auf dieser Reise die halbe Zeit schlafen, bemühe ich mich stets, das Zelt optimal zu positionieren, um es vor allem horizontal so auszurichten, dass der Kopf nicht tiefer liegt als der restliche Körper. Etwaige Steine oder Unebenheiten stören Klara ja nicht so sehr – bergab darf man aber auf keinen Fall liegen! Nach rund einem halben Jahr habe ich den Dreh aber anscheinend immer noch nicht heraus. „Ich liege bergab. So kann ich nicht schlafen!", höre ich sie jedes Mal klagen, und wieder einmal drehen wir unsere Matten und Kopfpolster um und wieder einmal passt es auch so nicht. Nicht einmal, als wir unser Zelt auf dem Fliesenboden des verlassenen Hauses aufstellen, ist Klara mit der Positionierung unserer Schlafstelle zufrieden. Ich bin mit meinem Campinglatein am Ende und verweise auf den Fliesenleger, der für diese Untat verantwortlich sein muss. Ihre Glaubwürdigkeit in Sachen Bodenverwerfungen hat bei mir nun endgültig eine Schieflage erhalten.

Unterwegs auf der berühmt-berüchtigten Ruta 40

ENDLICH FLAUTE!

Flo: Wir teilen das Schicksal vieler Radfahrer auf der Strecke. Jeder hat die letzten Kilometer schlimm mit Gegenwind zu kämpfen, um es bis zum Campingplatz in El Calafate, der einzigen Ortschaft im Umkreis von einigen hundert Kilometern, zu schaffen. Dazu verlässt man die Nord-Süd-Verbindung Ruta 40, zweigt in die 30 Kilometer lange Sackgasse entlang des Lago Argentino gen Westen ab und liegt damit voll im Wind! Für die 30 Kilometer bis nach El Calafate braucht man im Schnitt fünf Stunden. Wir finden das Ganze schon wieder lustig, denn obwohl wir uns voll verausgaben, will einfach nichts weitergehen. Trotz der flachen Strecke brauchen wir teilweise den kleinsten Gang, um überhaupt vorwärts zu kommen. Wie in Zeitlupe stemmen wir uns gegen die Naturgewalt. Der ohrenbetäubende Lärm des Sturmes macht jedes Gespräch unmöglich und tut in den Ohren weh. Klara reicht es: Sie dröhnt sich die Ohren mit Musik voll. Uns motiviert, dass es den Tag der Revanche geben wird – schließlich müssen wir den gleichen Weg wieder zurück und die Windrichtung ist meist stabil. Dann würde es für uns heißen: Rückenwind de luxe!

Zugegebenermaßen sind wir trotzdem heilfroh, den sicheren Hafen zu erreichen. Der Campingplatz in El Calafate ist windgeschützt (!) und ein Super-

Der Lago Argentino kurz vor El Calafate

markt gleich um die Ecke. Andi und Matze, einem deutschen Radlerpärchen, ging es bei der Anreise ähnlich. Sie sind nun schon einige Tage hier und verschieben die Abreise immer wieder. Auf unserem Weg hierher berichteten uns bereits andere Radler von den *Germans*. Sehr gesellig sollen sie sein, hieß es. Kaum angekommen, sitzen wir schon an ihrem Tisch und halten ein Bier in der Hand. So bleiben auch wir ein, zwei Tage länger als geplant. Gemeinsam mit rund einem Dutzend anderer Radler, die hier alle Pause machen, philosophieren wir über Erlebtes. Die Motorradfahrer tun es den Fahrradfahrern gleich, die zwei Gruppen vermischen sich aber kaum.
Obwohl der Campingplatz allein schon ein Highlight ist, ist die eigentliche Attraktion von El Calafate der berühmte Perito-Moreno-Gletscher im Nationalpark Los Glaciares. Auch wir fahren die 80 Kilometer zum Gletscher, aber nicht mit dem Fahrrad, sondern wir gönnen uns den Luxus eines Busses. Schließlich haben wir ja frei.
Angekommen im Besucherzentrum, fühlen wir uns, als könnten wir die rund 70 Meter hohe Kalbungsfront des Gletschers angreifen, die sich am Ende der langen Gletscherzunge im Lago Argentino auftut. So nahe bringen einen die angelegten Holzstege an den Koloss heran. Mit einem Ausmaß von fünf mal 30 Kilometern ist das Ding einfach gigantisch. Im Licht der Sonnenstrahlen

leuchtet das dicht komprimierte Eis in den unterschiedlichsten Türkistönen. Durch den Druck des nachrückenden Eises sind bizarre Formationen entstanden.

„Kraaaach!!!!" macht es immer wieder und alle Besucher blicken suchend über den Gletscher, um den Ursprung des lauten Polterns auszumachen. Vor allem in den wärmeren Nachmittagsstunden sind riesige, in das Wasser stürzende Eisbrocken zu beobachten. Ein umwerfendes Naturschauspiel und ein Muss für jeden Patagonienbesucher!

DER SCHÖNSTE PLATZ DER WELT

Klara: Wir haben uns verliebt. Und zwar in diese Landschaft hier. Flo und ich sitzen auf unserem Campingplatz im Nationalpark Torres del Paine und starren einfach stundenlang auf das Felsmassiv der Cuernos (Hörner) del Paine. Dort passiert es. Wir sind der Magie dieses Ortes vollständig erlegen.

Flo: In Cerro Castillo reisten wir, von Argentinien kommend, wieder nach Chile ein. In dem netten Örtchen trafen wir Juán vom Tourismusbüro. Er organisierte uns vom kommunalen Bauhof aus ein Sortiment neuer Kabelbinder. Somit waren wir für unseren Ausflug durch den Park gerüstet. Am Weg Richtung Nordeingang hatten wir mit starken Winden zu kämpfen und mussten mehrmals stoppen. Radfahren ging nicht mehr und wir waren kurz davor, uns in den Straßengraben zu legen, um nicht davongepustet zu werden. Mehrmals hielten Autos und fragten, ob alles klar wäre. Wir winkten aber stolz und mutig ab! „Uns kann nicht mehr geholfen werden", dachten wir und konnten aufgrund der bizarren Situation kaum noch aufhören zu lachen.

Wir suchten Schutz in einer vermeintlichen *Estáncia* (eine Art Rinder- oder Schafranch). Die stellte sich als Unterkunft für die Angestellten eines Nobelhotels des Nationalparks heraus – wäre der Wind nicht so stark gewesen, wären wir sicher noch weitergefahren und hätten in eben diesem Hotel genächtigt. Kostet dort eine Nacht doch nur zweitausendfünfhundert Euro! So durften wir immerhin an einem windgeschützten Platz unterhalb des Kantinenfensters unser Zelt aufbauen. Jorge, der Chefkoch, versorgte uns mit allen möglichen Leckereien (es darf an dieser Stelle nicht gesagt werden, aber wir aßen auch ein Nandu-Ei, dabei erfuhren wir später, dass der große Vogel doch eigentlich geschützt ist!).

„Flo! Wach auf, der Wind ist nicht mehr so stark! Und streck deine Hand heraus, Flo!", so wurden wir kurz vor Sonnenaufgang von Jorge geweckt und bekamen einen frischen Laib Brot in unser Zelt gesteckt. Im zarten Licht der ersten Sonnenstrahlen näherten wir uns den Torres del Paine, drei nadelförmigen Granitbergen. Diese werden in der Sprache der Tehuelche-Indianer als Türme des blauen Himmels bezeichnet und sind das Wahrzeichen des Parks. Gepaart mit der reichhaltigen Tierwelt, bestehend aus Guanakos, Darwin-Nandus und Andenkondoren, sah die Szenerie schon fast kitschig aus. Nur die teils sehr steilen Anstiege und die heftigen Windböen trübten die Idylle.

In der Mitte des Parks bezogen wir Quartier am Campingplatz des Lago Pehoe, da Wildzelten nicht erlaubt ist. Außerdem wollten wir nicht in die Fußstapfen einiger unglücklicher Touristen treten, die in den vergangenen Jahren immer wieder mal große Flächen des Parks mit ihren Campingkochern abgefackelt hatten.

Wir verweilen drei Tage im Park (viel zu wenig!) und machen kleinere Wanderungen oder sitzen einfach nur da und nehmen die majestätische Atmosphäre in uns auf. Wir spüren die Kraft der einzigartigen Natur und fühlen uns in diesen Tagen so lebendig wie selten zuvor.

Irgendwann müssen wir Abschied nehmen und weiterreisen. Beim Verlassen des Parks halten wir nochmals inne. Sprachlos von den Eindrücken der letzten Tage radeln wir andächtig weiter. Für uns beide ist klar: Hierher wollen wir nochmals kommen!

AUF ZU DEN PINGUINEN

Klara: „Schmeckt nicht ganz so lecker", untertreibt Flo, während er leicht angeekelt unser Mittagessen verzehrt. Wir haben ein kleines Bushüttchen an einer Kreuzung gefunden und mampfen dort die letzten Vorräte, die von unserer Zeit im Nationalpark noch übrig sind. Zugegeben, Haferschleim haben wir jetzt schon in allen Varianten gegessen und wir sind normalerweise immer wieder erstaunt, dass er uns noch schmeckt, aber gestreckt mit Puddingpulver? Nicht unbedingt zu empfehlen! Schon gar nicht, wenn das Ganze schon fürs Frühstück herhalten musste.

In weniger als zwei Stunden sind wir aber zurück in der Zivilisation, und zwar in der ersten richtigen Stadt seit El Calafate, wo wir vor über einer Woche

Wenn der Perito-Moreno-Gletscher gegen Nachmittag kalbt, bekommt man Gänsehaut.

waren: Puerto Natales, wir kommen! Dort kaufen wir im Supermarkt nach Herzenslust ein, bevor wir uns einen Campingplatz im Stadtzentrum suchen. Und wer wartet dort auf uns? Matze, Andrea und der lustige Brite Alan! Waren wir, als wir die drei in El Calafate kennenlernten, noch etwas zurückhaltend und befürchteten, vielleicht doch nicht ganz zu ihnen zu passen, spüre ich jetzt richtige Freude in mir aufsteigen. Immer neue Leute kennenzulernen ist schön, manchmal tut es aber auch gut, nicht immer alles von Neuem erzählen zu müssen. Außerdem freue ich mich über weibliche Gesellschaft, denn die ist beim Tourenfahren oft dünn gesät. Und Andrea ist genau die Richtige für mich: Sie weiß, was sie will, ist lustig, ehrlich, direkt und trotzdem feinfühlig. Alan und Matze sind gleichfalls gut drauf und gerade dabei, einen riesigen Eintopf zu kochen. Wir setzen uns dazu und tauschen Neuigkeiten aus. Abends unterhalten wir uns auch noch lange mit Walter, einem deutschen Tourenfahrer, der schon zweieinhalb Jahre unterwegs ist und die ganze Welt umradeln möchte!

Tags darauf starten wir erst sehr spät. Mit satten vier Stunden Verspätung, weil wir so ausführlich quatschten, fahren wir erst gegen Mittag los in Richtung Punta Arenas: die letzte Etappe auf südamerikanischem Festland! Dort endet die Straße und es geht nur noch per Fähre auf die Insel Feuerland weiter. Die zwei Tage bis Punta Arenas sind windig und landschaftlich eher lang-

Zeltplatz mit Aussicht. Der Torres del Paine-Nationalpark hat es uns angetan.

weilig. Eine Nacht dürfen wir – Insidertipp sei Dank – gegenüber einer Polizeistation in der dazugehörigen Scheune campen, was eine windsichere Nacht bedeutet.

Ein absoluter Höhepunkt ist für uns die Besichtigung einer Pinguinkolonie kurz vor Punta Arenas. Flo kann von den tollpatschigen Gefährten gar nicht genug kriegen. Besonders die pubertierenden Jungtiere – halb Kind, halb Erwachsene, teils mit vokuhilamäßigem Flaum, teils glatt – haben es ihm angetan. Sie lassen sich allgemein nicht sonderlich von den Touristen beirren und sind es gewohnt, bis auf knapp zwei Meter Leute an sich heranzulassen.

Umzingelt von keifenden Straßenkötern trudeln wir nachmittags in Punta Arenas ein und bleiben dort zwei Tage, in denen uns Andrea und Matze wieder einholen. Wir verbringen einen lustigen Abend miteinander und genießen die schon fast vertraute Gemeinschaft in der sonst nicht sonderlich aufregenden Stadt.

TIERRA DEL FUEGO

Flo: Viele Mythen ranken sich um Feuerland, die Inselgruppe am südlichsten Ende des Kontinents, nur durch die schmale Magellanstraße vom Festland getrennt. Neben den Legenden über die ersten Seefahrer und die Indios

Feuerlands gibt es auch zahlreiche Überlieferungen von Radfahrern, die von der weltberühmten *Panadería* (Bäckerei) in Tolhuin, eine der wenigen Ortschaften auf diesem winddurchtosten Stück Land, Sagenhaftes berichten. Dort werden alle Radreisenden wie Helden empfangen und mit *Empanadas* (gefüllten Teigtaschen), *Café con Leche* sowie süßen Bäckereien beschenkt. Zu guter Letzt wird den Rad-Toureros auch noch ein feines Schlafgemach zur Verfügung gestellt. Derartige Erzählungen beflügeln unsere Phantasie. Tolhuin liegt – zum Glück – auf unserem Weg Richtung Ushuaia, dem Endpunkt unserer Reise in Patagonien. Läge es nicht dort, wären wir wahrscheinlich freiwillig einen Umweg gefahren …

Von Punta Arenas nehmen wir die Fähre nach Porvenir, einer verschlafenen Provinzhauptstadt des chilenischen Territoriums auf Feuerland. „Da schwimmen Delfine neben dem Schiff!", ruft Klara aufgeregt, und als alter Delfin-Fan weiß sie genau, was diese Tiere brauchen, nämlich Applaus. Nachdem sie kräftig in die Hände klatscht, beginnen die Tiere noch übermütiger mit dem Bugwasser zu spielen und in die Luft zu springen. Ein wunderschönes Erlebnis und ein guter Start für den letzten Abschnitt. Die Hitzewelle dieser Tage tut ihr Übriges dazu, um mit ausgezeichneter Laune aufzubrechen. Eduardo, unser Hostalbesitzer in Punta Arenas, kommentierte die Temperaturen mit der Bemerkung, er sei eher ein Pinguin – für ihn sei es nun schon zu heiß. Sein schneidig geschnittener Vokuhila ließ tatsächlich eine gewisse Ähnlichkeit mit den tollpatschigen Vögeln im Frack aufkommen. Dass ihm die hitzerekordtauglichen 26 (!) Grad Celcius aber so zusetzten, hätten wir trotzdem nicht vermutet.

Viele schlimme Radlergeschichten sind uns über Feuerland zu Ohren gekommen und daher begleitet uns etwas Respekt auf unserer letzten patagonischen Prüfung. Der Wind kann einen hier extrem aushebeln und innerhalb weniger Stunden ist es möglich, alle vier Jahreszeiten zu erleben. An den ersten paar Tagen ist von alledem aber nichts zu spüren. Entlang leicht welliger Küstenlandschaften offenbart sich Feuerland von seiner besten Seite. Irgendwie erinnert uns die sanfte Gegend an Norddeutschland – bis auf die unzähligen Guanakos, die es hier *en masse* gibt. Grund dafür: In ganz Nord- und Südamerika gibt es Pumas. Nur auf der dem Festland vorgelagerten Insel Feuerland nicht. Somit haben die Guanakos hier ein sorgenfreies Leben.

Der Wind ist zwar kräftig, aber nicht zu stark, er bläst fast immer von West nach Ost und schiebt uns so förmlich die ersten 200 Kilometer in Richtung der argentinische Seite der Insel. Da fällt selbst die teilweise schlechte Schotterstraße der Chilenen bis zum Grenzübergang San Sebastian kaum negativ auf.

Dieser Tage sind wir im Gespann mit Janicke und Patrick, einem niederländischen Pärchen, und dem Briten Alan unterwegs, was zusätzlich gute Stimmung bereitet. Prinzipiell fahren wir gemeinsam, doch jeder kann, wenn er möchte, auch sein eigenes Ding machen. Eine gute Mischung. Wir fahren mal in der Gruppe, mal getrennt und am Abend treffen wir uns zum Campen. So entsteht eine tolle Balance zwischen Individualismus und Spaß in der Gruppe.

Zum Abschluss eines erlebnisreichen Tages ergibt sich sogar noch ein zufälliges *Whale-Watching*: Wir sichten einen ausgewachsenen Grauwal! Und kommen tatsächlich bis auf wenige Zentimeter an ihn heran! Einziger Wermutstropfen: Das arme Tier ist leider schon verendet und liegt ausgetrocknet an einem Strand etwas abseits der Straße. Erst glaubten wir, es sei ein gestrandetes Boot. Trotzdem ist das Ganze interessant für uns, schließlich ist der Korpus noch mit Haut überspannt und die Dimensionen sind einfach unglaublich. Aus dem riesigen, von Barten gesäumten Maul hängt eine Zunge, so groß wie ein Bett. Fluke und Flossen erscheinen uns kolossal. Nur unseren Geruchssinn müssen wir ausblenden, um den Meeresriesen genauer inspizieren zu können, denn ein stechender Verwesungsgestank umhüllt den Kadaver.

Klara: Die letzten Kilometer eines Reiseabschnittes sind immer die schwersten. So knapp vor dem Ziel ist man innerlich schon angekommen, das Ende scheint so nah. Bloß treten müsste man noch und dazu fehlt plötzlich der Elan. Auch wenn wir wieder auf unsere Freunde Matze, Andrea und Alan aufgeschlossen haben. „Am Weg nach Ushuaia schlagen wir uns in der Panadería in Tolhuin den Bauch voll", bringt Matze auf den Punkt, was wir uns alle vorgenommen haben. Als wir nach einem langen Tag in Tolhuin eintrudeln, beginnt es zu regnen. Und was ist das? Die *Panadería* gibt es zwar und wir dürfen sogar in einer Art fensterlosen Zelle nächtigen. Anscheinend ist der fahrradenthusiastische Besitzer aber nicht da und so fällt die Begrüßung ein wenig kühl aus. Nichts ist es mit den erträumten Süßspeisen und heißer Schokolade. Matze ist total enttäuscht und gönnt sich nach der Ernüchterung ein paar Bierchen. Er und Andrea überlegen noch kurz, anderswo zu nächtigen, entschließen sich dann aber doch für eine Nacht mit uns in die-

Riecht genauso, wie es aussieht: Whale-Watching der anderen Art

sem Knast. Tage zuvor hat Matze mit seinem elektrischen Haarschneidegerät Flo die Haare geschoren – etwas sehr kurz, wie ich finde. Jetzt passt die Sträflingsfrisur perfekt. Flo fällt schnell in einen tiefen Schlaf und bekommt unsere Lachanfälle kaum noch mit. Irgendwie muss man ja die Hirngespinste über das Paradies in Tolhuin verarbeiten. Tags darauf, als wir bei Nieselregen wieder auf unsere Räder steigen, sind wir aber doch sehr dankbar für eine Nacht im Trockenen.

Flo: Am vermeintlich letzten Tag ist der Ofen bei allen aus. Alle zehn Kilometer machen wir eine Cola-/Zigarettenpause. Uns hat die patagonische Dreifaltigkeit aus Rumpelpiste, Wind und Regen ausgezehrt. Psychisch wie physisch. Außerdem genießen wir das Gefühl, nach 4000 Kilometern unter widrigen Bedingungen unser Ziel bald erreicht zu haben. Am frühen Nachmittag, nur 40 Kilometer vor Ushuaia, hat keiner von uns mehr Lust auf Radfahren. Wir finden einen schönen Platz an einem kleinen See und bauen im einsetzenden Regen unsere Zelte auf. Obwohl jetzt eigentlich Sommer ist, wird es sofort eisig kalt. Wortlos verziehen wir uns alle schnurstracks in unsere Schlafsäcke und halten eine ausgedehnte Siesta, ehe wir nach einer Stunde, wie die Bären nach ihrem Winterschlaf, wieder nach und nach aus unse-

Gemeinsam mit Matze, Andrea und Alan auf den letzten Kilometern nach Ushuaia

ren Zelten kriechen. Ein letztes Mal kochen wir alle gemeinsam ein leckeres Abendessen *on Tour*. Matze, Andrea und Alan brechen am nächsten Morgen zur Schlussetappe auf. Klara und ich verschieben die Abfahrt auf Mittag. Wir können uns nur zögerlich motivieren, uns dem Gegenwind und Nieselregen zu stellen.

Außerdem genießen wir die Stunden allein. Nackt hüpfen wir in den eisigen See und schlüpfen sofort wieder in unsere warmen Schlafsäcke. Dann kochen wir uns leckeres Essen und verputzen die letzten Süßigkeiten. Wir verstehen uns so gut, dass wir uns wünschen, diese innigen Momente für ewig einfangen zu können. Irgendwann rappeln wir uns doch auf und ziehen schweren Herzens die Radklamotten an.

Obwohl es nur noch wenige Stunden bis Ushuaia sind, bekommen wir nochmals die gesamte Palette des patagonischen Sommers ab: Wind, Graupelschauer, leichtes Nieseln, Starkregen und Sonnenschein. Gegen Abend ist es aber geschafft. Zur Belohnung stürmen wir eine *Panadería*. Dann machen wir uns zu unseren Radkollegen auf, die bereits am Campingplatz des *Club Andino* (sozusagen der Alpenverein in Ushuaia) auf uns warten und uns freudig empfangen.

WIR SIND AM ENDE! 28. Jänner 2013

Klara: Wir sind völlig am Ende! Und zwar nicht nur rein geografisch, schließlich haben wir Ushuaia auf Feuerland erreicht – die südlichste Stadt der Welt – sondern eher geistig (okay, das Fleisch ist auch schon schwach). Uns hat der patagonische Sturmwind, wie Flo gern sagt, „mehrmals ordentlich die Rübe durchgepustet" und dementsprechend heiter ist die Stimmung hier zwischen uns Radfreunden. Am Campingplatz herrscht Pfadfinderstimmung – mal abgesehen davon, dass ich am Pfadfinderlager noch keinen Tetrapackwein trinken durfte und mich damals etwas gesünder ernährte. Unter uns Radlerkollegen braucht man sich aber nicht zu schämen, wenn die Ernährungspyramide mehr oder weniger auf den Kopf gestellt wird. Uns ist es ja auch nicht zu blöd, uns allabendlich, ob unserer bestandenen Abenteuer, bei Bier, Wein und Eierlikör gegenseitig in den Himmel zu loben.

Flo: Von unserem Campingplatz aus haben wir einen Panoramablick über die „Bucht, die nach Osten blickt", wie Ushuaia in der Sprache der indigenen Yámana heißt. Eine ganze Woche verbringen wir dort mit unseren Freunden. Bei bestem Wetter – tagsüber genügt sogar ein T-Shirt – philosophieren wir über unsere Heldentaten. Viel zu schnell vergeht die Zeit, ehe wir uns aufmachen, unser Flugzeug von Santiago de Chile nach Bangkok zu erreichen. Außerdem wollen wir noch einen alten Freund meiner Familie, den Chilenen Joaquin, in der Nähe der Hauptstadt besuchen.

WARUM MAN SICH IM CHILENISCHEN BUS DEN BAUCH VOLLSCHLAGEN MUSS

Klara: Mein Bauch schmerzt und auch Flo scheint es nicht besser zu gehen. Er sitzt neben mir und nippt an einem Glas Wasser. Wir haben nun zwar seit Mittag nichts mehr gegessen, doch auch jetzt, spätabends, muss unser Körper noch mit den Strapazen des Vormittags kämpfen. Was ist passiert? Die letzten Tagen in Ushuaia standen ganz im Zeichen von Blödeleien und vor allem des gemeinsamen Feierns. Heute Morgen war es dann aber leider so weit: Flo und ich waren die Ersten der Gruppe, die weiterzogen. Und wie konnte dieser Abschied besser vollzogen werden als – na klar – mit einem gemeinsamen Essen, bei dem jeder mit einem kulinarischen Highlight auftrumpfte. Ich rollte also tags zuvor zum gefühlten hundertsten Mal den Hügel zum Supermarkt hinunter, um die benötigten Lebensmittel zu besorgen. Und weil ich schon dabei war, kaufte ich auch gleich für die uns bevorstehende Busfahrt zurück nach Punta Arenas (von wo aus unser Flugzeug nach Santiago starten würde) Proviant ein. Beim Einkaufen, ich muss es jetzt zugeben, wurde ich übermütig und malte mir Flo und mich schon auf unserer zwölfstündigen Busfahrt aus: Schulkindern auf Klassenfahrt gleich, immer etwas zwischen den Zähnen. So keuchte ich mich also voll bepackt wieder zum Campingplatz hinauf, nur um von meinem Angetrauten zu hören: „Na, du hast wohl die Grenzregelungen der Chilenen vergessen. Frische Lebensmittel dürfen nicht ins Land gebracht werden. Das Ganze müssen wir jetzt bis zum Grenzübertritt wegfuttern!"

Was zunächst nach Schlaraffenland klang, war aber der Anfang allen Übels. Aber wir sollten nicht die Einzigen mit diesem Problem sein. Kaum saßen wir im Bus, begann es auch schon ringsum zu rascheln. Flo und ich starteten mit unseren belegten Broten, während sich das Pärchen vor uns auf Obst und Knabbereien einschwor. Der Schweizer hinter uns begann herumzufragen, wer denn Lust auf seine Bananen hätte. „Ha! Nicht mit uns, mein Lieber, davon haben wir selber noch genug!", dachten wir und verlagerten unseren Fokus auf Tomaten und Gurken. Schon gegen elf Uhr und je 5000 Kalorien später erreichten wir die Grenze und fühlten uns wie nach Weihnachten und Ostern zusammen. Als wir beim Grenzposten einrollten, lugten wir in den Bus neben uns: Dort herrschte dasselbe geschäftige Treiben rund ums Essen. Das Aussteigen fiel uns zwar schwer, aber stolz waren wir trotzdem: geschafft, nichts weggeworfen! Siegestrunken klopfte mir Flo auf die Schulter! Morgen und übermorgen brauchen wir uns jedenfalls keine Gedanken ums Essen zu machen.

SÜDOST ASIEN

MIT GEMISCHTEN GEFÜHLEN DURCH THAILAND, LAOS, VIETNAM UND KAMBODSCHA

Flo: Mit Südostasien liebäugelten wir schon vor Beginn unserer Reise. Während der widrigen Umstände in Patagonien malten wir uns Südostasien als das Paradies auf Erden aus. Viele Radler schwärmten uns in höchsten Tönen von diesem Schlaraffenland vor: Kocher und Zelt seien überflüssig, ausgezeichnetes Essen und traumhafte Unterkünfte zu lukrativen Preisen warteten auf Reiseradler. Matze und Andrea, die weiter durch Südamerika touren wollten, beneideten uns beim Abschied fast ein bisschen. Und tatsächlich, die Erzählungen über all die Annehmlichkeiten sollten sich bewahrheiten. Fragt sich nur noch, ob wir auch die richtigen Typen für diese Art des Reisens sind.

Raus aus dem einsamen Patagonien und rein in den Großstadtdschungel Bangkoks: Leben in Patagonien nur rund zwei Personen pro Quadratkilometer, sind es in dieser Stadt 5270. Insgesamt über acht Millionen Menschen. Auch das schwül-heiße Klima steht im Kontrast zum kühlen Patagonien. Wir brauchen ein paar Tage, bis wir uns an die neue Umgebung gewöhnt und den massiven Jetlag einigermaßen auskuriert haben. Die zuvorkommende, höfliche Kultur der Thailänder finden wir sofort sympathisch. Das Essen sowieso.

Die unzähligen kleinen Straßenküchen stehen in denkbar großem Gegensatz zu den modernen Wolkenkratzern, haben mit ihren traditionellen, günstigen und vor allem köstlichen Gerichten aber weiterhin ihren Fixplatz in dieser sich rasant entwickelnden Stadt. An scheinbar jeder Ecke steht irgendeine fahrbare Essensbude. Klara hat die Gefahr der Lage nach ein paar Tagen erkannt: „Wenn das so weitergeht, dann werde ich mir in ein paar Wochen einen ordentlichen Speckgürtel angefahren haben!"
Nicht so sympathisch finden wir einige westliche Touristen, die sich alles andere als respektvoll benehmen. Achtzehnjährige Briten zum Beispiel, die mit blutjungen Prostituierten herumspazieren und mit Papas Geld als Rucksacktourist das erste große Abenteuer wagen. Viele scheinen sich null für die Kultur und die Gepflogenheiten des Landes zu interessieren und hängen tagsüber am liebsten im Hostel ab. Zwischen mehreren Folgen der *Simpsons* beschäftigt sie höchstens mal die Frage: „Sollen wir jetzt auf Schweine- oder Huhncurry gehen? Ich bin zwar vollgefressen, aber es ist so verdammt billig hier." Trotz der vielen dekadenten Touris werden wir von den Einheimischen ohne Vorbehalte stets positiv aufgenommen.
Bangkok erscheint uns wie eine riesige Ameisenkolonie. Auf Geh- und Fahrwegen wimmelt es rund um die Uhr von geschäftigen Passanten und Vehikeln, eingehüllt von exotischen Essensgerüchen und stinkenden Abgasen. Händler preisen ihre Ware an, Tuk-Tuk- und Mopedtaxis wetteifern um die Gunst möglicher Passagiere und mittendrin sitzen immer wieder ein paar Leute auf kleinen Plastikstühlen und schlürfen gemächlich ihre Nudelsuppe. Doch trotz der vermeintlichen Hektik auf viel zu engem Raum wirkt der Umgang miteinander friedlich.
Weil wir in den nächsten drei Monaten ein Runde durch Südostasien drehen und wieder nach Bangkok zurückkehren wollen, betreiben wir nur wenig Sightseeing. Wir fahren mit dem Boot durch die Kanäle der Stadt, besuchen verschiedene Märkte, bestaunen aufwendig verzierte Tempel und Pagoden und statten dem Königspalast und dem Liegenden Buddha einen Besuch ab. Nach ein paar Tagen Städteurlaub schwingen wir uns wieder auf die Räder. Das Verlassen der Großstadt wirkt befreiend, auch wenn wir Schwierigkeiten haben, kleine, verkehrsarme Ausfahrtsstraßen zu finden, und ich mich kränklich fühle. So radeln wir zunächst auf einer achtspurigen Autobahn in Richtung Norden bis in die Kleinstadt Ayutthaya: 80 Kilometer, die es ganz schön in sich haben.

MIT VOLLGAS DURCH BANGKOK
12. Februar 2013

Klara: Ich habe ja zugegebenermaßen ein ganz schönes Links-Rechts-Problem und war deshalb nervös, ob ich im massiven Verkehr Bangkoks (es gilt die Links-Regel!) überhaupt fahren könnte. Aber: Es klappte wunderbar! Die Verkehrsteilnehmer sind viel rücksichtsvoller als in Chile, wo zwar teilweise nur stündlich ein Auto vorbeikam, das aber oft so knapp, dass wir tausend Tode starben. Die Thailänder fahren dagegen völlig aggressionsfrei und so reihten wir uns an den Ampeln mit wachsendem Selbstvertrauen unter die geschätzten fünfzig Mopeds, um auf Grün zu warten. Bald fühlten wir uns richtig wohl! Einzig der ständige Smog machte uns zu schaffen – abends hatten wir das Gefühl, geräuchert zu sein! Am besten gefielen uns die Tuk Tuks – so sehr, dass wir vorgestern Abend intensiv darüber nachdachten, ob wir nicht doch per Tuk Tuk nach Europa zurückreisen könnten.

THAILAND: VON STÄDTEN UND TEMPELN

Flo: Ayutthaya, die ehemalige Hauptstadt Thailands, ist ein wahres Schmuckstück. Die weitläufigen Tempelanlagen mit spitzen Pagoden aus Sandstein sehen besonders in der blauen Stunde, kurz nach Sonnenuntergang, überwältigend aus.

Eigentlich scheint in Thailand alles perfekt zu sein. Ein wahres Paradies! Es ist heiß, die Sonne scheint, das Essen ist gut und günstig, der Benzinkocher führt ein Schattendasein und die Leute sind nett zu uns. Doch jedes noch so kleine Stückchen Land ist bewirtschaftet oder bebaut. Da bleibt uns nichts anderes übrig, als jeden Abend eine Unterkunft zu suchen. Noch dazu sind die verlockend billig. Für rund drei bis fünf Euro pro Person kann man wirklich annehmbare Absteigen finden. Außerdem ist eine tägliche Dusche zu empfehlen. Wir transpirieren stark, besser gesagt wir schwitzen wie die Sau. Der Schweiß vermischt sich während des Tages mit mehreren Lagen Sonnencreme und Staub. In diesem Zustand in einem aufgeheizten Zelt zu schlafen, ist nicht gerade eine verlockende Vorstellung. Trotz all der Annehmlichkeiten hält sich die Freude über dieses Schlaraffenland aber leider in Grenzen. Erstmals wird uns deutlich klar, dass wir das Campen nicht nur aus Kostengründen, sondern viel mehr aus der Sehnsucht nach Naturerlebnissen bevorzu-

Tempelanlage im historischen Viertel von Ayutthaya

gen. Plötzlich ertappen wir uns dabei, verträumt von den kühlen Nächten in der Weite Patagoniens zu schwärmen, während wir satt und sauber in unserem kleinen Hotelzimmer in einem Dorf in Thailand vor der Glotze hängen.

CHILL OUT, YOU'RE IN MONKEYTOWN — 14. Februar 2013

Klara: Flo ist seit Bangkok kränklich und hat immer wieder Fieber, daher beschließen wir, im nahen Lopburi ein paar Ruhetage einzulegen. Zur Sicherheit lässt er sich auch von einer „Ärztin" durchchecken, die ihm gleich zig Tabletten verkauft. Etwas misstrauisch konsultiert er noch einen weiteren Arzt, dieser diagnostiziert eine starke bronchiale Verkühlung. Da hätten die zuerst verschriebenen Tabletten gegen Diarrhöe, Kopfweh und Fieber wohl nicht viel geholfen. Jetzt hängen wir also hier, tun es den Affen gleich und lassen die Seele baumeln, besser gesagt, den deutschen Sender in unserem Hotelzimmer auf Hochtouren laufen, während Flo versucht, sich zu erholen. Das heißt, wenn uns nicht gerade ein Äffchen dazwischenfunkt und eine ungebetene Feinjustierung unserer Fernsehantenne vornimmt, was immer wieder zu Sendeausfällen führt. Lopburi, die Affenstadt Thailands, hat uns gelockt und wir sind fieberhaft gefolgt – Flo im wahrsten Sinne des Wortes! Heute ist er aber schon viel erholter und dank richtiger Medizin geht es aufwärts.

IN DER AFFENSTADT LOPBURI

Flo: Die Herrscher Lopburis sind eindeutig die Affen, die von den Einheimischen einerseits geliebt werden (sie locken Touristen an) und andererseits sehr lästig sind. Sie springen lautstark auf den Dächern und auch auf unseren Rücken herum, hängen überall und nuckeln halbleere Coladosen aus! Bei der Stadteinfahrt hätten wir fast welche überfahren, als sie in Heerscharen über die Straße liefen und auf Autodächer hüpften! Und während des Kochens muss die arme Köchin einer Straßenbude stets mit einer Steinschleuder auf die Störenfriede zielen, die auf dem wirren Geflecht aus Stromkabeln sitzen und auf eine günstige Gelegenheit warten, etwas Ess- oder Trinkbares zu stehlen oder gar in die Suppe zu machen. „*Beware, don't open the window: The monkeys will come and steal your things*", wird man hier gewarnt.

Während ich in unserem Zimmer dahinvegetiere und mich zu erholen versuche, nutzt Klara die Zeit zur groben Routenplanung. Laut ihren Berechnungen sollte es sich ausgehen, zuerst nach Nordthailand, über Laos bis Hanoi (Vietnam) und durch Kambodscha wieder zurück nach Bangkok zu fahren. Das hört sich gut an und motiviert mich, gesund zu werden.

Trotz der Verkühlung schaffe ich es in Lopburi sogar noch ins lokale Fernsehen. Als wir einen kleinen Stadtspaziergang zur Kreislaufankurbelung unternehmen und dabei zufällig den Innenhof des alten Palastes betreten, ist das alljährliche historische Fest bereits voll im Gange. Als anscheinend einer von nur zwei westlichen Touristen werde ich bald zum Interview geladen. „Unglaublich imposant und eindrucksstark, sehr anders als in Europa", stammle ich in die Kamera. Die Szenerie ist wirklich umwerfend. Auf dem Gelände der alten Festung ist die ganze Stadt auf den Beinen und die Einheimischen sind in historische Kostüme geschlüpft. Sogar Ludwig XIV. ist – eine Anspielung auf das ehemalige Französisch-Indochina –weißgeschminkt und mit Langhaarperücke unter

Ein kleiner Ganove mit seinem Diebesgut

Affenfreie Zone am historischen Festival von Lopburi

den Gästen. Gegen Abend erstrahlt die gesamte Anlage im Licht von Fackeln, Lagerfeuern, Laternen und Lampions. Kinder tragen bunte Festtagskleidung und goldenen Kopfschmuck und posen für die stolzen Eltern, die mit ihren Smartphones das Spektakel festhalten. Seifenblasen schweben im bunten Licht beleuchteter Bäume. Affen vollführen Kunststücke und aufwendig geschmückte Elefanten flanieren mit ihren *Mahuts* (Elefantenführer) über das Gelände. Überall entzünden Menschen Räucherstäbchen, deren Geruch schwer in der Luft hängt und uns wie in in einem Märchen aus „Tausendundeine Nacht" fühlen lässt.

Am nächsten Morgen bestehe ich darauf weiterzufahren. Klara rät mir davon ab und mein Gefühl gibt ihr recht. Mein Kopf ist aber stärker und wohl nicht immer der schlaueste. „Die flache Strecke nach Chiang Mai zieht sich wie Kaugummi", murmelt Klara vor sich hin radelnd, „wann kommt endlich wieder mal ein Hügel?" Ich kann es selbst kaum glauben, was ich da höre, aber entweder hat sie die Strapazen Patagoniens verdrängt oder sie ist wirklich unterfordert. Obwohl es landschaftlich tatsächlich nicht so spannend ist, bin *ich* heilfroh, in der Ebene zu radeln.

SAME SAME BUT DIFFERENT

Flo: Ich hangle mich in den nächsten Tagen von Stadt zu Stadt und schleichend wird meine Verfassung besser. Mehr und mehr schaffe ich es, die Zeit hier zu genießen, vor allem am Abend, wenn wir in kleinen Städtchen übernachten, die touristisch nicht wirklich erschlossen und deswegen ruhiger sind.

Besonders die Unterhaltungen mit den Einheimischen sind lustig. Einmal kommen wir in eine Kleinstadt, in der offenbar kaum Weiße (*Farangs*) absteigen, denn innerhalb von fünf Minuten wissen von der Marktfrau bis zum Druckereimitarbeiter alle, dass wir hier sind. Jeder packt seine besten Englischphrasen aus und erhält von der Stadtgemeinschaft dafür begeisterte Blicke. Klara kauft eine süße Nachspeise, die Verkäuferin kramt einen Löffel hervor, schwingt ihn stolz hoch und erklärt feierlich: *„Miss, I have spoon!"* Am nächsten Morgen werden wir von einem zarten Männchen mit einem kräftigen *„Halleluja!"* verabschiedet, nachdem er erfährt, dass wir aus dem „christlichen" Europa kommen.

Wenn verständnismäßig aber mal gar nichts mehr geht, dann hilft nur noch *„same, same!"* – und zwar in allen möglichen oder unmöglichen Situationen. Nachdem wir gefragt werden, welche Religion wir haben, meint ein Thailänder in Bezug auf Buddhismus und Christentum lächelnd: *„Same same but different."* Ist das nicht schön?! Wenn wir nicht wissen, wie wir Essen bestellen sollen, weil niemand unser Englisch, unser eifriges Herumzeigen oder unsere Thailändischversuche versteht, dann reicht ein selbstbewusstes *„same same"* mit einem bestimmten Deuter auf das Essen des Nachbarn (es sei denn, es handelt sich um Eingeweidesuppe, die bevorzugen wir nicht wirklich).

Weiter Richtung Norden kommen wir an unzähligen Reisfeldern, Tempeln, Pagoden und kleinen Örtchen vorbei. Ansonsten ist die Landschaft wenig aufregend und wir strampeln monoton vor uns hin. Immer öfter belohnen wir uns hier mit unserem neuen Lieblingsgetränk: Birdy. Eine gekühlte Dose Kaffee, die es fast in jedem noch so kleinen Laden gibt.

Schön langsam tauchen am Horizont vereinzelte Kalksteinfelsen auf – sie sind schon von Weitem zu sehen, weil sich der Smog nun aufgelöst hat. Nach einer Woche radeln ist endlich wieder der Himmel zu sehen! Die Landschaft wird ein wenig hügeliger und jetzt spüre ich, dass ich bei Weitem noch nicht ganz gesund bin. Ich habe bei den Anstiegen ordentlich zu kämpfen.

HOLT MICH HIER RAUS! 20. Februar 2013

Flo: „Ich kann nicht mehr! Ich bin am Ende meiner Kräfte!", flenne ich Klara an, während ich mein vollbeladenes Rad einen Pass hinaufschiebe. Es ist mit Abstand mein größter psychischer Durchhänger seit Beginn der Reise. Ich verfluche alles und jeden. Gäbe es eine Möglichkeit, ins Flugzeug zu steigen und heimzufliegen – ich würde es tun. Ehrlich! Ich bin so fertig, dass ich nicht mehr rational denken kann. Normalerweise bin ich es gewohnt, am Rad Stärke zu zeigen. Doch die verschleppte Verkühlung, die klimatischen Bedingungen und meine schlechte Laune zeigen mir meine Grenzen auf.

Klara: Flos Krankheit, gepaart mit einem ordentlichen Reisetief, prägt die letzte Woche stark. Kein Scherz, kein Witz, kein schmackhaftes Häppchen, kein Pausentag scheinen zu helfen und mir geht schön langsam die Puste aus. Einerseits tut er mir total leid, aber andererseits ertappe ich mich auch dabei, von Flos schlechter Laune genervt zu sein. Zum Glück ist nach ein paar Tagen das Schlimmste vorbei!

CHIANG MAI, DIE STADT DER TEMPEL

Flo: Angekommen in der historischen Stadt Chiang Mai, erhole ich mich endlich ganz. Obwohl der Ort touristisch überlaufen ist, hat er sich seinen Charme bewahrt. Viele der rund zweihundert buddhistischen Tempel (*Wats*) sind einen Besuch wert. Eine Erkundungstour durch die Altstadt mit ihrer Stadtmauer und dem parallel verlaufenden Wassergraben ist auch für uns ein lohnenswertes Pflichtprogramm. Nicht zu Unrecht wird Chiang Mai die Rose des Nordens genannt. Zusätzlich kann man hier Unmengen an Aktivitäten buchen: Kochkurse, eine Nacht in einem traditionellen Bergdorf, Meditationen, Massagen, Elefantenreiten, Reispflücken, Tigerstreicheln und und und. Wir schlendern aber nur durch die verschlafenen Gassen und schlürfen den herrlich schmeckenden, frisch zubereiteten Eiskaffee der Straßenverkäufer. In einer Seitengasse entdecken wir zufällig den Terracotta-Garten: ein bezauberndes Gärtchen, in dem unzählige feinverzierte Terracotta-Figuren ausgestellt sind. Zur Krönung unseres Besuchs in Chiang Mai bekommen wir – witzigerweise von Görge, einem Ungarn – unsere erste Thaimassage!

Von nun an geht es gen Osten Richtung laotische Grenze. Begleitet von Hitze und den freundlichsten Leuten, denen wir bisher begegnet sind, kommen wir gut voran. Die Gegend hier ist nicht mehr so trocken und kleine Pässe sorgen für Abwechslung. Auch viele Thailänder machen hier Sommerfrische, um den stickigen Städten zu entfliehen. Es ist Wochenende und wir werden ständig von bienenschwarmartigen Mofagruppen überholt. Die Scooter sind auffrisiert, mit Fähnchen, bunten Lämpchen und Stoffen verziert und die jungen Raser tragen Helme mit witzigen Motiven. Die Jugendlichen fahren meistens zu einem der wenigen Nationalparks (oft nicht mehr als ein Bächlein, ein kleines Waldstück und eine Wiesenfläche zum Picknicken) und machen es sich für einen Nachmittag gemütlich.

Endlich sind wir auch in Südostasien im Radreisemodus angekommen. Dabei stellen wir immer wieder von Neuem fest: Als Radreisende sind wir Souverän unserer Zeit! Wir reisen so schnell wir wollen, wohin wir wollen und wie weit wir wollen. Diese Art des Reisens öffnet die Herzen der Menschen und auch unser eigenes jeden Tag aufs Neue. Am Fahrrad sind wir meistens viel offener und kontaktfreudiger. Das liegt sicher auch daran, dass wir aus Orientierungsgründen oft Leute ansprechen müssen und auf das Wissen der Bevölkerung angewiesen sind. Zusätzlich noch ein paar Brocken in der jeweiligen Landessprache – besonders wichtig scheint neben der jeweiligen Begrüßung ein „Danke, das hat köstlich geschmeckt" mit einem anschließenden „Bitte noch eine Portion" zu sein – und wir werden überall freudig aufgenommen. Mit dem Mangel an Campingmöglichkeiten haben wir uns nun auch ganz gut arrangiert. Mittlerweile lieben wir Thailand und die herzliche Bevölkerung! Über Chiang Rai strampeln wir dem mächtigen Mekong Richtung Laos entgegen und wissen jetzt schon, dass uns dieses freundliche Land abgehen wird.

EIN TREFFEN MIT KHONG IN CHIANG KHONG, DER STADT AM MEKONG

Klara: Zehn Tage nach unserem Start in Bangkok erreichen wir spätnachmittags Chiang Khong, ein Grenzdörfchen am Mekong. Die Sonne geht soeben unter, auf der anderen Seite des gemächlich fließenden Flusses liegt Laos. Fischer holen ihre Netze ein, das letzte Mal für heute legt die Grenzfähre auf

Mit einem einfachen Holzboot geht es über den Mekong nach Laos.

der thailändischen Seite an. Während Flo sichtlich das Treiben genießt, muss ich ihn leider um Eile bitten: Die schwüle Hitze hat mir heute etwas zugesetzt, ich brauche dringend eine Dusche und vor allem etwas zu essen.
Tags darauf legen wir einen Pausentag ein. In dem kleinen Dorf sind wir schnell bekannt und bekommen in den Restaurants der Einheimischen, ein paar Meter abseits der Touristenpfade, gern lächelnd Nachschlag serviert. „Farangs können Papayasalat essen? Das gibt's doch nicht! Wie hast du das gemacht?", fragen die Freundinnen unsere lustige Straßenköchin, deren hundsgemein scharfer, aber trotzdem köstlicher Salat aus geriebenen grünen Papayas, Erdnüssen und gemörsertem Krabbenfleisch uns gerade Tränen in die Augen treibt. „Ganz einfach", erklärt diese und ignoriert unsere schmerzverzerrten Gesichter und die tropfenden Nasen: „Ich habe viel weniger Chili genommen, dann geht das!" Wie bitte, der Salat wurde also schon entschärft? Na großartig! Obwohl uns in Chiang Khong bereits viele Leute kennen und alle gern helfen, haben wir noch immer ein Problem: Morgen geht es nach Laos und wir haben keine Karte! Die ließ sich in Bangkok einfach nicht auftreiben. Wie gut, dass sich in diesem Urlaub so vieles wie von selbst löst! Es wird bereits dunkel, wir spazieren in der Stadt herum und sprechen darüber, wie sehr wir es jetzt schon vermissen, in der Öffentlichkeit Händchen halten zu dürfen, von einem kleinen Küsschen ganz zu schweigen, das ist hier näm-

lich verpönt – da sehen wir plötzlich ein geparktes Tourenrad vor dem *Seven-Eleven* (diese kleinen Lädchen der amerikanischen Kette, die allen möglichen Krimskrams führen, gibt es in Thailand wirklich an jeder Ecke). Wir beschließen auf den Besitzer zu warten, um uns möglichst viele Infos für die andere Seite der Grenze zu holen. Keine zwei Minuten später sitzen wir hier in Chiang Khong mit dem passenderweise Khong heißenden thailändischen Radfahrer bei einem Bier im Gastgarten und studieren *unsere* Karte. Khong hat es sich nämlich nicht nehmen lassen, uns seine Straßenkarte zu kopieren. Er kommt soeben von einer kleinen Radtour in Laos zurück. Jetzt lädt er uns auch noch auf das Bier ein und bespricht mit uns die kommenden Tage, während er in einem unglaublichen Tempo zufrieden *Pad Thai*, ein Nudelgericht, in sich hineinschaufelt. Dabei erklärt er, der sage und schreibe ganze drei Tage außerhalb Thailands zugebracht hat: „Endlich wieder ordentliches Essen! Endlich wieder daheim! Nehmt euch ja ordentlich zu essen mit, meine Lieben!" „Da übertreibt er wohl ein bisschen", denken wir und vermuten, dass Khong, ähnlich wie unsere mexikanischen Freunde, so sehr in das Essen seines Landes verliebt ist, dass es ihm schwerfällt, auch nur ein paar Tage ohne dieses auszukommen.

LAOS: FARANG, FARANG, ES RETTE SICH WER KANN!

Klara: „*Sabaidee!*", werden wir von den zarten Stimmchen kleiner Schuljungen begrüßt, die allesamt in weißem Hemd und schwarzer Hose auf dem Weg zur Schule sind. „*Sabaidee!*", grüßen wir verzückt zurück, das heißt, wenn wir gerade genug Puste zum Reden haben, die geht uns nämlich in den Bergen von Nordlaos teilweise aus. Ein Bergrücken reiht sich hier an den anderen. Die Straße windet sich meist über 20 Kilometer steil die mit dichtem Urwald bewucherten Anstiege hinauf, bevor es nach einer kurzen Abfahrt auch schon wieder den nächsten Pass zu bezwingen gilt.
Dieses „*Sabaidee!*" – Guten Tag auf Laotisch – hören wir sicher tausend Mal am Tag. In jedem neuen Dorf, meist einfachste Hüttchen aus Bambus, die wie aufgefädelt entlang der serpentinenartigen Straße liegen, werden wir, die weißen Riesen auf ihren enormen Rädern – im Vergleich zu asiatischen Verhältnissen sind wir wirklich Giganten – sofort als *Farangs* erkannt. Farangs, das sind Weiße, Farangs, das sind wir. Farang ist allerdings schwer auszusprechen, denn unser „r" fällt manchen hier so schwer, wie uns das für nicht

Muttersprachler kaum intonierbare *saep lai lai* – „es hat gut geschmeckt" in der hiesigen Landessprache. Und deshalb heißen wir eigentlich auch *Falangs* und der aufgeklebte Spruch auf Minibussen fragt forsch: „*Are you leady?*"
Farang, das sind die langnasigen, körperbehaarten Menschen mit bleichen Gesichtern, die von den Laoten freudig, aber teilweise mit einer gewissen Ehrfurcht aufgenommen werden. „*Oh, Falang! Sabaidee!*", werden wir in jeder noch so kleinen Siedlung lautstark begrüßt. So lautstark, dass es zu diesem Zeitpunkt selbst zum schwerhörigsten Greis des Bergdorfes vorgedrungen sein dürfte, dass zwei Fremde im Dorf sind. Bis auf ein paar wenige Radfahrer ab und an kommen kaum andere Reisende durch diese Bergdörfer: Viel zu steil winden sich die Hügelstraßen die zerknitterte Berglandschaft hinauf. Viel zu lange und anstrengend wäre die Fahrt per Bus von der Grenzstadt Huay Xai (gegenüber von Chiang Khong am Mekong gelegen) nach Luang Prabang – der Kulturperle Laos', zu der alle hinpilgern. Die meisten bevorzugen daher die zweitägige Bootsfahrt auf dem Mekong. Wir aber entschließen uns – trotz des kürzlich gebrochenen Schalthebels an Flos Rad – für den einwöchigen Umweg im „Goldenen Dreieck" von Laos. Flo hat jetzt zwar nur noch acht Gänge zur Verfügung, aber uns wurde so begeistert von dieser Gegend vorgeschwärmt, dass wir einfach nicht widerstehen konnten. Die Landschaft besteht aus kleineren Hügeln und größeren Bergen. Es gibt kein Tal, sondern nur die von den Chinesen gebauten, sich schlängelnden Straßen durch großflächig abgeholzte Urwälder. Für uns bleiben die unzähligen Berge, mit denen wir in den kommenden zweieinhalb Wochen zu tun haben, namenlos. Sie sind nicht auf unserer Landkarte gekennzeichnet. Sogar größere Ortschaften werden in Reiseführer und Landkarte ganz unterschiedlich benannt. Manchmal ganz schön verwirrend!
Hier kommen wirklich kaum Touristen her, wann immer wir ein neues Dorf erreichen, ist die Aufregung groß: Weinende Babys werden von der Mutter durch ein Deuten auf uns und ein dreifaches „*Falang, Falang, Falang!*" abgelenkt. Manche wiederum beginnen bei unserem Anblick erst so richtig zu plärren (wobei meine Theorie einen gewissen Zusammenhang mit Flos derzeitigem Vollbart herstellt). Einmal versuchen drei Geschwister vor Schreck den sieben Geißlein gleich zu flüchten: Das erste huscht unter eine Plastikplane, das zweite hinter einen Holzstoß und das dritte bricht in Panik aus, weil es die Tür zur schutzbringenden Hütte nicht aufbekommt! Wie im Film! Ein vierjähriges Mädchen ist geistesgegenwärtig und ruft auswendig und ohne

Unterwegs in den Bergen des „Goldenen Dreiecks"

Luft zu holen: *„HellonicetomeetyouloveyouFalang!"* Einmal radeln wir anscheinend lautlos vor uns hin und überraschen dabei ein etwa zwölfjähriges Mädchen, das am Straßenrand spaziert – sie zuckt erschrocken zusammen, als wir sie, einen riesigen Schatten auf sie werfend, überholen – da müssen wir aber doch alle drei lachen. Ein andermal werfen wir in einer Stadt einer Gruppe Jugendlicher den Fußball zurück. Einer der lässigen Jungen ist so cool, dass er, vor Coolness strotzend und gleichzeitig auf uns starrend, gegen eine Straßenlaterne kracht. Sogar manche Hunde laufen winselnd vor uns davon!
Abends sind wir dann aber vom vielen Grüßen derart müde, dass wir teilweise anstelle von *„Sabaidee"* geistesabwesend *„Falang!"* rufen, schließlich hören wir es den ganzen Tag und sind irgendwann nicht mehr ganz bei der Sache.
Khongs Rat, uns die Essensversorgung logistisch gut zu überlegen, war richtig. Am ersten Tag in Laos kommen wir ganz schön ins Schwitzen, weil es in den kargen Dörfern einfach keine Lebensmittel zu kaufen gibt. Das liegt daran, dass besonders die Bergstämme Selbstversorger sind und es einfach kein Geld für mehr als das Lebensnotwendigste gibt. Alles bis auf die Kleidung und ein paar andere Utensilien scheint hier aus Bambus oder ähnlichen Naturmaterialien gemacht zu sein. Ab nun kaufen wir bei jeder noch so kleinen Gelegenheit ein und ernähren uns von in Säcken abgepacktem Klebreis, den

Riam (links) mit seiner gastfreundlichen Familie vor der Kochhütte

wir mit Bananen und Kokosmilch verfeinern. Laos ist eines der ärmsten Länder der Welt, doch trotz der Armut fühlen wir uns hier sehr willkommen und finden die liebevolle Art, mit der Familien hier miteinander umgehen, so toll, dass dieses Land zu einer unserer Lieblingsregionen der Reise wird.

Jetzt befinden wir uns in dem zerklüfteten, bewaldeten „Goldenen Dreieck" zwischen Laos, Thailand und Myanmar, das als Opiumanbaugebiet bekannt wurde. Obwohl Maßnahmen zur Armutsbekämpfung und zur Abschaffung des Schlafmohnanbaus gesetzt werden, sehen wir viele Frauen und Männer, die opiumpfeifenrauchend, mit einem zu einem Rucksack umgenähten Zementsäckchen auf versteckten Waldpfaden verschwinden, um in diesem Nirgendwo ihre Arbeit zu verrichten. Offensichtlich haben diese Leute nicht sonderlich viel vom Handel mit dem Suchtmittel, denn mit einer derartigen Armut wie jener der Bergvölker hier waren wir auf dieser Reise bisher noch nie konfrontiert. Flo wird eines Abends im Dorf von einer buntgeschmückten *Akha*-Frau angesprochen, ob sie ihm etwas Opium verkaufen könne – die beiden einigen sich sogar auf einen Deal. Allerdings kauft Flo statt den Drogen ein Armband für meine kleine Nichte Hannah.

In einer der ersten Nächte im „Goldenen Dreieck" müssen wir ein Dschungelcamp mitten im Urwald aufschlagen. Weit und breit gibt es keinen Ort mit

Quartier und obwohl wir uns in den meisten Dörfern freudig aufgenommen fühlen, gelangen wir an diesem Tag spätnachmittags nur noch in Siedlungen, in denen wir das Gefühl haben, nicht sonderlich willkommen zu sein, oder, besser gesagt, die Leute bei etwas zu stören, dass sie gern verheimlichen würden. Wir schlagen unser Zelt fast direkt neben der Straße im Dschungel auf, um nicht zu viel von der Arbeit in den unwegsamen Hängen mitzubekommen. Wahrscheinlich bilden wir uns alles nur ein, aber sicher ist sicher! Schon am anderen Morgen ist der Spuk vorbei und wir fühlen uns wieder pudelwohl in Laos.

DAS BLÜHENDE LEBEN

Flo: Die kommenden Tage fahren wir nie enden wollende Anstiege, lassen uns von chinesischen Holztrucks überholen, die mit gefällten Urwaldriesen beladen sind, flitzen vorbei an im Fluss badenden, nackten Kindern, an singenden Schulmädchen in buntbestickten *Sarongs* (Wickelröcken), an Kindern, die nicht zur Schule gehen können, sondern mit Machete oder Armbrust bewaffnet auf Jagd gehen müssen und uns dann stolz ihre Beute zeigen: fünf Buschratten, zwei Eichhörnchen oder ein paar Singvögel! Ein wertvoller Beitrag auf dem Speiseplan, wie uns nach einer Übernachtung bei den Bergvölkern später bewusst wird.

Wir sehen Omas, die Reis reinigen, und schwer arbeitende Familien auf kleinen Kürbisfeldern. Jeder hat hier seine Aufgabe zu erfüllen, schon Kleinkinder tragen ihre noch kleineren Geschwister auf dem Rücken und Vierjährige schneiden, mit scharfen Messern ausgestattet, routiniert Zuckerrohr in handliche Stäbe zum Knabbern – nichts da mit stumpfen Kindermessern zum Apfelschneiden für die Kinderjause. Ganze Dörfer leben von der Besenproduktion. Die praktischen Besen werden aufwendig aus einer buschartigen Graspflanze hergestellt. Entlang der Straße stehen Jung und Alt und schlagen die Samen vom Gras, um die trockenen Halme später zu Besen binden zu können. Es ist ein respektvolles Miteinander. Das Auffälligste aber: Das Leben blüht hier nur so! Und wir meinen damit das junge Leben. In den Siedlungen wimmelt es nur so von Babys, Hundewelpen, Küken oder neugeborenen Hängebauchschweinen. Wird nicht gerade gearbeitet, dann sitzt man hier zusammen oder schläft – selbst die Hundebabys sind dann plötzlich still und verziehen sich unter die auf Stelzen gebauten Hütten. *Lao-Time* nennt man das: Alles geht hier etwas langsamer vonstatten. Bestellt man gleichzeitig zweimal Gemüsereis, passiert es nicht selten, dass diese nacheinander zubereitet werden. Die ersten paar Tage sind wir noch etwas perplex und manchmal, wenn der Hunger schon groß ist, auch leicht genervt, doch bald stellen wir uns auf das Tempo ein und sind bald mindestens so langsam wie die Einheimischen in unserem Tun.

Während aber alle anderen häufig ein Nickerchen machen, haben wir in Nordlaos so unsere Probleme mit dem Schlafen, denn Übernachtungsmöglichkeiten sind rar. Deshalb fahren wir mehrere Tage hintereinander 130 Kilometer, obwohl wir uns bei dem Terrain schon nach ungefähr 80 Kilometern k. o. fühlen.

Einmal kommen wir, kurz vor der Provinzhauptstadt Udomxai, ganz schön ins Schwitzen, als die Dunkelheit hereinbricht und wir noch immer nicht in der Stadt sind. Weit und breit keine Campiermöglichkeit! Kurz bevor die Sonne ganz im Dschungel verschwindet, flackern plötzlich überall kleine Feuer auf – Strom ist hier Mangelware, gekocht wird, selbst in den Städten, meist noch auf offenem Feuer. Endlich erreichen wir die Stadt. Mittlerweile ist es stockdunkel und gerade gibt es auch noch einen Stromausfall. Kaum gehen die Lichter wieder an, sehen wir, dass diese Stadt eher einer chinesischen als einer laotischen Stadt gleicht. Die Chinesen bringen derzeit zwar einerseits die so dringend benötigte Infrastruktur, andererseits nehmen sie sich aber alle Rohstoffe, die sie für ihre schnell wachsende Wirtschaftsmacht brauchen. Korrupte Politiker unterstützen sie dabei. Udomxai ist daher – bis auf das beste Ananas-Erdnuss-Curry, das wir jemals gegessen haben – eher eine Enttäuschung.

BEI DEN HMONG

Klara: Tags darauf – uns sitzen die letzten bergigen Tage ordentlich in den Knochen – schaffen wir dann tatsächlich nur 60 Kilometer. Es geht 20 Kilometer steil bergauf, kurz bergab und dann wieder 20 Kilometer steil bergauf. So geht es dahin und wir sind mit unseren Kräften am Ende. Wir fahren durch das Gebiet der *Hmong*, ein Bergvolk, das lange sehr abgeschieden lebte und von anderen Volksgruppen Laos' teils benachteiligt wird. Hmong haben einen animistischen Glauben, tragen zu Festtagen buntgeschmückte Kleidung und leben oft noch stolz ihre Traditionen. Ihre Stigmatisierung stammt teilweise auch daher, dass Tausende Hmong im Vietnamkrieg, der sich auch nach Laos ausbreitete, für Geld auf Seiten der USA kämpften.

Das Wetter ist trüb, schwere Nebelschwaden hängen in den Bergen. Die Straße hat sich drei Kilometer nach Udomxai in eine holprige Schotterpiste mit Schlaglöchern verwandelt. Gegen vier Uhr nachmittags beginnt es in Strömen zu regnen und es wird sofort unangenehm kühl. „In einer Stunde wird es dunkel und schon jetzt ist es mit dem Nebel auf der Straße gefährlich, noch weiterzufahren", stellt Florian richtig fest, denn weiter als zwei Meter reicht die Sicht nicht. Das macht den Lkw-Fahrern, die mit einem Zunder durch die Siedlungen brausen, aber offensichtlich wenig aus. Unter dem Palmendach eines kleinen Lädchens versuchen wir das Schlimmste abzuwarten. Bis zur nächsten Stadt schaffen wir es sicher nicht mehr. Eine Idee muss her, bloß welche?

Eine halbe Stunde später sitzen wir – mangels Alternativen – wieder auf den Rädern und halten Ausschau nach einem Zeltplatz. Doch entweder reiht sich ein Dorf an das nächste, oder aber der Urwald hat das Land in Besitz genommen. In Anbetracht des rötlich-rutschigen Schlamms, der einzigen freien Fläche gleich neben der Straße, sind wir sowieso nicht besonders heiß aufs Campen. „Na, das kann ja heute heiter werden", denken wir uns und sehen unser Zelt schon inmitten einer Pfütze aus Matsch, während wir an ein paar einfachen Häusern vorbeiradeln. Wie so oft nimmt das Ganze aber eine andere Wendung: Riam, der älteste Sohn des Dorfvorstehers, winkt uns heran und erklärt: „Bei dem Nebel solltet ihr nicht mehr weiterfahren! Wir können nicht viel bieten, aber wenn ihr möchtet, seid ihr herzlich bei uns eingeladen!" Keine zwei Minuten später sitzen wir, umzingelt von den jüngeren Geschwistern Riams, rund um das Feuer auf dem Lehmboden der Kochhütte. Die Familie hatte schon mehrfach Radfahrer bei sich zu Gast – die Neugier oder der Schrecken halten sich also zum Glück in Grenzen. Riam spricht die Sprache seines Volkes, der Hmong, die Sprache eines zweiten Bergvolkes, natürlich Laotisch und auch ein bisschen Englisch. Er übersetzt für andere Familienmitglieder. Besonders sein Vater ist gebildet und fragt uns interessiert über alle möglichen Belange des täglichen Lebens in Europa aus. Schnell stellt sich heraus, dass Riams Familie, obwohl vergleichsweise eine der wohlhabenderen des Dorfes, nichts anderes als losen Reis mit etwas Salz zu essen hat. Und zwar morgens, mittags und abends. Der Reis reicht nicht mal, um alle ordentlich satt zu machen. Ab und zu gibt es auch noch ein Päckchen Fer-

In den kleinen Bergdörfern müssen viele Menschen mit dem Nötigsten auskommen.

tignudelsuppe. Diese Ernährungssituation und auch die Krankheit von Riams Mutter, die mit den richtigen Medikamenten wahrscheinlich leicht behandelbar wäre, bedrücken uns. Als wir auf die Toilette müssen, stellt sich heraus, dass es dazu keine eigene Vorrichtung gibt. Die Dorfbewohner suchen sich dazu ein Plätzchen im Wald. Andererseits gibt es aber eine Gemeinschaftsdusche, wo sich Erwachsene und Kinder ausgiebig waschen können.
Wir sind begeistert vom Zusammenhalt der Familie, dem Lernwillen der Kinder und der Gastfreundlichkeit. Schon gegen acht schlafen wir nach einem aufregenden Tag ein und verabschieden uns tags darauf mit einer kleinen Geldgabe. Riams Vater ist schon mit dem Moped unterwegs und kommt uns später am Vormittag, lautlos einen Hügel herabflitzend, entgegen. Ein Liter Benzin kostet so viel wie bei uns, also wird bergab kurzerhand der Motor abgestellt, um Sprit zu sparen.
Keine zwei Tage später erholen wir uns ausgiebig in der Touristenmetropole Luang Prabang. Diese kulturreiche Stadt am Mekong bietet alles, was das Herz begehrt. Wir trinken Kaffee, begutachten Tempel, organisieren uns ein vietnamesisches Visum und Flo schafft es sogar, an einem der freien Tage um halb sechs Uhr morgens aufzustehen, um der Almosenzeremonie der Mönche beizuwohnen. Sehr löblich, denke ich und schlafe nochmals eine Runde.

MÖNCHSSPEISUNG IN LUANG PRABANG
06. März 2013

Flo: Schon lange vor Sonnenaufgang haben sich viele Buddhisten am Straßenrand der Hauptstraße Thanon Sisavangvong positioniert. Aufrecht kniend halten sie in geflochtenen Körben Almosen für die Mönche bereit: meist gekochter Reis und Obst.

Hunderte Mönche brechen mit Sonnenaufgang zur Almosenrunde durch die Stadt auf. Ihre orangen Gewänder leuchten schon von Weitem. Vorneweg marschieren die Älteren, dahinter die Novizen. Sie haben große, blecherne Schalen umgehängt und nehmen dankend die Spenden entgegen. Nicht nur Einheimische teilen Almosen aus – Buddhisten aus der ganzen Welt reisen an, um Teil der Mönchsprozession zu sein. Sie begrüßen die Mönche mit über der Brust zusammengefalteten Händen und geben jedem etwas ab. Dafür erhalten sie den Dank Buddhas und wähnen ihr Karma positiv gestärkt. Viele ausländische Buddhisten, die der Prozession beiwohnen, sind gerührt, liegen sich weinend in den Armen und wischen sich gegenseitig die Tränen von den Wangen. Neben den Gläubigen sind auch viele Zuseher wie ich dabei und verfolgen neugierig das Geschehen. *Tak Bat*, wie die Mönchsprozession in Laos genannt wird, ist für die Mönche aber alles andere als ein Touristenspektakel. Sie sind auf die täglichen Gaben der Bevölkerung angewiesen, haben sie doch keine andere Essensquelle als dieses Ritual.

Nach einer halben Stunde ist das Spektakel auch schon wieder vorbei und genauso schnell wie die Schar an Mönchen aufgetaucht ist, verschwindet sie auch wieder in ihren Tempeln, um die morgendlichen Gaben zu verzehren. Mit gemischten Gefühlen spaziere ich zurück zu unserer Unterkunft. Zum einen ist es eindrucksvoll, das Geschehen aus nächster Nähe miterleben zu dürfen. Zum anderen habe ich ein schlechtes Gewissen, da sich die Gläubigen womöglich durch die vielen Touristen gestört fühlen.

ZWEI FREUNDE AUF DEM TANDEM

Klara: „Leider, wir müssen euch vorwarnen", erklärt uns ein französisches Pärchen, das uns am frühen Nachmittag per Fahrrad entgegenkommt, „aber die Unterkunft, die euch heute erwartet, ist die übelste Absteige, in der wir jemals schlafen mussten!" Wir haben soeben einen weiteren namenlosen

Tägliches Ritual: die Mönchsspeisung von Luang Prabang

Pass im endlos erscheinenden Gebirge erklommen und sind zu viert unterwegs: die *Tandemturners*, ein britisches Paar, das ebenfalls auf Hochzeitsreise ist und dabei gleich noch den Weltrekord der längsten Tandemtour der Welt knacken möchte, ist uns heute Früh begegnet. Wir verstanden uns auf Anhieb und waren froh, gemeinsam den Vormittag zu verbringen. Steve und Kat Turner, so heißen die beiden, sehen es ähnlich überheblich wie wir: Nach mehreren Monaten auf Reise, bei weiß Gott nicht immer fürstlichen Unterkünften, kann uns wohl nichts mehr so schnell schockieren! Doch die Franzosen hatten recht: Nachdem wir abends in der einzigen Siedlung weit und breit – ein heruntergekommenes Dorf an der Kuppe eines Passes gelegen – ankommen und die zwei einzigen Hotels inspizieren, sehen wir es ein. Wir beziehen das billigere, denn beide sind in schlechtem Zustand, also kann ohne Einbußen noch an der Sparschraube gedreht werden. Was wollen wir uns bei mickrigen zwei Euro pro Person auch schon groß beschweren. Durchgelegene Betten, ungewaschene Bezüge in Knallfarben, unfreundliche Eigentümer, Blutegel (!) in den Wasserbehältern zum Waschen und das Beste: die an die besudelte Wand gepinnten Hotelregeln „Regel Nr. 5: Es ist nicht erlaubt, in diesem Zimmer einen Sexfilm zu drehen." Na super! Und was machen wir jetzt? Auch Kat und Steve beschweren sich beim Essen darüber:

„Endlich mal eine Honeymoon-Suite und dann dürfen wir kein Filmchen drehen", meinen sie lachend. Wir verstehen uns prächtig, und Flo und ich haben zum ersten Mal seit Patagonien das Gefühl, mit Tourenradlern wieder so ganz auf einer Wellenlänge zu sein. Wir plappern und witzeln, was das Zeug hält, und lenken uns damit vorsorglich vom gummiartigen Huhn ab, das in der Vitrine unseres Restaurants vor sich hinaltert. „Vegetarisch, bitte!", erklären wir vierstimmig. Was aber anscheinend auch nicht viel hilft: Als Draufgabe erbricht sich Flo nach einer Nacht voller Magenkrämpfe in die ekeligste Toilette, die uns jemals unterkam.

Nachdem Kat, Steve und ich gefrühstückt haben – Flo lässt das Frühstück wohlweislich aus und tut sicher gut daran –, verabschieden wir uns von den beiden. Wir radeln zwar in die gleiche Richtung, aber mit unterschiedlichem Tempo. Steve erklärte mit Blick auf seine detailliertere Karte am Vorabend noch aufmunternd: „Die gröbsten Anstiege sind ab hier vorbei. Höhenmäßig geht es nun eher bergab!", sodass wir vergnügt starten und die Abfahrt direkt vom Hotel weg genießen! Doch Steves Prognose liegt etwas falsch: Kaum am Fuße des steilen Abhangs angekommen, windet sich die schmale Straße einen Pass nach dem nächsten hinauf. Wir trauen manchmal unseren Augen kaum, wenn wir in den Tiefen des Dschungels den weiteren Verlauf unserer Route suchen und irgendwo weit oben einen Lkw den Hang hinauftuckern sehen. „Da müssen wir rauf?", fragen wir uns jedes Mal wieder ungläubig, machen eine kurze Pause und essen ein paar Happen von unserem Klebreis. Einen Berg später rollen wir an einem unscheinbaren Bambushüttchen vorbei und zucken überrascht zusammen: Ein Karaoke singender Mann hat uns aus den Augenwinkeln entdeckt, beendet spontan seinen eher falsch klingenden Singsang und brüllt geistesgegenwärtig ein stolzes *„Hello!"* ins hallende Mikro. Lachend grüßen wir zurück! Bei einer kurzen Colapause dann der Beweis, dass wir Farangs für die laotischen Verhältnisse eindeutig zu groß gebaut sind: Nur bückend gelangen wir unter die palmenbedeckte Veranda des kleinen Shops und setzen uns auf, für unsere Verhältnisse, kindergeburtstagsgroße Plastikstühlchen. Als wir uns wieder auf den Weg zu unseren Fahrrädern machen wollen, nehme ich als Draufgabe mit meinem Helm gleich noch die Getränkereklame vom Dach des Ladens mit. Die Eigentümerin nimmt es zum Glück gelassen, ich könne ja schließlich nichts dafür, so riesig zu sein! Bei mir ist heute körperlich etwas der Ofen aus und Florian, der noch von der Nacht geschwächt ist, geht es ähnlich. 50 Kilometer später kommen wir gegen Mittag nach Phou Khoun, einem Durchzugsort an einer Kreuzung. Der Ort ist schäbig, staubig und irgendwie trostlos. Ein verwahrlostes Geschwisterpaar läuft bettelnd auf uns zu, auf dem Markt werden – neben der Standard-Nudelsuppe, die neben Reis mittlerweile unser Hauptnahrungsmittel darstellt und trotzdem jedes Mal wieder köstlich schmeckt – gegrillte Kleinnager angeboten. Wir bleiben bei der Suppe. Unentschlossen spazieren wir durch die Stadt und haben beide den gleichen Gedanken: Wir könnten doch einfach für heute Schluss machen, auf Kat und Steve warten und, falls sie das auch möchten, mit ihnen einen gemütlichen Nachmittag verbringen. Also suchen wir uns die sauberste Unterkunft der Stadt und beobachten von unserem kleinen Balkon aus die Kreuzung.

Zwei Stunden später trudelt das leicht zerzauste Tandempaar ein: „Steve, warum hast du gelogen?! Es ging gar nicht bergab, es war die reinste Katastrophe!", heult Kathryn aufgelöst. Natürlich ist sie nicht wirklich böse, sie ist bloß völlig fertig. Ich kann sie spätestens einen Tag später sehr gut verstehen, geht es mir doch in diesem Gelände nicht unähnlich! Die beiden freuen sich über den Vorschlag, den Nachmittag gemeinsam zu verbringen. Kaum sind die beiden geduscht und haben etwas im Magen, ist die Stimmung gut. Wir werfen zur Feier des Tages unseren Kocher an und machen frischen Espresso für alle, während Steve und Kat uns von ihrer Hochzeit, ihrem Weltrekordversuch und ihren bisherigen Reiseerlebnissen erzählen. „Wisst ihr, ich kann eigentlich nicht wirklich Rad fahren", gesteht uns die liebenswürdige Kathryn lachend. Sie habe erst mit siebzehn gelernt, sich auf dem Rad zu halten. Trotzdem wollten die beiden gern eine Weltreise per Fahrrad machen. „Ist doch logisch, oder?", fragt Steve schelmisch. Flo und ich finden die Geschichten der beiden, ihre Ausdauer und ihren Humor herrlich und genießen die Zeit mit ihnen. Wehmütig verabschieden wir uns tags darauf an der Kreuzung von Phou Khoun: Die Tandemturners fahren weiter in den flachen Süden von Laos, für uns geht es gen Osten Richtung Vietnam.

MIT UPS AND DOWNS RICHTUNG VIETNAM

Flo: Dichter Nebel hängt seit heute Morgen über der Landschaft. Die Spinnennetze haben schwere Tautropfen zu tragen und kein Sonnenstrahl schafft es durch die Nebeldecke, um die feuchte Wiese aufzutrocknen. Von den vereinzelt stehenden Nadelbäumen fallen satte Tropfen zu Boden. Auch wir

Gelächter und Gejohle: Die Kinder haben beim Bambustransport sichtlich Spaß.

werden klitschnass, obwohl kein Niederschlag fällt. Neben uns paddelt ein Mädchen in einem Einbaum einen See entlang und grüßt uns freundlich zurück, als wir ihr das obligatorische „*Sabaidee*!" zurufen. Die Szenerie in diesem Hochtal erinnert uns an die Taiga. Doch wir befinden uns in der „Ebene der Steinkrüge". Nach einigen Kilometern weicht die Almlandschaft jedoch der Zivilisation. Wir gelangen in die Stadt Phonsavan und zu eben jener Stätte, die der Hochebene ihren Namen gibt. An verschiedenen Stellen befinden sich rund 250 Steinkrüge. Die bis zu drei Meter hohen Gefäße sind etwa zweitausend Jahre alt. Über den Sinn und Zweck dieser Krüge wissen die Archäologen jedoch nicht viel, vermuten aber, dass sie als Begräbnisurnen dienten.

Nach dem relativ flachen Hochtal stoßen wir wieder auf vertrautes Terrain. Laos offenbart sich einmal mehr als ein zerknülltes Stück Zeitung, das aus unzähligen Falten besteht. Täler im eigentlichen Sinn gibt es nicht, es sind überall nur Bergrücken zu sehen. Anfangs freuen wir uns noch, entlang eines Flusses zu radeln, weil es demnach normalerweise relativ flach dahingehen müsste. Doch die Flüsse hier verschwinden spurlos im Karst und wir finden

Kurz vor Sonnenuntergang rollen wir den letzten Hügel Richtung Sam Neua hinunter.

uns am Fuße des nächsten Berges wieder. Nordlaos ist an Bergwertungen wohl nicht zu toppen.

Nach einem anstrengenden Tag kommen wir spätnachmittags in ein größeres Dorf. Es liegt idyllisch am Fluss und die Stimmung ist gut. Wir essen eine doppelte Portion Nudelsuppe und beschließen, hier zu bleiben. Nach der Besichtigung der einzigen Unterkunft ist schnell klar, dass wir uns einen Zeltplatz suchen werden. Sie ist zwar nicht teuer, unterschreitet aber eindeutig unsere hygienische Hemmschwelle. Wir bevorzugen heute den Schlafsack. Unterschlupf finden wir im nahen Wat. „Dürfen wir unser Zelt auf der Wiese vor eurem Kloster aufschlagen?", frage ich einen Mönch mit theaterreifer Mimik und Gestik. Der Mönch besteht sogar darauf, dass wir unterm Dach des Tempels zelten! Die Klosteranlage besteht aus nur einer einfachen Holzhütte, in der drei junge Mönche wohnen, und dem kleinen Tempel. Der staubige Vorplatz fungiert als sozialer Treffpunkt, wo sich die Dorfjugend vorwiegend zum Volleyballspielen trifft. Doch heute sind wir die Attraktion des Tages: Wenige Minuten, nachdem wir unser Zelt aufgestellt haben, gesellt sich eine Schar Kinder zu uns. Klara übt mit ihnen Englisch und lernt im Gegenzug auf Laotisch zu zählen. Bei Einbruch der Dämmerung laufen alle schnell nach Hause. Zwei etwa vierjährige Zwillinge in rot-weiß-geringelten T-Shirts werden von ihrem Vater mit dem Moped abgeholt. Ein kurzes Hupen und ein Taps auf die freie Sitzfläche genügt – schwups – schon hüpfen sie beinahe synchron vor, steigen hinter ihm auf das Vehikel und los geht die Fahrt. Die Älteren erkundigen sich höflich, ob sie nach dem Abendessen noch mit ihren Schulsachen vorbeikommen dürfen, um ihr Englisch zu trainieren. Viele Kinder hier stecken voller Fleiß und arbeiten hart daran, durch Bildung ihre Lebensumstände zu verbessern. Nachdem auch wir Abendessen gekocht haben, kommen sie wirklich wieder angelaufen. Neugierig aufeinander erzählen wir von unseren Kulturen und Ländern. Irgendwann lehne ich mich zurück und gähne ungeniert. „Oh, Sie brauchen nun sicherlich Ruhe! Danke für die Konversation und viel Glück für Ihre Reise. Auf Wiedersehen und gute Nacht!", sagt einer der Burschen höflich. Wir verabschieden uns und Klara und ich sind baff angesichts ihres Lerneifers und ihrer Zuvorkommenheit.

Unterwegs kommen wir an vielen verschlafenen Bergdörfern vorbei und machen oft Rast. „Das ist immerhin ein klitzekleiner Beitrag, etwas Geld in die Region zu bringen", stellt Klara fest, wenn wir in den Dorfladen Cola zu westlichen Preisen kaufen. Für viele der Kinder, die uns während der Pausen beobachten, ist Cola ein wahres Luxusgetränk. Sie rangeln sogar miteinander um unsere leeren Dosen, um noch ein paar Tropfen abzubekommen. Am liebsten würden wir ihnen allen eine Dose kaufen oder etwas anderes geben, doch wir wissen, dass dieses Verhalten von Touristen auf lange Sicht entwürdigend ist und anstatt zur wirtschaftlichen Entwicklung zu Bettelei und Abhängigkeit führen kann. Stattdessen kaufen wir so oft es geht in kleineren Ortschaften, statt in wohlhabenderen Städten ein, um so viel Geld als möglich in den Dörfern zu lassen.

Die Etappe in die Provinzhauptstadt Sam Neua wird die bergigste überhaupt. Wir brauchen fast zwölf Stunden für die 110 Kilometer. Mit den letzten Sonnenstrahlen ziehen wir den finalen Bergrücken hinunter in die chinesisch geprägte Stadt. Uns kommt es so vor, als ob weite Teile Laos' bewusst von den Chinesen unterwandert werden. Ein amerikanischer Entwicklungshelfer meinte sogar: „Laos entwickelt sich zu einem zweiten Tibet. Nur dass das Land nicht mit Waffen, sondern mit Geld und Investitionen gefügig gemacht wird!" Auch für uns ist der starke chinesische Einfluss unübersehbar. Einerseits braucht die Wirtschaft Impulse von außen, andererseits versickert viel Geld in der Korruption und wertvolle natürliche Ressourcen werden verhökert. Laos hat ein weiteres schwerwiegendes Problem: Im gesamten Land liegen noch scharfe Fliegerbomben aus der Zeit des Vietnamkriegs in den Feldern verborgen. Immer wieder kommt es zu schweren Unfällen, wenn Bauern mit ihren Pflügen die Felder bestellen oder Erdbewegungen vorgenommen werden. Viele Einheimische machen das Beste aus den Relikten und nützen die Bombenhülsen als Blumentöpfe, Sitzbänke und Glocken. Manche verwenden sie sogar als Gartenzaun, indem sie die Hülsen wie Pfähle aneinanderreihen. Andere finden sogar für scharfe Bomben Verwendung: „Wenn wir eine scharfe Bombe finden, zünden wir sie im Fluss zum Fischen!", erklärt uns ein Soldat der Streitkräfte.

Wie sehr die Bevölkerung durch diese zerstörerischen Waffen terrorisiert wird, wird uns in Vieng Xay vor Augen geführt: „Während die Welt auf Vietnam fokussiert war, hat die Weltbevölkerung vergessen, dass Vieng Xay ein Schlüsselziel der US Airforce war", steht auf einem der Infoschilder, die wir während unserer Tour durch die riesigen Höhlen von Vieng Xay lesen. Nach dem Zweiten Weltkrieg wollten die USA keine kommunistischen Regime mehr akzeptieren. Darum wurde auch Laos im Zuge des Vietnamkriegs Ziel von US-Angriffen. Denn zum einen führte der Ho-Chi-Minh-Pfad über laotisches Gebiet, zum anderen formierte sich in Laos eine neue kommunistische Bewegung. In den Höhlen von Vieng Xay versteckten sich neun Jahre lang die Führung der kommunistischen Partei *Pathet Lao*, Soldaten und Zivilisten. Neben dem Politbüro gab es in der Unterwelt Schulen, Schneidereien, Druckereien, Krankenhäuser, Wohnanlagen, Theaterbühnen und Waffenlager. Gearbeitet wurde auf den umliegenden Feldern nur nachts und in schwarzer Kleidung, um den Luftangriffen der Amerikaner zu entgehen. Während dieser neun Jahre warfen die Amerikaner über der Region von Vieng Xay mehr Bomben ab, als im gesamten Zweiten Weltkrieg über Europa niedergingen – über zwei Millionen Tonnen. Für jede damals hier lebende Person rund zwei Tonnen Munition! Obwohl das Leben in den Höhlen karg und entbehrungsreich war, boten sie guten Schutz, sodass in all den Jahren *„nur"* rund 200 Personen durch Luftschläge ums Leben kamen. Der Audioguide, der uns heute durch diese Höhlen führt, klingt sehr patriotisch und nach kommunistischer Propaganda. Dennoch bekommen wir einen guten Überblick über die Geschichte Laos', die im Westen weitgehend unbekannt ist.

Ein Ergebnis der amerikanischen Kriegsführung war, dass die Kommunisten starken Zulauf bekamen, da ein kollektives Zusammengehörigkeitsgefühl gegen den Feind entstand. Zwei Jahre nach Ende des Krieges hatte *Pathet Lao* die Kontrolle über das ganze Land, die bis zum heutigen Tag besteht und aufrechterhalten wird.

Nachdenklich radeln wir weiter in Richtung Vietnam zum Grenzübergang Na Meo. Hart arbeitende Männer und Frauen kreuzen schon frühmorgens unsere Wege. Bereits kurz nach Sonnenaufgang sind sie auf den Feldern, um sie mit Hacken und Spaten zu bestellen. Dabei kommen mir wieder die Worte des Guides unserer Höhlentour in den Sinn: „Die Menschen waren auf den Feldern und arbeiteten fleißig. Auf einmal verdunkelten herannahende Flugzeuge den Himmel und bombardierten die Leute. Sie wussten nicht, warum sie beschossen wurden und von wem."

VIETNAM: AUGEN ZU UND DURCH!

Klara: Vietnam, das ist anfangs ein kleiner Schock! Wir hatten wohl ein zu romantisches Bild in unseren Köpfen. Falsch gedacht: Die ersten Dörfer nach der Grenze sind heruntergekommen, die Straßen voller Müll und Wasserbüffelmist, der sich im Regen auflöst und durch unsere Reifen in alle Richtungen katapultiert wird. Das Schlimmste ist aber der Verkehr! Zuerst müssen wir zwei bambusschneidende Jugendliche fragen, ob hier nun Links- oder Rechtsverkehr herrscht, denn wir haben uns peinlicherweise vorher nicht ausreichend informiert! Zu unserer Verteidigung darf ich vorbringen, dass die Regeln absolut nicht erkennbar sind. Alle Verkehrsteilnehmer – egal ob Moped- oder Radfahrer, komplett irre dahinrasende Busfahrer, betelnusskauende Fußgänger mit Kegelhut auf dem Kopf und riesiger Traglast auf dem Rücken, Wasserbüffel oder verschreckte Hunde sind in alle mögliche Himmelsrichtungen unterwegs! Es lässt sich visuell nicht feststellen, ob wir uns nun mit unseren Fahrrädern auf der einen oder der anderen Seite einordnen sollen. Der Sehsinn ist überhaupt der falsche Sinn, um in diesem Verkehr zu überleben: Hier fährt man nach Gehör! Es wird gehupt, was die Tröte hergibt. In unserem Leben haben wir noch nie so viele unterschiedliche Signaltöne und vor allem so laute Hupen gehört! Ansteigende Sirenenlaute, Polizeihörner à la US-Cops, kurze schrille Hupen – alles ist dabei! Selbst die echte Polizei fährt wie der Teufel und lärmt, was das Zeug hält.

Der Verkehr ist also unserem Verständnis nach komplett außer Kontrolle. Wenn man gerade nicht hupt, überholt man auf Bodycheck und fährt, wohin auch immer man will. Einmal fährt uns ein Scooter an und ich falle hin – der Lenker düst weiter und die Menge scheint diesen Zwischenfall eher lustig zu finden. Ein andermal fahren zwei Jungs auf einem Moped ganz nahe neben mir und wollen mich mit einer ziemlich langen Schlange in der Hand erschrecken. Sie fuchteln damit vor meiner Nase herum. Da wir gerade auf einer Brücke fahren und neben mir das Geländer ist, kann ich nicht mal ausweichen. Dann auch noch die Schlaglöcher – Radfahren in Vietnam, das ist Stress pur und wir fluchen gewaltig. Allerdings wird das Fluchen (zum Glück) oft auch als Gruß empfunden. Schließlich fährt hier jeder so und das Fahrverhalten ist nicht als persönliche Aggression gemeint. Auf einen eindeutigen Scheibenwischer unsererseits (also mit der Hand vor unserer Stirn wischend), folgt ein nettes Hupen und ein freundlicher Gruß aus dem Auto: *„Hello, where you go?"* Mimik und Gestik sind erstmals auf unserer Reise so anders als gewohnt, dass selbst Zeichensprache nicht mehr richtig zu funktionieren scheint. Ja und Nein – also Nicken oder Kopfschütteln haben teils die umgekehrte Bedeutung. Selbst die wichtigsten Grundbegriffe lassen sich für uns schwer aussprechen – die an sich schon komplizierten wichtigsten Wörter müssen auch noch die richtige Tonhöhe haben, um nicht etwas komplett anderes zu bedeuten als das, was wir sagen möchten. Nordvietnam ist in jeder Hinsicht spannend und exotisch.

Wir fahren vorbei an den typischen Karstformationen, die sich aus unglaublich grünen Reisfeldern erheben, auf denen Bauern unter anstrengenden Bedingungen arbeiten. Wir sehen riesige Wasserräder aus Holz, wahre Kunstwerke, die aus breiten Flüssen Wasser in die terrassenförmig angelegten Reisfelder transportieren. Der Anblick von badenden Kindern, die sich genüsslich an einem Bambusfloss festhalten und den Fluss hinuntertreiben lassen, lachende ältere Damen, freundlich grüßende Mopedfahrer und der beste Kaffee der Welt versüßen uns die aufgrund des chaotischen Verkehrs ansonsten teils stressigen Fahrtage. Vietnam, das merken wir rasch, bräuchte eine intensivere Auseinandersetzung und einen längeren Aufenthalt, um die Menschen und ihre Kultur besser verstehen zu können. Per Fahrrad wollen wir uns das aber nicht antun, der Verkehr ist einfach lebensgefährlich – zu oft können wir nur knapp ausweichen, wenn uns mal wieder ein Busfahrer um Haaresbreite beim Überholen verfehlt.

IN EINER ANDEREN WELT
16. März 2013

Klara: Die Stadteinfahrt von Hanoi haben wir nur mit viel Red Bull, Fluchen und Scherzen überlebt. Hanoi selbst ist dafür die exotischste Stadt, in der wir jemals waren! In engen Gässchen reiht sich ein kleiner Handwerksladen an den nächsten. Zwischen Stempelschnitzern, Papierschöpfern und Schneiderläden preisen Frauen mit konischen Hüten ihre Ware an, die sie in hängenden Schalen mit einem auf ihren Schultern liegenden Stock geschickt balancierend transportieren. Winzige Käfige mit bunten Singvögeln baumeln an den Vordächern. Es herrscht ein buntes Gewirr aus Mopeds, Rikschas und alten Männern, die Schubkarren voll gegrillter Tiere vor sich herschieben. Der Geruch fremder Gewürze und von Abfällen liegt in der Luft. Wir schlendern durch schmale Gässchen vorbei an Kleintierhandlungen – ähm, ich meine Imbissbuden. Plastikstühlchen davor laden zum Kaffeetrinken ein.

MOMENT MAL, WIR HABEN DOCH KEIN BOOTCAMP GEBUCHT!

Flo: Wir haben uns zu unserer ersten organisierten Tour entschlossen: der Besichtigung der weltbekannten Halong-Bucht per Boot. Anfangs klappt alles noch wunderbar. Pünktlich werden wir frühmorgens von einem Kleinbus abgeholt, der uns und andere Touristen zum rund 160 Kilometer entfernten, östlich von Hanoi gelegenen Hafen bringt. Unterwegs müssen wir zwar einmal in der Autowerkstatt halten und einen unangekündigten, als Pinkelpause getarnten Stopp in einer Keramikfabrik mit angeschlossenem Laden hinnehmen, aber sonst ist alles in Ordnung. Doch als der Bootsguide am Hafen unsere Gruppe übernimmt, ist Schluss mit lustig. Das letzte Mal wurde mit mir in derartigem Befehlston beim Bundesheer umgesprungen. Alles hat „*Now!*" zu erfolgen und auf fast jede Frage gibt es ein striktes „*No. That's not possible!*" als Antwort.

Abgesehen von den unzähligen Touristenscharen und der diktatorischen Bootscrew ist das Weltnaturerbe Halong-Bucht mit seinen fast zweitausend aus dem Meer ragenden Kalksteinfelsen und Inseln schön. Irgendwie kommt trotzdem bei keinem relaxte Ferienstimmung auf. Sogar zu einer Strafzahlung werde ich an Bord verdonnert! Es ist nämlich verboten, von Einheimischen (die auf diesen Verdienst eigentlich angewiesen sind) Getränke und

Über zweitausend Kalksteinfelsen ragen aus dem Meer der Halong-Bucht.

Snacks zu kaufen – diese werden an Bord mit einem Strafzoll belegt. Bei einem kurzen Landgang wähne ich mich außerhalb der Augen des Gesetzes. Glücklich kaufe ich mir ein Trost-Bierchen und will gerade den ersten Schluck aus der gekühlten Dose nehmen, da schreit der Führer lauthals: *„Go, go, go, wir fahren ab! Now!!!"* Ich springe auf das Boot, worauf er mir genüsslich erklärt, dass ich Strafe zahlen müsste. *„Now!"* Ich ignoriere den Typen und verziehe mich schnell an Deck. Die restliche Reise bestraft er mich mit bösen Blicken und mahnend fuchtelndem Zeigefinger. Eine Mitreisende wird sogar angehalten, den Frühstückskaffee zu bezahlen, da sie ihre Tasse mit nach draußen genommen habe und dieser somit nicht mehr zum inkludierten Frühstück zähle.

Nach zwei Tagen sind wir und der Rest der Truppe völlig entnervt und heilfroh, wieder Land zu betreten. Zur Draufgabe werden wir irgendwo in Hanoi ausgesetzt. Der Fahrer versichert uns noch, unser Hotel sei gleich ums Eck. Wie so vieles auf diesem Trip ist aber auch dies bloßer Schwindel, stellen wir eine halbe Stunde später, verloren in den engen Gassen Hanois, fest. Wir reisen dann doch lieber individuell.

SAFETY FIRST – ZURÜCK NACH LAOS

Flo: Das Radfahren hinaus aus Hanoi funktioniert recht problemlos, weil die Straße mehrspurig und die rechte Fahrbahn allein für Radfahrer und Mopeds gedacht ist. „Das Prinzip, immer mit dem Verkehr mitzuschwimmen, funktioniert vorzüglich", schreit mir Klara von hinten ins Ohr, während sie sich zwischen den Mopeds durchzwängt. Am Highway No. 1 ist dann die Hölle los, das Verkehrsaufkommen ist enorm. Zusätzlich kommt uns alles staubig und schmutzig vor. Wir fühlen uns neben den vorbeidonnernden Trucks ernsthaft in Gefahr und beschließen: „Safety first". So entscheiden wir, in Than Hoa den Highway zu verlassen und nach Westen abzudrehen, um dann weiter auf dem Ho-Chi-Minh-Highway gen Süden zu radeln.

So müssen wir uns nicht mehr ausschließlich auf den Verkehr konzentrieren, sondern können endlich unsere Umgebung bestaunen. Unermüdlich arbeitende Menschen bestellen entlang des Weges die Reisfelder. Alles ohne Maschinen, nur mit Hilfe von Wasserbüffeln. Nach Feierabend baden die Tiere meist in einem der trüben Wassertümpel. Dort relaxen sie genüsslich und entspannen ihre geschundenen Glieder. So interpretieren wir das zumindest. Unter ihnen sind auch oft Albinos, die mit ihrer rosaroten Haut ein wenig *spooky* aussehen. Ich sehe zugegebenermaßen mit meinem wildwachsenden Vollbart und meinem ausgefransten Haupthaar auch nicht mehr sonderlich gut aus. Mir wäre das ja egal, besser gesagt komme ich mir sogar ziemlich cool vor. Klara findet es aber anscheinend nicht mehr so toll, wenn Speisereste im Bart hängen bleiben und ich genüsslich meine Wolle kraule. Nachdem sie ein vorübergehendes Kuss-Embargo ausspricht, sehe ich ein: Das Ding muss weg! In einem kleinen Dorf finde ich den Frisör meines Vertrauens – nicht sonderlich schwer hier, ist doch beinahe jeder zweite Laden in Vietnam offenbar ein Frisörsalon. Auf einem Liegestuhl wird mein Haarwuchs professionell bearbeitet und

„Immer schön mit dem Verkehr mitschwimmen", lautet die Devise.

ich genieße die fürsorgliche Behandlung mit der Rasierklinge. Bloß der Stuhl ist mir zu klein. Vorne stehe ich mit meinen Beinen an der Wand an und mein Kopf hängt über die Nackenstütze. Ich bin mit dem Ergebnis der Therapie ganz zufrieden und Klaras Augen strahlen. Sie gibt mir einen dicken Schmatz auf den Mund. Das hat sich ausgezahlt!

HOT DOGS! 18. März 2013

Klara: Andere Länder, andere Sitten: Zwei Buben kommen voller Stolz mit gejagten Buschratten daher. Sie haben das Abendessen besorgt. Andere jagen Singvögel, Flussschnecken und Fledermäuse. Zur Sicherheit bleiben wir der Grillerei fern und suchen in einer Kleinstadt lange nach einem halbwegs hygienischen Ort zum Essen. Zuerst finden wir mehrere Grillrestaurants mit verdächtig kleinen Tierchen auf den Spießen und im nächsten laufen dann die Ratten über die Holzbalken der Decken – *uarg*! Wir wissen natürlich, welches Fleisch man isst, ist ein rein kulturelles Konzept. Trotzdem sind wir sehr überrascht, als wir einen gehäuteten, gekochten Hund auf einem Markttisch sehen, der mit einem Beil zweigeteilt wird. Wir sehen auch einen Käfig voller Katzen, der per Moped zum Schlachtplatz transportiert wird.

Begriffe wie Katzenzungen, Hot Dog, Gebackene Mäuse und Vogerlsalat bekommen in Vietnam eine andere Bedeutung als zu Hause. Diese Delikatessen werden hier wortwörtlich genommen. Sobald wir ein Restaurant betreten, ist die für uns wichtigste vietnamesische Phrase: „*Doy uhn jay!*" – „Ich bin Vegetarier!" Das fleischlose Essen schmeckt gut, noch besser ist aber der Kaffee. Bis zu viermal täglich belohnen wir uns in den kleinen Kaffeehäusern entlang der Straße mit diesem Highlight aus starkem Espresso mit leichtem Vanillearoma, Eiswürfeln und süßer Kondensmilch. Ein Traum!

Flo: Mittlerweile verstehen wir die Vietnamesen und deren Kultur besser. Besonders seit wir Binh und Dup getroffen haben, ein vietnamesisches Ehepaar, das uns vor seinem kleinen Shop auf einen Schnaps einlud. Wir konnten mit Binh sogar Deutsch reden und bekamen so viele interessante Geschichten über sein Land zu hören. „Ich arbeitete für Bodenbelag in DDR", lässt er uns stolz wissen. Im Zuge eines kommunistischen Arbeitskräfteaustausches kam er in den Achtzigerjahren nach Deutschland und war vor allem von den Wurstbuden sehr angetan. Er brachte sich selbst die deutsche Sprache bei, fungierte dann sogar als Dolmetscher und konnte so ein gutes finanzielles Fundament für sich und seine Familie schaffen. Voller Stolz blickt er auf seine Zeit in Deutschland zurück. Zu Hause fühlt er sich aber hier in Vietnam und möchte nirgendwo anders leben müssen.

Zum Abschied betasten Dub und ihre aufgeregten Freundinnen noch fasziniert Klaras Oberarme: Eine Weiße, drei Köpfe größer und wahrscheinlich fast doppelt so schwer, hat man schließlich nicht jeden Tag hier! Klara kann gut damit leben und lacht. Schließlich haben wir hier schon anderes erlebt: Vorgestern konnte sie im letzten Moment noch rechtzeitig ausweichen, als ihr eine Obstverkäuferin neugierig in den Hintern kneifen wollte. Oft werden ungefragt unsere Taschen geöffnet, die Schaltung wird ausprobiert oder am Rad herumgewerkelt: alles ein Zeichen von Interesse und Höflichkeit!

Obwohl das Verkehrsaufkommen mittlerweile ganz angenehm ist, müssen wir noch immer viel zu oft um unser Leben bangen. „Schluss jetzt! Vietnam ist uns per Fahrrad zu gefährlich", stellen wir fest. Es bedarf keiner langen Diskussion – wir hauen ab! Zurück nach Laos.

ZURÜCK IN DER HITZE VON LAOS

Klara: Kaum überqueren wir an der Kuppe eines ziemlich steilen Passes in Cau Treo die Grenze zu Laos, ist alles wieder ruhig. Kein Gehupe, kein verrückter Verkehr! Nach Vietnam sind wir nervlich vom ständigen Ausweichen, Angehuptwerden und den Verständigungsschwierigkeiten etwas angeschlagen und fühlen uns plötzlich wie im Paradies! Laos wird zu unserem absoluten Lieblingsland in Südostasien. Lachend flitzen wir den Pass hinunter. Eine kurze Pause legen wir ein, um wie die Einheimischen in einem Fluss zu baden. Dann ein kurzer Zwischenstopp, um ein Cola zu trinken – beim freundlichen *Sabaidee* des Ladenbesitzers fühlen wir uns gleich wie zu Hause. Einmal geht es noch über ein zerklüftetes Karstgebirge, dann sind wir auch schon im unglaublich heißen und plötzlich flachen Südlaos angekommen. Viele Leute in Südlaos wirken wohlhabender als die Menschen in den schwer zugänglichen Bergregionen des Nordens. Die weiten Ebenen machen es leichter, die Felder zu bestellen, gut ausgebaute Straßen erleichtern das Wirtschaften.

HUNDSTAGE

28. März 2013

Flo: Derzeit herrschen Hundstage! Es hat bis zu 45 Grad im Schatten. Da heißt es, den Wecker auf 5:00 Uhr morgens stellen, noch vor Sonnenaufgang losradeln, Siesta halten und mehr als zehn Liter Wasser pro Tag trinken! Und ja: Hoffen auf den Eismann, der mit verzerrtem Lambada-Klang und Kühlbox diese herrlich kalten Leckereien ab Moped vertreibt. Vietnam haben wir mit einem letzten Pass hinter uns gelassen. Auf dem Weg kam uns die Hundemafia entgegen: Ein Lkw voll winselnder Straßenköter aus Thailand und Laos unterwegs nach Vietnam, wo die Tierchen ja als kulinarische Spezialität gelten.

Gestern haben wir dem Volkssport „Dauerschlafen in allen Variationen" gefrönt. Hier stehen die Leute superfrüh auf, wir wissen aber nicht, was sie dann genau machen und warum sie eigentlich so bald aufstehen, denn tagsüber schläft man sich unheimlich gern und an jedem möglichen und unmöglichen Ort aus. Nicht nur um der Hitze zu entkommen. Oft halten auch wir über Mittag ein kleines Schläfchen in einer der am Straßenrand auf Stelzen stehenden, überdachten Liegeflächen aus Bambus. Sie sind eigentlich als schattiger Ruheplatz für die Arbeiter am Feld gedacht, aufgrund der derzeitigen Trockenzeit stehen sie aber leer. Es gibt gerade nichts zu tun. Einmal wird uns in einem kleinen Dorf wortlos mit verständnisvollem Blick ein Kissen gereicht, als wir uns, mit einem eigenartigen Shake aus Milchpulver in der Hand, auf einer Bambusliege vor dem Dorfladen ausrasten. In der brütenden Hitze und mit dem Gefühl, hier größtes Verständnis für unser Schlafbedürfnis zu ernten, schlafen wir ein paar Minuten später zufrieden ein. Umrundet von zehn Kindern, dem Dorfopa – er repariert soeben, in seiner Hängematte liegend, gemächlich ein altes Telefon – und der Dorfoma. Interkulturelle Begegnung auf höchster Ebene. Herrlich!

EINE INSEL IM MEKONG

Klara: Nicht ganz so gut wie meine Laune ist mein gesundheitlicher Zustand. Nachts habe ich erhöhte Temperatur und Magenkrämpfe und untertags setzen mir Hitze und Gegenwind ordentlich zu. Am ganzen Körper entwickle ich undefinierbare rote Pusteln, bei der kleinsten Anstrengung schwitze ich

Am Dorfbrunnen finden sich schnell eifrige Helfer zum Befüllen unserer Wasserflaschen.

und mein Herz rast. Deswegen verbringen wir ein paar Pausentage in dem touristisch beliebten Städtchen Tha Kaek, wo ich mich schön langsam erhole. Was auch immer mich außer Gefecht gesetzt hat, nach ein paar Tagen ist wieder alles in bester Ordnung und wir können den Endspurt in Laos antreten. Stets stellen wir uns zeitig den Wecker, um im ersten Licht des Tages die weniger heißen Stunden zum Fahren auszunutzen. Besser gesagt, nehmen wir uns das zwar vor, doch jeder Fotograf weiß, dass man das erste Licht des Tages nicht zum Radfahren, sondern zum Fotografieren nutzen sollte. Fast scheint es, wir stünden eher wegen der Fotos so zeitig auf! Keine zwei Kilometer und das Shooting beginnt: Flo kann bei Sonnenaufgang einfach nicht widerstehen. Mittags dann die bewährten längeren Pausen. Landschaftlich ist es trocken und eintönig, ab und an gibt es ein paar Termitenhügel zu sehen. Je weiter wir in Richtung Kambodscha vordringen, umso weniger Siedlungen gibt es. Auf der Mekonginsel Don Det, die wir mit einer kleinen Fähre erreichen, machen wir einen kleinen Urlaub. Die Insel ist überfüllt mit Backpackern: Angetrunkene Amerikanerinnen im knappen Bikini vergnügen sich neben alten laotischen Fischern – ein eigenartiger Moment. Trotzdem, auch wir genießen die touristische Infrastruktur, nehmen uns einen eigenen Bungalow mit Hängematte und Blick über den palmengesäumten Strom und verbringen ein paar gesellige Abende.

Für unser Mittagsschläfchen hat das ganze Dorf Verständnis.

AN DER GRENZE NACH KAMBODSCHA

Klara: Als wir uns auf Don Det mit anderen Reisenden über die anscheinend korrupten Beamten an der Grenze zwischen Laos und Kambodscha unterhielten, prahlten wir noch: „Wir zahlen nie Schmiergeld!" Stolz berichteten wir von unserem Roadtrip in die Mongolei, auf dem wir auch in den ehemaligen Sowjetstaaten immer standhaft blieben. Im Umgang mit Bestechungsforderungen fühlen wir uns als Profis, dabei geht es uns nicht so sehr ums Geld, sondern vor allem ums Prinzip. Der festen Überzeug, korrupte Systeme niemals zu unterstützen, stehen wir nun gegen Mittag in brütender Hitze an der Grenze nach Kambodscha.

Flo: „Ihr könnt es gern an einem anderen Grenzübergang probieren!", lässt uns der laotische Grenzbeamte wissen, stempelt ein rotes *Cancelled* über den Ausreisestempel und wirft uns die Pässe hin. Gut gelaunt empfing er uns noch vor zwei Minuten, als wir ihn aus seiner Hängematte weckten. Er scherzte mit uns, wir schwärmten über sein Land, er stempelte nebenbei den Ausreisestempel in den Pass und verlangte dann zehn Dollar dafür. „Nicht mit uns", dachten wir und begannen höflich zu diskutieren, erzählten von unserer Botschaft, die wir kontaktieren würden, und blieben standhaft. Doch nun stehen wir hier mit verdutzten Gesichtern, während der Beamte emotionslos den Schalter schließt und sich, seiner unantastbaren Macht bewusst, wieder in seine Hängematte verzieht. So eine Dreistigkeit haben wir noch nie erlebt! Da wir gern so schnell als möglich weiterradeln möchten, ändern wir unsere Taktik. Wir flehen ihn an: „Bitte geben Sie uns den Stempel!" – und bieten ihm zwei Dollar an. Da wird der Schuft hellhörig, schwingt sich zurück in seinen Sessel, drückt uns den Stempel in den Pass, wir schieben das Geld rüber. Nicht genug damit, beginnt keine 100 Meter später ein ähnliches Prozedere an der kambodschanischen Grenze.

Diese Herren sind besonders unverschämt – sie haben sogar einen Zettel aufliegen, auf dem steht: „Neben der Visagebühr sind zehn Dollar Servicegebühr zu bezahlen." Schaut offiziell aus, ist es aber nicht, das wissen wir. Ich versuche es zuerst auf die freundliche Tour und verheddere mich dann wieder in einer Diskussion. Als ich aufgeben will, versucht Klara ihr Glück. Mit zwei Dollar und unseren Unterlagen in der Hand, probiert sie es auf die charmante Tour. Die Offiziere springen darauf an, anscheinend haben sie in der Eile nicht kapiert, dass wir beide zusammengehören und sind erst dann verdutzt, als sie Klara schon anstandslos ein Visum ausgestellt haben. Für den Einreisestempel sollen wir dann nochmals zehn Dollar extra zahlen! Auch wenn wir sie erfolgreich auf einen Dollar herunterhandeln können, fühlen wir uns als Anti-Korruptions-Strategen komplett gescheitert. So ein Mist!

HITZE, STAUB UND EISKAFFEE

Flo: Diese Grenz-„Formalitäten" kosteten uns wertvolle Zeit. Doch sobald wir wieder am Fahrrad sitzen und dahinstrampeln, sind die Schikanen vergessen. Wie in Laos ist auch in Kambodscha auf den Nebenstraßen nicht viel los. Wir kommen an eintönigen Feldlandschaften vorbei. Viele sind ganz neu – ganze Urwälder mussten ihnen weichen. Die Einheimischen, die meist in sehr einfachen Behausungen wohnen, sind gutgelaunt und wir fühlen uns auch in Kambodscha sehr willkommen! Den Männern mit ihren sehnigen, ausgezehrten braunen Körpern sieht man die harte Feldarbeit an. Die meisten von ihnen tragen bei der Arbeit traditionellerweise meist nicht mehr als einen weißschwarz karierten Khmerschal um die Hüften. „Im Gegensatz zu den vielen Kindern und Frauen, die den ganzen Tag im Mickey-Mouse- oder Puh-Bär-Pyjama unterwegs sind, sehen diese Männer durchwegs elegant aus", stellt Klara fest. In Stung Treng kreuzen wir mit einer kleinen Autofähre den Me-

kong, um von dort gen Westen zu radeln. Angekommen an der anderen Flussseite, trinken wir spontan mit einem amerikanischen Motorradfahrer ein Tässchen Kaffee und essen als zweites Frühstück ein kambodschanisches Nationalgericht: Reis mit feinen Schweinefleischstreifen und scharfer Soße. Von dem Zeug kann ich einfach nicht genug kriegen, so herrlich zart schmeckt es.
Für den kommenden Abschnitt sind wir – mal wieder – nur unzureichend mit Informationen ausgestattet. Verlässliches Kartenmaterial ist nicht aufzutreiben und die Auskünfte der Einheimischen widersprechen sich oft. Straßen, die in Karten eingezeichnet sind, gibt es manchmal nicht – umgekehrt sind wir einige Male auf Straßen unterwegs, die nicht eingezeichnet sind. Wir fahren nach Gespür und fragen uns von Dorf zu Dorf durch.
Auch hier scheinen die Chinesen in puncto Infrastruktur kräftig mitzumischen. Riesige chinesische Bautrupps errichten breite Straßen durch den Dschungel und bauen die Stromversorgung aus. Kambodschas wertvoller Regenwald muss im Gegenzug weichen. Dafür bekommen bis jetzt abgeschiedene Regionen infrastrukturellen Anschluss und die Hoffnung auf eine wirtschaftliche Verbesserung. Wir hoffen es für die Menschen hier, denn viele Familien leiden unter extremer Armut. Später sollen wir in einem Krankenhaus erfahren, dass viele Menschen sich selbst den Transport bis zur nächsten kostenlosen Behandlung nicht leisten können. Kinder sterben unter diesen Bedingungen oft schon an einer banalen Durchfallerkrankung.
Viele Straßen befinden sich noch im Bau und darum sind wir oft auf 20 Meter breiten, rötlich-orangen Staubpisten unterwegs. Alle drei Minuten braust an uns ein Baustellen-Lkw vorbei und wirbelt die trockene Erde auf. Wenn es besonders schlimm ist, halten wir uns ein T-Shirt vor den Mund und schließen unsere Augen oder steigen gar ab und warten, bis die Luft wieder halbwegs rein ist.

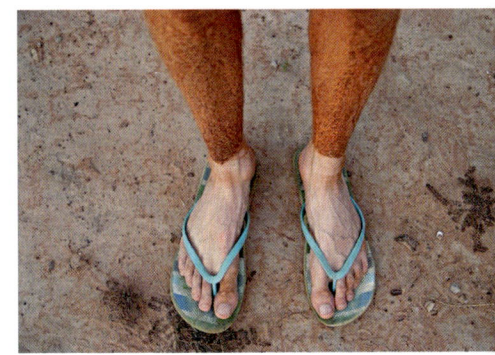

Eine gründliche Dusche dürfte heute nicht schaden.

Dazu ist es brütend heiß, wir schwitzen enorm. Eine dicke, orange Staubschicht legt sich über unsere Körper. Wenn wir irgendwo stehen bleiben, läuft uns die ganze Staubsuppe den Körper hinunter und tropft an Ellbogen und Fingerspitzen zu Boden. „Wir müssen erbärmlich ausse-

Bald ist Schluss mit dem Staub. Viele Straßen werden modernisiert.

hen", sind wir uns sicher, als eine entzückende Suppenköchin uns auf ein Mittagessen einladen will. Sie gibt uns mit einem mütterlichen Blick zu verstehen, dass wir ihr leidtun. Zum Abschluss besteht sie sogar noch darauf, unsere Trinkflaschen mit Tee und Eiswürfeln zu füllen. So viel Gastfreundlichkeit und Liebenswürdigkeit ist beispiellos.

Ja, es gibt Eis hier! Und das obwohl außerhalb der großen Städte im Norden Kambodschas noch kaum Stromleitungen zu finden sind. Die Versorgung mit dem frostigen Gut ist ein kleiner logistischer Geniestreich und ein tägliches Spektakel, das wir erstaunt beobachten. Besonders die flinken Eishändler in ihren putzigen Mini-Lkws haben es uns angetan. Sie liefern riesige Eisblöcke in jedes noch so entlegene Dorf. Vor Ort werden diese mit Sägen in handliche Stücke geschnitten, um sie dann zur Kühlung von Getränken, zur Zubereitung von Eiskaffee oder zur Frischhaltung von Fisch und Fleisch zu verwenden. Somit ist auch fast überall ein kühles Cola garantiert! Die an jeder Ecke zu findenden orangen Kühlboxen sind prall gefüllt mit Limo- und Bierdosen. Das sich darin befindende Eis ist in der brütenden Hitze von über 40 Grad nachmittags natürlich geschmolzen und so fischen wir oft in einer lauwarmen Brühe nach den Getränken unserer Wahl. Eine durchgängige Kühlkette ist hier wohl trotz allem nur schwer zu garantieren und so leiden wir hier in Kambodscha wie nie zuvor oft unter Magenproblemen.

Klara: „Wo liegt Preah Vihear und wie weit ist es entfernt?", versuchen wir unzählige Male den Einheimischen entlang der Straße zu entlocken. Doch wir verstehen uns gegenseitig nicht und unsere Interpretationen ihrer Antworten reichen von „Preah Vihear, was ist das?" bis hin zu „ihr seid gleich da, nur noch ein paar Kilometer". Es wird bereits dunkel und wir können nicht abschätzen, wie weit es wirklich noch bis zu dieser Stadt ist. Also fragen wir bei der nächsten Polizeistation, ob wir unser Zelt aufstellen dürfen. Irgendwie scheinen die Polizisten uns aber nicht ganz zu verstehen – sie deuten mit ihren Händen die Straße entlang und erklären irgendwas mit Preah Vihear. Wir verstehen nur Bahnhof. Letztendlich rufen die Beamten ihren Vorgesetzten an, der ein paar Brocken Englisch spricht. Als ich ihm von unserer Reise erzähle, genehmigt er uns sofort die Übernachtung. Nur der Polizeibeamte, dem ich den Hörer zurückreiche, schüttelt nach einem kurzen Wortwechsel mit seinem Chef überrascht den Kopf. Wir kennen uns nun zwar immer noch nicht ganz aus, fühlen uns aber willkommen geheißen und stellen unser Zelt auf. Die Polizisten verrichten hier mit einfachsten Mitteln ihren Dienst. Sie haben keine Schusswaffen, schlafen in Hängematten und der Dienstposten besteht aus nicht mehr als ein paar Bambushütten. Wir bekommen sogar Wasser aus einem mannshohen Tonkrug, um uns den schlimmsten Schmutz vom Körper zu waschen. Doch schnell sind wir wieder durchgeschwitzt, und zwar so richtig. Wegen der hier verbreiteten Malaria müssen wir nämlich im Zelt schlafen und dort steht die stickig heiße Luft. Selbst in der Nacht kühlt es um diese Jahreszeit selten unter 30 Grad ab.
Flo: „Was ist denn das?", seufzt Klara entgeistert am nächsten Morgen, nur drei Kilometer nach der Polizeistation. Nun wird uns klar, was uns die netten Uniformierten gestern so theatralisch mitteilen wollten: „Eine Kreuzung, Häuser, Hotels. Das muss Preah Vihear sein", verstehen wir nun endlich und müssen lachen. Von nun an haben wir wieder Asphalt unter den Reifen und geben Gas, um es noch bis Kampong Thom zu schaffen. Zunächst warten noch einige sanfte Hügel, bevor es nur noch komplett eben dahingeht.
In Südostasien versuchen wir unsere Tagesetappen immer so zu planen, dass wir gegen Abend eine Stadt mit Unterkünften erreichen. Doch ab und an passiert es, dass wir uns vertrödeln. Heute ist so ein Tag. Weil wir wegen der Nacht auf der Polizeistation etwas unausgeschlafen sind, gönnen wir uns viel zu viele Kaffee- und Essenspausen. Entweder hat Klara gerade Lust auf einen Stopp oder ich überrede sie zu einer kurzen Limopause. So verzetteln wir uns

total. Jetzt ist es stockdunkel und wir sitzen noch immer auf unseren Rädern. Unser Fahrradlicht ist bereits in Patagonien kaputtgegangen (besser gesagt abgesoffen) und so haben wir nur noch das Licht unserer mageren Stirnlampen in der finsteren Nacht. Kein angenehmes Gefühl und wohl auch fahrlässig. Die Stadteinfahrt nach Kampong Thom ist stark befahren und Straßenbeleuchtung gibt es keine. Wir fahren dicht am Straßenrand und können die Konturen der Fahrbahn vor uns nur erahnen. Immer wieder poltern wir durch ein Schlagloch oder kommen an sandigen Stellen ins Schleudern. Nach einer Tagesetappe von 150 Kilometern erreichen wir endlich Kampong Thom – noch mal alles gut gegangen.

Klara: Unser ersehntes Pausenziel Siem Reap ist greifbar nahe, darum fahren wir auch am nächsten Morgen noch vor Sonnenaufgang los, um die letzten 150 Kilometer an einem Stück zu schaffen. Der Wind bläst in die richtige Richtung und wir kommen gut voran. Jetzt können wir uns wirklich Pausen leisten und halten in fast jedem Dorf, um frisch gepressten Zuckerrohrsaft zu trinken oder süße Mangos zu mampfen.

Diesmal haben wir ein tolles Timing. Schon am frühen Nachmittag erreichen wir Siem Reap. Als Ausgangspunkt für das berühmte Angkor Wat ist diese Stadt ein guter Zwischenstopp für Touristen. Wir finden eine günstige Unterkunft, stellen unsere Räder ab und genießen es, in einem klimatisierten Raum schlafen zu können.

Die Pause scheinen wir auch dringend nötig zu haben. Mein rechtes Handgelenk ist geschwollen. Ich kann es nur noch unter Schmerzen bewegen. In der Khmer China Clinic fragen wir um Rat. Der chinesische Arzt hat sofort eine Diagnose, die wir nicht interpretieren können, und verschreibt eine Salbe, die ich vor dem Schlafengehen verwende. Am nächsten Morgen sind die Schmerzen tatsächlich weg, allerdings hat die Salbe derart viel Power, dass sich gleich auch noch meine oberste Hautschicht mit ablöst.

AUF DEN SPUREN DER GESCHICHTE: ANGKOR WAT

Flo: *„Ang-kor-Waaat!"* Theatralisch stöhnen wir diese Worte in der sengenden Hitze der letzten Tage vor uns hin. Ganz so, als würde uns nur noch dieses Ziel vorantreiben können. Die Tempel von Angkor sind einer der größten Touristenmagneten Südostasiens, der bekannteste unter ihnen ist Angkor Wat. Wir zwei haben ja schon mehrmals festgestellt, dass uns Ruinen und

Nichts repräsentiert die Khmer-Kultur besser als Angkor Wat.

Tempel nicht *so* viel geben und planen daher nur einen Tag zum Besuch ein. Den ersten Anlauf zur Besichtigung vermasseln wir gleich, da wir am Vorabend von einigen feiernden Tuk-Tuk-Fahrern zu Trinkspielen verdonnert werden und tags darauf unser Wecker nicht angeht. Der obligatorische Sonnenaufgang vor dem Haupttempel ist somit verschlafen.

Am nächsten Morgen um 4:15 Uhr ist dann aber Verlass auf die Technik. „Zahlt sich das frühe Aufstehen wirklich aus?", schwirrt es mir durch den Kopf, da werden meine Gedanken abrupt durch ein unappetitliches Geräusch aus dem Badezimmer unterbrochen. Klara muss sich mehrmals übergeben, was meine Mutter jetzt wohl gern als Zeichen eines baldigen Enkelkindes deuten würde. Sie probiert noch aufs Rad zu steigen, muss aber bald einsehen, dass sie sich wohl besser wieder ins Bett verkriecht. Auf Klaras Drängen hin mache ich mich allein auf den Weg zum zehn Kilometer entfernten Angkor Wat und fühle mich nicht wohl dabei. Nur ungern lasse ich Klara in diesem Zustand zurück. Ich nehme mir vor, früh wieder zurück zu sein! Die ersten Kilometer raus aus Siem Reap sind noch beleuchtet, doch dann baut sich eine schwarze Wand vor mir auf. Meine Stirnlampe bietet mir wenig Trost, weil die Batterien nur noch ein leichtes Flackern zustande bringen. Daher beschließe ich, mich im Windschatten eines der unzähligen Tuk

Tuks anzuhängen, die Unmengen an Touristen zum Sonnenaufgang nach Angkor Wat karren. Ich muss zwar zu so früher Stunde ordentlich reintreten, doch dafür habe ich Licht und bin ungemein schnell beim Tempeleingang angelangt. „Das Fahrrad bitte dort beim Baum abstellen", befiehlt mir der Ticketkontrolleur und macht mir klar, dass das Rad unter keinen Umständen mitgenommen werden kann. Ich beginne etwas nervös zu werden, denn ohne Schloss – das befindet sich natürlich in Klaras Tasche – wäre es wohl sehr fahrlässig, mein treues Gefährt allein zurückzulassen. Zum Glück entdecke ich eine sympathische junge Marktfrau, der ich mein Vertrauen schenke. Sie wirft ein Auge auf mein Fahrrad, dafür kaufe ich ihr später auch ein Frühstück zu Touristenpreisen ab. Jetzt kann ich einigermaßen entspannt mit dem Sightseeing beginnen.

Rund um den kleinen See vor dem Haupttempel sind schon Hunderte andere Frühaufsteher mit ihren Kameras in Position gegangen, um die Tempel-Silhouette und deren Spiegelung in den ersten Sonnenstrahlen abzulichten. Als die Sonne langsam emporsteigt und der Tag erwacht, spüre auch ich die Magie dieses Ortes. Die umstehenden Bauwerke erstrahlen in majestätischer Imposanz. Kein Wunder, dass Angkor Wat *das* Nationalheiligtum der Kambodschaner ist. Es verkörpert deren Herz und Seele, ist das Epizentrum ihrer Zivilisation und zugleich die größte religiöse Stätte der Welt. Der Tempel mit seinen spitzen Türmen und feiner Ornamentik spiegelt das Universum in Miniaturform wider. Ich bin fasziniert, als ich erfahre, dass hier bis zu einer Million Menschen lebten – zu einer Zeit, als London rund fünfzigtausend Einwohner zählte. Wenn ich mir die farbenprächtigen Zeremonien mit Gauklern, geschmückten Elefanten und prunkvoll gekleideten Herrschern vorstelle, die damals die Tempelstadt belebten, bin ich dem Zauber dieses Ortes komplett erlegen. Ungefähr ab dem fünften Tempel aber verlässt mich meine Euphorie wieder ein wenig. Die Hitze wird schier unerträglich. Und schließlich habe ich einen triftigen Grund, zu Mittag wieder zurück zu sein – die Patientin wartet.

DAS TRAUMA EINES GANZEN VOLKES

Klara: Mich macht meine Magenverstimmung (gelinde ausgedrückt) ganz schön fertig und ich kann mich kaum noch auf den Beinen halten. Wenn ich nicht in krampfartigen Anfällen zur Toilette muss, liege ich vor mich hindämmernd im Bett. Mit einem möglichen Enkel für unsere Eltern hat mein Erbrechen nichts zu tun – wohl eher mit den Shrimps-Nudeln, die mir gestern noch so gemundet hatten. Ich bin froh, als Flo wieder heimkommt und mir Wasser und ein paar trockene Kekse bringt. Die kommenden zwei Tage im Bett nutze ich, um ein Buch über den Genozid in Kambodscha zu lesen. Es beschreibt die Kindheitserlebnisse eines damals gerade mal fünf Jahre alten Mädchens – manchmal kann ich vor Entsetzen kaum weiterlesen. Der Völkermord, den die Roten Khmer hier verübt haben, mit dem Ziel, einen kommunistischen Bauernstaat zu erschaffen, hat damals fast einem Drittel der Bevölkerung das Leben gekostet.

Unzählige Frauen, Männer und Kinder wurden Opfer des Völkermordes.

Diese schreckliche Zeit mit ihren Kindersoldaten, der Verminung ganzer Landstriche, dem kollektiven Hungertod, diese Jahre der Verzweiflung und des Mordens – das alles ist gerade mal ein paar Jahrzehnte her. Erst die jetzige Generation hat keine direkte Erinnerung mehr daran. Wohl aber stecken Schock und Traumatisierung über die geschehenen Gräueltaten tief in der gesamten Bevölkerung. Das ist bei Gesprächen immer wieder spürbar. „Ich kann es noch immer nicht fassen! Wie konnte so etwas überhaupt mit uns passieren?", bringt Sarang, ein fünfundzwanzigjähriger Lehrer, den wir einen halben Tag nach Siem Reap treffen, auf den Punkt, was viele gar nicht in Worte fassen können. „Jetzt feiern wir in ein paar Tagen Neujahr, alle tanzen und sind fröhlich! Für mich geht das noch immer nicht zusammen", meint er mit gesenkter Stimme, denn auch das derzeitige Regime, das sich teilweise noch aus den damaligen Kriegsverbrechern zusammensetzt, lässt nur bedingt freie Meinungsäußerung zu. Zahllose Minen verhindern nicht nur dringend benötigte landwirtschaftliche Nutzflächen, sondern verstümmeln noch heute unzählige Menschen. Auch auf uns überträgt sich ein Hauch von Traurigkeit, je länger wir in diesem schönen Land unterwegs sind. Jener Traurigkeit, die hier unter all der Lebenslust, der Gastfreundschaft sowie der Freude über den zaghaften wirtschaftlichen Aufschwung und der Hoffnung, dass es die nächste Generation leichter haben wird, allgegenwärtig spürbar ist.

Von Siem Reap aus geht es gen Süden. Momentan herrscht hier noch Trockenzeit, die terrassenförmig angelegten Felder sind verdorrt. Vereinzelt sind Dattelpalmen zwischen die Felder gepflanzt, die einzigen Schattenspender weit und breit. Ansonsten ist die Gegend flach wie ein Pfannkuchen und unglaublich heiß. Ich bin dank der Hitze schon dermaßen braungebrannt (natürlich nur dort, wo mich die Sonne täglich stundenlang bräunen kann), dass mich eine alte Dame fasziniert anstarrt und mich kopfschüttelnd betatscht. Wie kann eine *Barang* (*Khmer* für Weiße) bloß so dunkel wie eine *Khmer* sein?, fragt sie sich und dank der Worte Barang und Khmer (so werden sowohl die Menschen wie auch die Sprache von Kambodscha bezeichnet), ihrem eindeutigen Herumfuchteln und ihrem ungläubigen Gesichtsausdruck verstehen wir sofort, was sie meint. Da lüfte ich ein Stückchen meines Oberteils und deute lachend auf meinen käsig weißen Bauch: Hier bin ich eine Barang und nur auf den Armen eine Khmer! Das ist genug – die alte Oma bricht beinahe weg vor Lachen! Was für ein Spaß – ich bin ein Wunder der Natur!

DER ALLESKÖNNER-SCHAL

Klara: Wir wiederum sind fasziniert vom „Immer-Alleskönner-Schal" der Khmer, einem karierten, gewebten Tuch, das in allen nur denkbaren Situationen verwendet wird. Im abgeschiedenen Norden sehen wir es als Lendenschurz für Männer bei der Arbeit. Als Hitzeschutz wird es von Kindern, Frauen und Männern am Kopf getragen. Es dient zum Verscheuchen der Fliegen oder wird als Sonnenschutz über ein schlafendes Kind gebreitet. Eine Marktverkäuferin schwingt ihr Baby in einer aus dem Tuch gebastelten Minihängematte, die sie zwischen zwei Holzstreben aufhängt. Ein nacktes, zweijähriges Kind sitzt gemütlich in einem Tuch, das zwischen den Lenkstangen des Fahrrads der Mutter eingehängt ist. Eine bestechend einfache und geniale Idee! Ehe ich mich versehe, hat sogar mein sonst so kaufunwilliger Mann einen Khmerschal erworben und um die Lenden gebunden! „Ein herrliches Freiheitsgefühl", schwärmt er, als er abends lediglich mit dem Tuch bedeckt im Hotelzimmer auf und ab flaniert.
Zwei Tage später verbringen wir den Nachmittag bei den Tempeln von Phnom Sampeau, zwölf Kilometer außerhalb der Stadt Battambang. Über hundert Stufen führen zu ein paar Tempelanlagen hinauf, wo sich heute ne-

ben einer frechen Affenbande nur einige betende Mönche befinden. Zur Zeit der Roten Khmer wurde diese Anlage als Hinrichtungsstätte missbraucht. Überall liegen die Schädel von namenlosen Kindern, Vätern und Müttern, Alten und Jungen, die auf einem Felsvorsprung erschossen wurden und deren Leichname ein paar Meter weiter unten zu einem Haufen des Grauens aufeinander fielen. Von dem Ort geht eine bedrückende Stimmung aus. Wir sind froh, bald wieder nach Battambang zurückzukehren.

RAUS AUS DEM ALLTAG   13. April 2013

Flo: „Und täglich grüßt das Murmeltier", stelle ich heute Morgen um halb sechs fest. Wir werden, wie fast jeden Tag in egal welchem Ort, vom psychodelischen Endlosgeklimper einer nahen Tempelanlage geweckt. Die musikalische Beschallung von, was weiß ich welchen, rätselhaften Instrumenten wird per Lautsprecher in ganze Stadtteile übertragen und gehört für uns zu Kambodscha wie Reis mit gegrilltem Schweinefleisch oder der obligatorische Fruchtshake nach dem Abendessen. Unsere Reise hat eine gewisse Alltagsroutine bekommen: Frühmorgens aufwachen – meist in einem der unzähligen gleich aussehenden Hotels, die man hier abseits der Touristenpfade bekommt – rein in die Klamotten, raus zum Frühstücken, dann alle 20 Kilometer eine Pause und am Nachmittag wieder in ein neues Hotel. Und ganz ehrlich: So unkompliziert das alles klingt, ich habe manchmal Campingsehnsucht, vor allem aber Lust auf Abwechslung. Heute ist zum Glück tatsächlich etwas anders: Erstens haben wir eine Verabredung mit Tom, einem schwedischen Radfahrer, der schon seit vier Jahren reist, zweitens beginnt heute die dreitägige Neujahrsfeier der Khmer, die das Ende der Trockenzeit ankündigt.

SCHON WIEDER NEUJAHR!

Klara: Ich liebe Feste, Feiern und Rituale aller Art, aber Silvester? Das kann mir ganz ehrlich gestohlen bleiben. Und dieses Jahr muss ich gleich dreimal feiern! Zuerst feiern wir das westliche Neujahr in Patagonien – zum Glück verspätet und ohne großes Trara. In Bangkok waren bei unserer Ankunft soeben die chinesischen Neujahrstage angebrochen – ein Grund dafür, dass die Kinder der chinesischen Bevölkerung als rote Drachen verkleidet zu lauten

Trommelklängen durch die verwinkelten Altstadtgassen tanzten. Und heute feiern die Khmer den Jahresbeginn. Wenn ich es mir aussuchen könnte, würde ich stets in Kambodscha Neujahr feiern! In der einfachsten Bleibe gibt es plötzlich Platz für Lautsprecher, so groß wie Hundehütten, und ganze Sippschaften tanzen zu lautstarker Techno-Mukke. Die Wats werden kurzerhand zur Partylocation umfunktioniert, in der sich das ganze Dorf zum Feiern trifft. Nur die Mönche dürfen anscheinend nicht mitfeiern – die Armen! Das Fest fällt zeitlich mit dem Übergang von der Trocken- zur Regenzeit zusammen und wird auch Wasserfest genannt. Im Endeffekt ist das Ganze nichts anderes als eine kollektive Wasserschlacht. Tom meint, in Thailand ginge es dabei noch viel dramatischer zu. Uns reicht es aber auch hier schon: Leute auf vollbeladenen Lastwagen (geschätzte hundert pro Lkw) spritzen andere auf entgegenkommenden Lastwägen mit Wasser an und auch wir bekommen dank ein paar Wasserbomben eine kühle Erfrischung ab! Eine superausgelassene Stimmung, die sich im Lauf des Tages steigert. Gegen Nachmittag ziehen die Mopedfahrer angetrunken ziemlich schlangenförmige Linien und klopfen sich gegenseitig lachend auf die Schulter – ein Grund, uns schnell aus dem Verkehr zurückzuziehen und Neujahr abseits der Straße zu genießen.

Flo: Der Beginn der Regenzeit hat sich in den letzten Tagen schon durch erste Schauer angekündigt, jetzt setzt sie mit täglichen Platzregen voll ein und siehe da: Durch die gewaltigen Wassermassen kann man das Gras wachsen sehen! Innerhalb eines Tages sprießen die Felder in kräftigem Grün, die Wasserbüffel und ausgehungerten Rinder haben sichtlich Freude damit und wirkten plötzlich gleich viel fetter. Reisfelder stehen unter Wasser und lautes Froschgequake begleitet uns tagelang. Dann machen sich auch noch jede Menge Krebse auf ihren Weg, denen wir am liebsten drei Fragen stellen würden. Erstens: Wo wart ihr denn die ganze Zeit, als es 40 Grad im Schatten hatte? Zweitens: Wohin des Weges, meine Damen und Herren? Und drittens: Wisst ihr denn nicht, dass ihr gefährlich lebt, weil ihr eine Delikatesse seid? Die kleinen Kerle werden nämlich sofort von ganzen Dorfgemeinschaften aufgesammelt und zu unterschiedlichsten Gerichten verarbeitet. Für uns heißt es bei einsetzendem Platzregen flink in eine Ortschaft zu gelangen, um dort abzuwarten und Kaffee zu trinken. „Es gibt Schlimmeres!", sind wir uns einig.

ABSCHIED VOM LAND DER KHMER

Klara: „Ein alter Tauchertrick ist ...", so oder so ähnlich beginnen Flos Sätze seit ein paar Tagen. Zu meiner Überraschung: Ich wusste ja gar nicht, dass er ein alter Taucher ist. Mit Schnorchel und Maske sieht er auf jeden Fall sehr professionell aus und ich fresse ihm sofort alle Tricks aus der Hand. Wir beide genießen eine Auszeit am Traumstrand von Koh Rong Samloem, einer kleinen Insel vor Kambodschas Küste. Nach den drei Tagen freuen wir uns sogar wieder auf das Fahrrad: Die letzte Etappe soll uns innerhalb einer Woche zurück nach Bangkok bringen, doch dann fängt sich Flo eine Bauchgrippe ein, sodass wir ein paar Tage

Auf Koh Rong Samloem

länger in der Stadt Sihanoukville rasten. War es bisher in Kambodscha komplett flach, taucht nun plötzlich ein sanftes Gebirge auf. Dank falscher Angaben auf unserer Landkarte ergeben sich ein paar lange Tage am Fahrrad. Regnet es bei dieser Hitze zwischenzeitlich, entstehen saunaähnliche Zustände: Wir können bergauf kaum schnaufen! In dieser Gegend, einem der letzten Urwälder Kambodschas, soll es noch wilde Elefanten geben. Wir bekommen aber keinen zu Gesicht und noch bevor wir es richtig realisieren, sind wir auch schon an der Grenze zu Thailand angelangt.

ZURÜCK IN THAILAND: URLAUB BEI FREUNDEN

Flo: Kaum zurück in Thailand, ändert sich unsere Stimmung: Wir sind wieder zu Blödeleien aufgelegt und scherzen munter vor uns hin. Erst im Nachhinein wird uns bewusst, wie sehr wir von der Armut und den schwierigen Lebensbedingungen in Laos und Kambodscha berührt waren. Nun radeln wir sorglos auf dem bestens ausgebauten Highway 3 entlang des Meeres dahin. Und vergessen dabei, dass in Thailand Linksverkehr herrscht! Erst bei einer Straßenkontrolle weist uns ein netter Soldat darauf hin, dass wir auf der falschen Seite unterwegs sind.

Wer hätte an diesem Morgen gedacht, abends in einem Stundenhotel zu landen?

In Trat, rund 70 Kilometer hinter der Grenze, legen wir einen Ruhetag ein und schnabulieren uns verzückt durch die Köstlichkeiten der thailändischen Küche. „Die Häppchen kommen einem quasi in den Mund geflogen", sind wir uns am Nachtmarkt einig, „und eines ist besser als das andere."

Wir nutzen die Zeit und lassen unsere Radlager von einem Fachmann neu fetten. Zusätzlich besorge ich mir einen behelfsmäßigen Schalthebel, bevor ich mich endgültig daran gewöhne, mit bloß acht Gängen unterwegs zu sein.

Der kommende Tag ist einer der besten in Thailand: Mittags werden wir bei unserer Mittagspause von einem einheimischen Lehrer auf eine Nudelsuppe eingeladen. Das passiert uns hier immer wieder, die Menschen sind sehr gastfreundlich und es wäre sehr unhöflich, so eine Einladung nicht anzunehmen. Später suchen wir einen Abstecher vom Highway zur Küste, an der wir entlangradeln wollen, finden ihn aber einfach nicht. Gerade als wir uns denken, „es soll wohl nicht sein", kommt eine Mutter mit ihrer Tochter auf dem Moped vorbei, und wir beschließen ein letztes Mal, nach dem Weg zu fragen. Die beiden bieten uns Eskorte an und bringen uns so durch die ganze Stadt bis ans Meer! Zu guter Letzt halten wir noch an einem üppig bestückten Obststand. Kaum gestoppt, treffen wir Jib, der perfektes London-Englisch spricht und mit uns ins Gespräch kommt. Die Obstverkäuferin ist derart begeistert von unserer Radreise, dass sie uns während des Gesprächs ständig mit exotischen Fruchthäppchen füttert. Jib wiederum überlegt nicht lange

Die Küstenstraße in Richtung Bangkok

und fragt: „Wollt ihr nicht bei uns schlafen? Meine Familie besitzt drei Häuser in einem Resort mit Privatstrand." Dieses Angebot nehmen wir gern an, zumal Jib uns auf Anhieb begeistert. Also liegen wir eine halbe Stunde später am Strand und helfen später Jib, seiner Schwester Jeab und deren Tochter Jaja beim Fliesenlegen in ihrem Vorgarten. Was für eine Abwechslung! Nach den vielen Abenteuern, die wir in den letzten Monaten erlebt haben, ist so etwas Banales wie Handwerken plötzlich aufregend und neu. Abends werden wir von Jibs Familie sogar noch zum Essen ausgeführt. Es sollten die besten Meeresfrüchte unseres Lebens werden. Was für ein unglaublicher Tag!

Klara: Genau der darauffolgende Tag soll dann zu einem der schlimmsten in Thailand werden … Es ist der erste Mai – Tag der Arbeit, der auch hier gefeiert wird –, ganz Bangkok will an die Küste und es staut auf der Gegenfahrbahn. Es herrscht ausgelassene Stimmung. Die Leute tanzen zu Partymusik vor buntlackierten Partybussen – jeder ist gut drauf. Kaum zurück auf dem Highway 3, stellen wir fest: Die Stadteinfahrt nach Bangkok hat bereits begonnen – 200 Kilometer davor! Verstädterung, sechsspurige Bahnen, lauter Verkehr – das macht keinen Spaß. Schon nach 70 Kilometern beschließen wir, nur noch bis zur nächsten, 20 Kilometer entfernten Stadt zu radeln, um dort zu übernachten. Wir wollen nämlich auf keinen Fall in Pattaya landen, der übernächsten Stadt und Weltstadt des Sextourismus. Das einzige Problem ist, dass alle Hotels unseres bevorzugten Städtchens komplett ausgebucht sind und wir auch keinen Platz für unser Zelt finden. So müssen wir wohl oder übel weiter nach Pattaya. Also nochmals 30 Kilometer mehr. Im Sonnenuntergang sehen wir knapp vor der Stadt schon die ersten Hotelburgen, brauchen dann aber im Stau weitere eineinhalb Stunden, bis wir die letzten zehn Kilometer ins Stadtzentrum geschafft haben.

Flo: Kaum in Pattaya angekommen, tauchen auch schon die ersten Russen auf. Die Stadt erlebt derzeit nämlich das Russenphänomen: Billiger *All-inclusive*-Urlaub für die ganze Familie und Sextourismus sind die Lockmittel. Für Klara und mich der wahrgewordene Urlaubsalbtraum. Ich beginne meine Kyrillisch-Kenntnisse aufzufrischen und entziffere „Massage" und andere interessante Wörter auf den buntbeleuchteten Reklametafeln … Klara ist schon so unterzuckert, dass sie vergisst, den Blinker, also die verkehrt herum aufgesetzte Stirnlampe im Blinkmodus, abzunehmen und wie ein verrücktes Huhn ins nächstbeste Hotel stakst, um nach einem Zimmer zu fragen. Währenddessen werde ich vor dem Hotel von einem braungebrannten Deutschen freudestrahlend begrüßt: „Willkommen im größten Puff der Welt!" Er lebe schon seit 24 Jahren hier: „Was brauchste mehr: geile Weiber und das Schnitzel um keine zwei Euro gibt es obendrauf." Ich bereue es augenblicklich, hier zu sein, und beginne die aus dem Boden gestampfte Stadt zu hassen.

Kein Hotel kann unsere Räder sicher verstauen und so geht unsere Suche weiter. An einem riesigen Schild mit der Aufschrift „Tonys Hotel – stundenweise vermietbar" erklärt mir Klara felsenfest, dort nie und nimmer einzuchecken, komme da, was wolle! 20 erfolglose Minuten später mieten wir angeekelt genau dort ein Zimmer. „Wir haben ja Ohropax, nicht wahr?", frage ich Klara ironisch. So kommt es, dass wir beide eine Nacht im Stundenhotel verbringen. Am Spiegel über dem Bett befinden sich Handabdrücke, direkt vor unserem Zimmer im Erdgeschoß geht eine stark befahrene Straße vorbei und die Verlängerung unseres Ganges endet in einem Fitnessstudio. Ums Eck gibt es eine Apotheke, die mit einer großen Aufschrift wirbt: Viagra, Cialis, Quick-HIV-Test.

Frühmorgens wollen wir nur noch raus aus diesem verrückten Moloch! Unsere Räder aber anscheinend nicht. Wir brauchen einen Fahrradmechaniker, weil unsere Radlager offensichtlich schlecht zusammengebaut worden sind. Wir sind froh, als wir endlich die Stadtgrenze hinter uns lassen. Von hinten kommt ein Tuk Tuk angebraust. Pilot ist ein strahlendes kleines Männchen ohne Beine, der einen Infusionsbeutel, auf einem Stock montiert, mit sich führt. „Ich habe euch verfolgt", lässt er uns in bestem Englisch wissen und reicht uns zwei kalte Flaschen Wasser. „Die sind für euch, ihr könnt sie bestimmt gut brauchen!", hören wir noch und schon flitzt er wieder davon. Lebensmut und Gastfreundlichkeit, die beiden hervorragendsten Eigenschaften der Thailänder, sind in diesem freundlichen Mann personifiziert. Einfach unglaublich!

SCHRECKSEKUNDEN IN BANGKOK 02. Mai 2013

Klara: Die Fahrt nach Bangkok erweist sich zuerst als entspannter als gedacht. Dann aber passiert ein Albtraum: Wir schlängeln uns an einem Bus vorbei, da setzt ein anderer zum Überholen an: Zwei Busse, ich dazwischen, keiner sieht mich und beide schneiden mir den Weg ab. Ich kann nur noch schreien und erlebe Minuten voller Todesangst. Im letzten Moment geht doch noch alles gut! Hyperventilierend bekomme ich einen Heulkrampf. Erst die mir von Flo eingeflößte Notfall-Nudelsuppe bringt mich wieder auf die Beine.

Flo: Von nun an fahren wir wieder vorsichtiger, denn der Beinahe-Crash hat Klara ganz schön mitgenommen und mich wachgerüttelt. Die letzten 30 Kilometer in die Stadt bedürfen höchster Konzentration. Daher machen wir einige Pausen, um unseren Blutzucker- und Koffeinspiegel durch Cola und Kaffee hochzuhalten. Hilfsbereite Thais weisen uns den Weg. Eine fürsorgliche Kaffeeverkäuferin lässt uns erst weiterfahren, als sie alle unsere Flaschen mit Eis aufgefüllt hat.

Die durch die Vorbereitungen für die Weiterreise etwas stressigen Tage in Bangkok werden durch unsere Thai-Freunde Jeab, Jib und deren Familie versüßt, die uns extra ins Restaurant ihrer Mutter und dann in ein Deutsches Bierhaus ausführen – eine eigenartige Mischung aus Schlangenfrauen, Bier und Schweinshaxen. Dann noch ein letztes Sightseeing und fast wehmütig geht es bei Sonnenaufgang per Minibus zum Flughafen. Drei Monate Südostasien sind zu Ende. Afrika wartet.

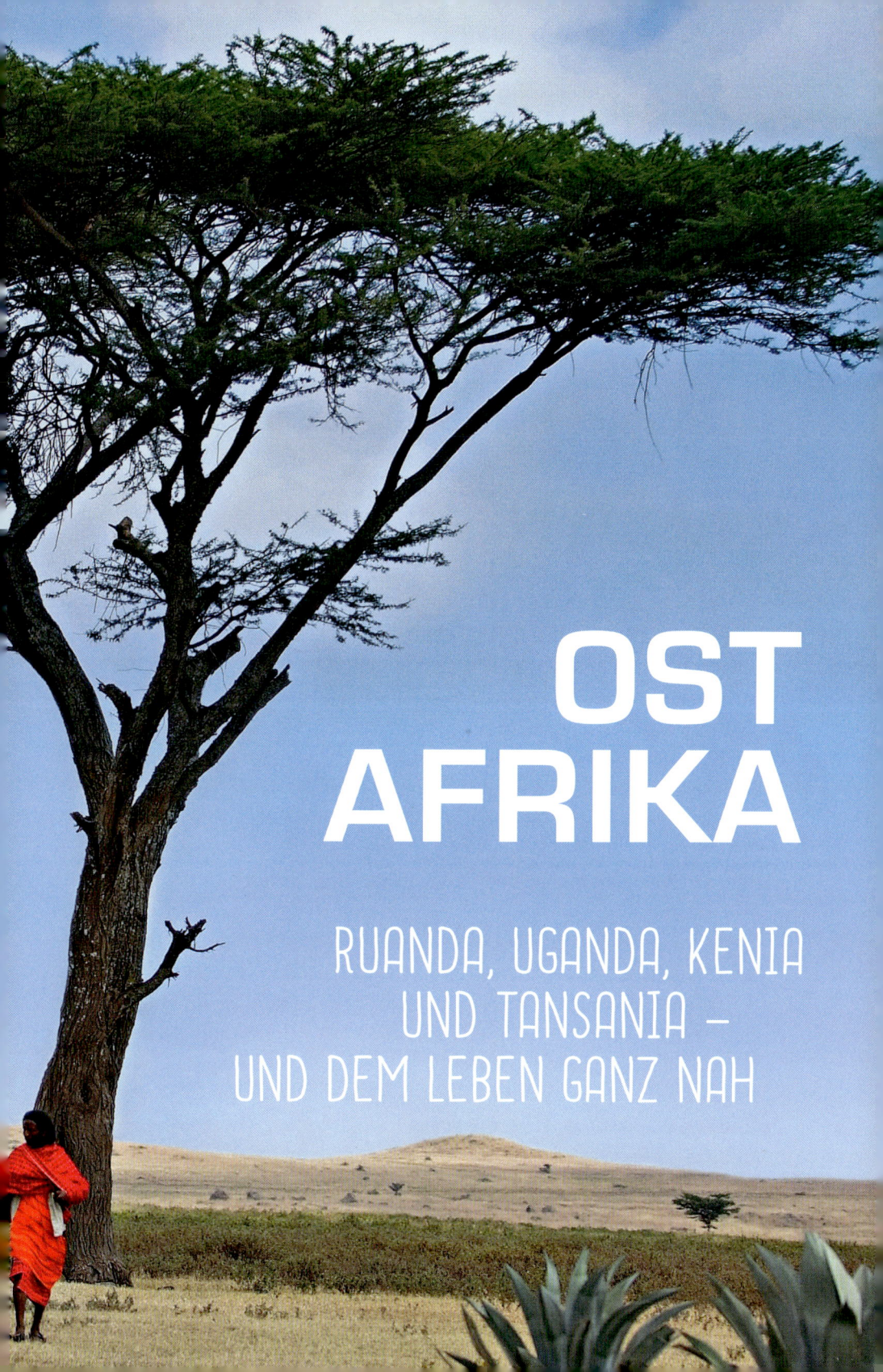

OST AFRIKA

RUANDA, UGANDA, KENIA UND TANSANIA – UND DEM LEBEN GANZ NAH

Flo: *„Jambo!"* – mit einem freundlichen Hallo! werden wir vom Bodenpersonal am Flughafen von Kigali, der Hauptstadt Ruandas, auf rund 1600 Metern Seehöhe, begrüßt. Gegen ein Uhr früh spuckt uns unsere Maschine am Rollfeld aus. Mitten in Ostafrika – der größte kulturelle Schnitt unserer gesamten Reise. Klara und ich haben uns innerlich darauf eingestellt, hier vermutlich den intensivsten Teil unserer Reise zu erleben. Trotzdem sind wir zu Beginn ein wenig angespannt. Zu wenig wissen wir über die Gegebenheiten, Sitten und Gebräuche hier! Zu dieser inneren Anspannung trägt auch der Gedanke an den schrecklichen Völkermord bei, der hier vor 20 Jahren fast einer Million Menschen das Leben kostete. Umso überraschender ist es, dass es uns dieses Mal besonders schnell gelingt, uns auf die neue Umgebung einzustellen. Das liegt vor allem an den freundlichen Menschen hier! Wir werden von der positiven Stimmung und der Lebensfreude mitgerissen, die hier zu spüren ist. Trotz aller Armut. Und trotz der Last der Geschichte.

Die nächtliche Taxifahrt durch die blitzblanke Stadt verstärkt unser gutes Gefühl. Als wir im Garten einer Jugendherberge mitten in der Stadt endlich wieder einmal unser Zelt aufstellen können – was wir in Asien schon so sehr vermisst hatten –, steht schon jetzt fest: Afrika ist die richtige Entscheidung gewesen. Bevor ich mich zu Klara ins Zelt lege, blicke ich über die nächtlichen Lichter der Stadt, inhaliere die kühle, klare Luft und lausche den fernen Gesängen, die aus einer etwas weiter unterhalb gelegenen Hütte zu kommen scheinen. Ich bin zutiefst dankbar, noch weitere Radabenteuer mit Klara erleben zu dürfen.

Zu den ersten prägenden Eindrücken zählt auch das Plastiktütenverbot. Bereits am Flughafen mussten wir unsere Räder von der Schutzfolie befreien und die Folie recyceln. Eine Maßnahme des diktatorischen Staatschefs Paul Kagame, der, wie es den Anschein macht, neben den vielen Schattenseiten, die seine diktatorische Regierung mit sich bringt, auch Positives für sein Land bewirkt. So erzählen uns während unserer weiteren Reise immer wieder Einheimische anderer ostafrikanischer Staaten vom Anti-Korruptionsvorbild Ruanda.

Trotz des spürbaren Aufschwungs, den dieses Land derzeit erlebt, kämpft die Gesellschaft Ruandas mit einer offenen Wunde: Der ehemalige Konflikt zwischen den Volksgruppen der *Hutu* und *Tutsi*, welcher seinen traurigen Tiefpunkt 1994 im Völkermord an den *Tutsi* fand, ist noch immer eine schwere Bürde. Zwischen April und Juli jenes Jahres wurden bis zu einer Million Tutsi und liberale Hutu, die sich nicht an den Morden beteiligten oder aktiv dagegen einsetzten, brutal ermordet. Die westliche Welt schaute untätig zu. Unermessliches Leid legte sich jahrelang über dieses Land, von dem es sich nur langsam erholt. Ruanda, das spüren wir, ist mit dem Verarbeitungsprozess eines kollektiven Traumas beschäftigt. Überall gibt es Gedenkstätten, Plakate erinnern an die Einigkeit des ruandischen Volkes. Es wird viel getan, um so etwas nicht noch einmal geschehen zu lassen.

Auf einem der vielen Hügel, auf denen Kigali verstreut liegt – die Stadt ist von unzähligen Regierungsgebäuden und Villen geprägt, die nahtlos in ärmlichere Siedlungen übergehen –, steht auch die größte Gedenkstätte des Völkermordes. Die Ausstellung macht nicht nur uns fassungslos. Weinende Mütter, Väter und Kinder – allesamt Besucher des Genozid-Museums – sind schockiert über die Gräueltaten ihrer eigenen Landsleute. Man kann nur hoffen, dass die Zeit alle Wunden heilt und die Menschen hier frei und in Frieden zusammenleben können.

Die Jugendherberge hat etwas Eigenartiges an sich. Im Gegensatz zu allen anderen Jugendherbergen, in denen wir jemals waren, übernachten hier kaum Touristen. Außer uns gibt es überhaupt nur zwei andere. Dafür ist die Unter-

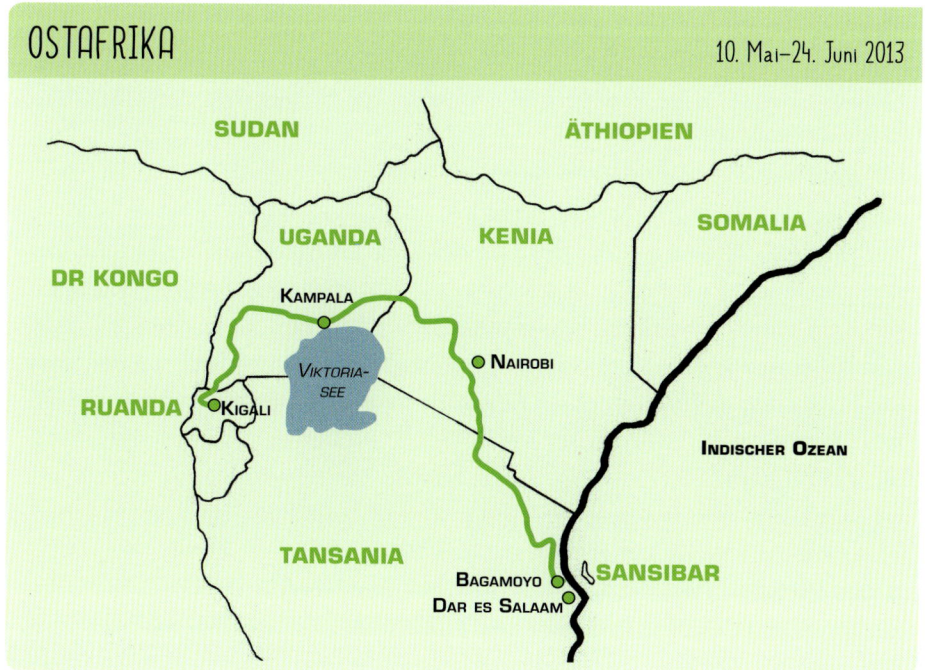

Das Genozidmuseum in Kigali setzt sich bewusst mit dem Völkermord auseinander.

kunft voller westlicher Geschäftsleute, Entwicklungshelfer oder Forscher, alle etwa in unserem Alter. Wir treffen junge Studentinnen, die Masterthesen über Frauen im Genozid schreiben. Sie erzählen uns dabei von ihrem *Forschungsfeld*, als könne man sich an den Betroffenen wie in einem Supermarkt bedienen. Viele Geschäftsleute sehen hier nur die Chancen für den schnellen, persönlichen Profit. Das Gefühl, es gehe um Abenteuer und persönliche Profilierung und weniger um Begegnung auf Augenhöhe, werden wir auch bei so manchen Entwicklungshelfern nicht los.

Kein anderes Thema wie das der Entwicklungshilfe polarisiert während unserer Afrikareise unsere Gedanken so stark. Neben all den positiven Effekten wie dem Bau von Schulen, Krankenhäusern und Ähnlichem, die die Arbeit von Hilfsorganisationen mit sich bringt, beobachten wir immer wieder, dass die Menschen dadurch in eine Opferrolle gedrängt werden und ein Gefühl von Ohnmacht und würdeloser Abhängigkeit ihr Leben bestimmt. So erklärt uns ein Einheimischer allen Ernstes: „Nur ihr Weißen könnt so gut Rad fahren. Ihr könnt überhaupt alles. Ich bin schwarz und kann das sicher nicht." Was haben die Weißen hier bloß mit den Menschen angerichtet?

In den nächsten Wochen wird uns noch bewusst werden, welche Schätze die afrikanischen Kulturen in sich bergen und wie viel wir von ihnen lernen können. Vieles, auf was es im Leben wirklich ankommt, ist bei uns durch unser

Am Sonntagmorgen haben die Kinder selbst am Vormittag Zeit, uns zu begleiten.

immer weiter, immer höher, immer mehr, durch unsere Effizienz und unseren Hang zur Perfektion teilweise verloren gegangen. Zeit. Familie. Zufriedenheit. Gelassenheit und Lebensfreude: Das ist es, was hier zählt! Das steckt an. Und zwar so weit, dass wir die ersten Wochen zu Hause eine richtige Afrikasehnsucht entwickeln werden.

Klara: Nachdem wir uns ein paar Tage in Kigali akklimatisiert, die letzten Schauer der Regenzeit ausgesessen und die Reiseräder fit gemacht haben, sind wir bereit für das Schlusskapitel unserer Reise. Durch die gepflegten Straßen von Kigali geht es raus aufs Land. Ein feines Lüftchen weht uns um die Nasen und wieder mal spüren wir, wie toll es ist, mit dem Rad zu reisen. Auch in Afrika.

Hier scheinen aber wir die Exoten zu sein. Oft werden wir von auf dem Fahrrad entgegenkommenden Einheimischen gestoppt, um ein Foto von uns machen zu können. Manchmal ist es einfach nur aufregend, uns über den Unterarm zu streichen: Wie kann man hier bloß Härchen haben? Mit dem Rad sind hier viele unterwegs, da es das billigste Transportmittel ist, doch zwei vollbepackte *Mzungus*, wie wir Weiße auf Suaheli heißen, die das zum Spaß in der Freizeit machen, rufen Kopfschütteln hervor. „Wer sich so abrackert, der sollte seine Energie lieber in Arbeit investieren", scheinen die Gedanken vieler Passanten am Wege zu sein. Wir müssen tatsächlich ganz schön rackern.

Ruanda ist das Land der tausend Hügel (wir sind mittlerweile sicher, es sind mehr) und der tausend Lächeln (dito).

Flo: An den Hängen im Hochland ringsherum bestellen viele Bauern rein manuell ihre Felder. Eine mühsame Plackerei ohne Aussicht auf ausreichend Ernte, um die Familie vernünftig ernähren zu können. Ungefähr 93 Prozent der Ruander leben von der Landwirtschaft. Und das mehr schlecht als recht. Es gibt im Land fast keine Industrie und der fruchtbare Boden ist sehr knapp. 90 Prozent der Familienbetriebe haben weniger als einen Hektar Nutzfläche – und dieser Hektar ist schwierig zu bewirtschaften. Man findet kaum ein ebenes Fleckchen hier. Ruanda ist außerdem das am dichtesten besiedelte Land Afrikas. Auch ohne Statistik wäre uns die hohe Bevölkerungsrate aufgefallen: Egal wie steil die Hänge um uns herum auch sind, egal wie dicht bewachsen die Wälder scheinen: Wir sind nie allein! Stets ruft uns irgendjemand – ein helles Kinderstimmchen, ein alter Greis, eine junge Mutter vom Feld, aus dem Wald, vom Fluss neben uns – einen freundlichen Gruß zu! Hier wird es sogar schwierig, pieseln zu gehen. Die Kombination aus enormer Bevölkerungsdichte und unserem exotischen Erscheinungsbild beeinflusst unseren gesamten Tagesablauf.

DICHT AUF UNSEREN FERSEN 13. Mai 2013

Klara: Wir ziehen oft einen ganzen Schwarm Kinder neben und hinter uns her, sogar bergauf haben wir neben diesen leichtfüßigen Läufern keine Chance. Teilweise verfallen die Kerlchen sogar ins Schritttempo oder schieben uns belustigt an, während wir die Hügel hinaufschnaufen wie alte Poströsser. Flo stellt beim Anblick so mancher barfüßiger Athleten neidisch fest: „Na toll, da trainiert man jahrelang, macht Lauftechnik-Training und, und, und, aber den Laufstil, den diese Fünfjährigen haben, erreicht man nie!" Unser asiatischer *Farang*-Status wurde kurzerhand gegen den *Mzungu*-Status getauscht. *Mzungu* schallt es aus allen Ecken, Kurven, Nischen und Berghängen. Kaum bleiben wir stehen, sind wir auch schon von Menschen umzingelt und in manchen Dörfern wird jede noch so kleine Bewegung neugierig verfolgt. Es ist eine Freude, so warmherzig aufgenommen zu werden, doch um ehrlich zu sein, wir sind abends manchmal ganz schön geschafft. Dann heißt es Zimmertüre zu und öffentliches Interesse raus!

Flo: An wildes Campieren ist für uns hier nicht mal ansatzweise zu denken. Nur in der Nähe von höheren Passübergängen ist es meist ruhiger, dann finden wir Zeit durchzuatmen und die unglaubliche Landschaft zu bestaunen. Wir befinden uns im zentralen Hochplateau Ruandas, die Bergrücken reihen sich wie Dominosteine aneinander. Die saftig grünen Hänge und der tiefblaue Himmel bilden einen malerischen Kontrast. Die Landstraße ist noch ganz neu und windet sich einen Hügel nach dem anderen hinauf. Die wenigen Minuten, in denen wir unentdeckt sind, nutzen wir neben dem ausgiebigen Bestaunen unserer Umgebung meist auch für eine Rast. Wir haben Weißbrot, Bananen und Kekse als Proviant dabei.

50 Kilometer vor dem Kiwusee entdecken uns dann bei unserer Mittagspause zwei ärmlich aussehende Hirtenbrüder, die auf eine Handvoll Ziegen aufpassen. Gern teilen wir bei solch einer Begegnung unsere Jause. Eric und Seas freuen sich über das geteilte Brot und füttern mit den Bananenschalen ihre Ziegen. Die Lebensumstände dieser Jungen machen uns trotz deren Lebensfreude einmal mehr sehr nachdenklich und wir fragen uns, wie sich die Situation für die Menschen hier verbessern könnte.

Zusätzlich ist es für uns nicht leicht, mit der uns zugeschriebenen Rolle des reichen Weißen verantwortungsvoll umzugehen. *„How much is your bike"*, werden wir unzählige Male gefragt. Uns ist bewusst, dass mit der ehrlichen monetären Auskunft wohl niemandem geholfen wäre. „Wir müssen zu Hause drei Monate dafür arbeiten", wird zu unserer Standardantwort und wir hoffen dabei immer, dass unser Gegenüber nicht noch genauer nachfragt, würde der wahre Wert doch locker ein durchschnittliches Jahresgehalt dieser Menschen darstellen. Bei der fast obligatorischen Frage am Ende einer Unterhaltung: „Könnt ihr mir euer Rad schenken?" müssen wir leider darauf hinweisen, dass wir noch einen langen Weg vor uns haben und die Räder wirklich brauchen.

Bis jetzt waren wir als Fahrradfahrer oft in der bemitleidenswerten Rolle – ganz nach dem Motto: Die Armen können sich nicht mal ein Auto leisten! Hier werden wir hingegen als sehr wohlhabend betrachtet. Klar erzählen wir, dass wir zu Hause nicht dreimal täglich essen gehen oder immer in Hotels schlafen könnten. Für uns sei es hier vergleichsweise einfach billiger. Einige Realitäten können wir vielleicht ins rechte Licht rücken, doch die unfaire Verteilung an Wohlstand auf unserem Planeten können und wollen wir nicht schönreden.

WO GEHT'S HIER NACH KINUNU?

Klara: „Ist das jetzt wirklich Kinunu?", frage ich in die Runde und deute auf die Kirche und die umliegenden Häuser rings um uns. Ungefähr fünfzig Kinderstimmchen antworten andächtig: „Kinuuunu!", doch keinen Augenblick später gibt es kein Halten mehr. Bei der anscheinend außerordentlich witzig klingenden Betonung ihres Dorfnamens, noch dazu ausgesprochen von einer dermaßen eigenartig aussehenden Frau, müssen sie amüsiert losprusten. Jetzt spreche ich den Namen extra doof aus, schwinge die Hüften und säusle mit betörendem Ton: „Kinuuunu" – sofort sind die Kinder dabei, verdrehen belustigt die Augen und übertreffen sich darin, den Namen noch witziger auszusprechen. Nicht nur die Kinder haben jetzt ihren Spaß!

„Kinunu – endlich geschafft!", denke ich und sehe dabei in die Gesichter der Waisenkinder, die uns von ihrem Hof aus in zwei Lichtsekunden entdeckt und keine weitere Sekunde später umzingelt haben und sich nun, erfreut über die unerwartete Abwechslung so spät am Tage, köstlich über uns Neuankömmlinge amüsieren.

Den ganzen Tag über begleitete uns der niedlich klingende Name Kinunu nun schon auf unserem Weg entlang des Congo-Nile-Trails, einem Pfad an den Ufern des Kiwusees. Hier soll es laut Karte eine Unterkunft geben und bis hierher und nicht weiter ist es heute zu schaffen. Tags zuvor erreichten wir am späten Nachmittag Rubengera – eine freundliche Kleinstadt mit einigen Schulen, Lädchen, ein paar Kirchen, jeder Menge Mopedtaxis und einem protestantischen Seminarzentrum, in dessen Garten wir unser Zelt aufstellen konnten. Wie waren wir an diesem Abend nach einem langen Tag als lebendige Auslage froh, nun hinter das Gemäuer des pastoralen Zentrums schlüpfen zu dürfen, um für einen Abend einmal nicht die Attraktion des Dorfes zu sein.

Hier begann unsere Liebe für kirchliche Unterkünfte! In den Pensionen und Hotels kirchlicher Gemeinschaften ist es nämlich besonders sauber und gepflegt, die Stimmung ist gut und die Angestellten sind freundlich. Da nehmen wir gern in Kauf, unsere Trauringe als Beweis unserer Ehe vorzeigen zu müssen, um ein Doppelzimmer zu bekommen und nicht auf direktem Weg im Fegefeuer zu landen. Einmal reicht das nicht – die Ringe könnten ja bloß *Fake* sein – da sind wir dann froh über meinen Doppelnamen im Pass. Trotzdem: Ab jetzt steuern wir immer eine solche Bleibe an.

Von Rubengera aus blickt man auf den zehn Kilometer entfernten tiefblauen See Kiwu, der zur Hälfte bereits auf dem Staatsgebiet der Demokratischen Republik Kongo liegt. Umringt von bewirtschafteten Feldern, die sich wie Teppiche in allen möglichen Grüntönen an den Abhängen aneinanderreihen, liegt der See malerisch in die Landschaft eingebettet. Doch das Wissen, dass es im Nachbarland immer wieder zu blutigen, kriegsähnlichen Auseinandersetzungen kommt, liegt wie ein Schatten über diesen schönen Eindrücken. Nur ein paar Kilometer Luftlinie weiter spielen sich menschliche Tragödien ab. Dass das auch die Bewohner Ruandas nicht kaltlässt, erfahren wir im Gespräch mit dem Pastor. Auch er ist zutiefst bestürzt über das Schicksal der Kongolesen.

Schon früh am nächsten Tag – ein kurzes Herzen des noch verschlafenen Babys der Haushälterin musste noch sein – begann dann die Expedition Kinunu. „Zu Mittag sollten wir Kinunu erreichen. Dann sehen wir weiter", beschlossen Flo und ich, denn schließlich waren es nur 40 Kilometer bis dahin. Zuerst ließen wir uns blenden: Wir flitzten die zehn Kilometer in Richtung See in einem wahren Geschwindigkeitsrausch hinunter. Dort unten am See, so vermuteten wir, startet der Congo-Nile-Trail, auf dem wir gen Norden radeln wollten. Neu geteerte Straße, null Verkehr, der Fahrtwind pfiff uns um die Nasen, so könnte es heute weitergehen! Als wir dann, am See angekommen, einmal kurz nachfragen nach dem Start des Congo-Nile-Trails, heißt es Kommando zurück: Der Trail, so wird uns erklärt, starte in Rubengera! Wir wissen mittlerweile, dass es hier besser ist, mehreren Menschen die gleiche Frage zu stellen, denn, ähnlich wie in Südostasien, ist es in Ostafrika ein Gebot der Höflichkeit, lieber irgendeine Antwort zu geben als gar keine. So bekommt man oft mehrere, sehr unterschiedliche Auskünfte auf die gleiche Frage. Diese Aussagen gleicht man dann mit der Karte ab, überlegt, warum wer welche Aussage gemacht haben könnte und ob man tatsächlich alles richtig verstanden hat, siebt die glaubwürdigeren Antworten von den unmöglichen aus, bildet so einen Querschnitt und trifft dann seine Entscheidung. Trotzdem machen wir heute den Fehler, uns auf eine einzelne Auskunft zu verlassen. Die zehn Kilometer zurück bergauf sind aber Lehrgeld genug!, beim nächsten Mal doch noch mehr Leute auszufragen.

Eine Stunde später finden wir endlich den Startpunkt unseres Trails (übrigens direkt vor dem pastoralen Zentrum – ha!) und können unseren Augen kaum trauen: Eigentlich ist das Ganze nicht mehr als ein Pfad aus ausgetretenem roten Lehm. Doch die Landschaft ist unglaublich. Tee- und Kaffeeplantagen, die Reste des Dschungels, kleine Felder, Wasserfälle. Ab und an werden wir von einem Mopedtaxi, einem sogenannten *Boda Boda*, überholt, das ebenfalls nicht sehr schnell fahren kann, aber geschickt den Schlaglöchern und kleineren Felsen, die aus dem Boden schauen, ausweicht. Unser Tempo erreicht das minimal Mögliche – knapp bevor man das Gleichgewicht verliert und besser absteigt als umkippt. Nach zwei steilen Kilometern müssen wir Letzteres sowieso. Ein Bach muss überquert werden, die Brücke wird soeben repariert, stattdessen liegt ein schmales Brett zwischen beiden Ufern. Freundliche Brückenarbeiter helfen beim Schieben, ärmliche Kleinkinder ohne Schuhe, mit zerschlissener Kleidung und sichtlich krank, sehen uns dabei zu. Mir zerreißt es fast das Herz.

Bis Mittag schaffen wir gerade mal 20 Kilometer auf dem Trail und Kinunu, das müssen wir jetzt einsehen, wird zum Tagesziel. Entlang des Sees geht es über unzählige Anstiege – Hügel rauf, Kuppe, schalten, Hügel runter, scharf bremsen, schnell schalten und Hügel rauf –, dazwischen müssen wir immer wieder schieben – auch eine neue Erfahrung für uns. Mittlerweile können wir freundlich in der Landessprache grüßen, oft genug haben wir die Worte aus allen Ecken und Winkeln gehört, meist reichen auch ein paar französische Brocken, um uns zu verständigen. Wir fahren vorbei an hart arbeitenden Männern, die mit aller Kraft händisch Bretter aus Baumstämmen sägen, an Frauen, die Babys tragend zur Ernte wandern, an süßen Vierjährigen in knallgelben Schuluniformen, die stimmgewaltig fröhliche Lieder trällern, während sie von der Vorschule nach Hause gehen. Es herrscht gute Stimmung!

Am späten Nachmittag – golden blitzt der See in der Ferne durch die Blätter des Waldes – treffen wir auf ein Jugendzentrum: Sofort machen wir Späße mit den fußball-

Die Arbeit ist hart, die Stimmung gut.

Das Empfangskomitee Kinunus begleitet uns bis zur Unterkunft am See.

spielenden Jungs. Einer zeigt uns seinen selbstgebauten Holzroller: ein wahres Wunderwerk, denn dieses Ding funktioniert tatsächlich einwandfrei. Gleichzeitig hat der Junge den Stöpsel seiner Kopfhörer im Ohr und einen MP3-Player in der Hand. Immer wieder werden wir sehen, dass dies eine Momentaufnahme des derzeitigen Ostafrikas darstellt: zum Beispiel, wenn wir eine alte Massaidame, geschmückt mit unzähligen Ringen und Ketten, in traditioneller Kleidung und mit einer Ziege an der Leine mit ihrem Handy telefonieren sehen. Tradition und Moderne verbinden sich zusehends.

Später treffen wir einen alten Mann im adretten Anzug. Liebevoll umschließt er beim Gruß unsere Hand, heißt uns herzlich in Ruanda willkommen und erklärt uns den Weg nach Kinunu. Wir fühlen uns wirklich wohl in seinem Land.

Noch ein paar Teeplantagen mehr und wir stehen endlich hier unter den Kindern. Kinunu wirkt trotz der Tatsache, dass die Kinder des Waisenhauses ein schweres Schicksal tragen, irgendwie fröhlich. Es kommt uns vor, als hätten die Leute hier eine Perspektive. Jeder werkelt vor sich hin, es gibt ein paar Shops und gepflegte Hütten. Erst am Tag darauf sollen wir erfahren, warum wir mit diesem Gefühl richtig liegen. Wir fragen uns durch, wo die Kaffee-

Sieben Kilometer harte Schiebearbeit: Der Weg zur Unterkunft war tatsächlich eine Einbahnstraße.

wasch-Anlage liege. Dort soll es auch eine Pension geben. Hier den Hügel runter, lautet die Antwort. Wir können es kaum glauben: Sieben Kilometer geht es nun steil hinab – sieben Kilometer, die wir, auf Schritt und Tritt von den Waisenkindern umzingelt, hinunterkurven. Wir müssen so stark bremsen, dass wir teilweise die Füße auf den Boden stellen müssen, um nicht die Kontrolle zu verlieren. So steil und unwegsam ist es. Während wir innigst darauf hoffen, dieser Weg möge keine Einbahnstraße sein, die wir morgen wieder hinauf müssen, laufen die Kinder barfuß mit einem Affenzahn neben, vor und hinter uns her. Der Weg ist schmal, was ihnen aber anscheinend nichts ausmacht – sie hopsen einfach die stark ansteigenden Erdgräben neben uns hinauf und purzeln dort weiter. Gelächter, Geschrei, Aufregung! Eines stolpert über seine eigenen Beine, wir bleiben besorgt stehen, was die Kinder sofort wie im Schock erstarren lässt – ganz geheuer sind wir ihnen also doch nicht –, doch sofort rappelt sich das Kind wieder auf, putzt sich den Staub vom Hemd und weiter geht's. Vorbeigehende Kaffeebauern, einen Sack Kaffee am Kopf balancierend, versuchen immer wieder, die Kinder abzuwimmeln, damit sie uns in Ruhe ließen, doch erst knapp vor dem Ufer und der gesuchten Pension sind sie plötzlich spurlos verschwunden. Jetzt ist es ruhig! Vor uns liegt still der See, über dem die Sonne soeben untergeht. Wir nehmen uns ein Zimmer und haben das Gefühl, ein wahres Juwel entdeckt zu haben.

Der Congo-Nile-Trail windet sich entlang des Kiwusees. Am anderen Ufer liegt die Demokratische Republik Kongo.

Am nächsten Morgen frühstücken wir auf der Terrasse unserer Unterkunft und schauen den Fischern beim Einbringen des Fangs zu. In Ruanda hört man – wie wahrscheinlich in vielen Ländern Afrikas – stets Musik. Klar, dass die Männer beim Rudern und Einholen der Netze im Chor singen. Etwas dekadent kommen wir uns allerdings schon vor, als wir ihnen bei der schweren Arbeit zusehen und genüsslich Kaffee aus der Region schlürfen. Regionaler geht es eigentlich nicht – wird er doch direkt vor unseren Nasen geerntet und in der Waschanlage verarbeitet, durch die uns der Besitzer stolz führt. Wir sind peinlich berührt: Bis heute hatten wir keinen blassen Schimmer, wie das Getränk, das wir in rauen Mengen trinken, hergestellt wird. Mein Bruder Matthias hatte mir per Mail erklärt, er sähe in Ruanda auf Google Earth jede Menge Swimmingpools leuchten. Jetzt wissen wir es: Es handelt sich nicht um die Schwimmbecken von Luxushotels, sondern um die Wasserbecken der Kaffeewaschstationen. Henri, der Chef, erklärt uns außerdem, dass die Leute hier gar keinen Kaffee trinken würden – es sei keine Tradition und außerdem viel zu teuer, die Plantagen seien reine *Cash Crops* – „Bargeld-Pflanzen". Aber die Kaffeebauern von Kinunu erhalten einen fairen Preis, darum geht es dem Dorf an sich auch gut.
Wir glauben ihm, denn nach spätem Start und einer Stunde Schiebearbeit den steilen Weg hinauf – der Weg war tatsächlich eine Einbahnstraße! –

kommen wir ein paar Kilometer weiter in ein zweites kleines Dorf. Es ist staubig und verarmt. Ein Student des Dorfes erklärt uns das Problem: Wie die meisten Kaffeebauern Ruandas bekomme man auch in seinem Dorf zu wenig für die geernteten Kaffeebohnen. Die Leute könnten davon nicht überleben – im wahrsten Sinne des Wortes. Der fair gehandelte Anbau in Kinunu ermögliche den Menschen dort, ihre Kinder zu ernähren und Perspektiven aufzubauen. Der Unterschied pro Kilo Kaffee sind übrigens umgerechnet zehn Eurocent! *Fair trade* sollte eigentlich eine Selbstverständlichkeit sein, denn das ist der Preis, den die Ware wirklich kostet!

Flo: Die nächsten paar Tage am Congo-Nile-Trail gehen gewohnt weiter: Staubig rote Pfade, kleine Siedlungen, der Blick auf den See Kiwu, interessante Begegnungen und keine 40 Kilometer am Tag. Zumindest kulinarisch scheint hier jedoch alles auf den Radreisenden ausgelegt zu sein. Ganz nach dem Motto: „Es muss billig sein und den Magen füllen!" Es werden hauptsächlich Kochbananen, Maisbrei und Bohnen verspeist. Auch wenn sich Klara schon nach ein paar Tagen von der Kohlenhydratdiät abgegessen hat, laufe ich bei den riesigen Portionen zu Höchstformen auf. Was mir besonders gefällt, ist die flächendeckende Verfügbarkeit von Coca-Cola, noch dazu in eleganten Glasflaschen. Das hat Stil und schmeckt besonders gut. Es gibt wahrscheinlich kein Dorf, in dem nicht ein Kasten dieses wunderbaren Energieträgers von einem Kaufmann feilgeboten wird. Endlich erreichen wir Gisenyi. Die Grenzstadt liegt am nördlichen Ende des Sees und nur zwei Kilometer von der Demokratischen Republik Kongo entfernt. Noch einen Tag über einen Pass – immer mit Blick auf die von Gorillas besiedelten Virunga-Vulkane, und schon haben wir die Grenze nach Uganda passiert.

FEHLSTART IN UGANDA

Klara: „Das war hoffentlich der mieseste Hochzeitstag meines Lebens!", erklärt Flo am Abend unseres ersten Hochzeitstages im fahlen Licht seiner Stirnlampe. Wir liegen frustriert im Zelt, haben ein banges Gefühl im Bauch und hoffen, dass der Albtraum bald ein Ende hat. Der Urwald rings um uns erwacht mit Einbruch der Dunkelheit schlagartig zum Leben: Insekten zir-

Sternenklare Nächte im Osten Afrikas

pen, Affen schwingen sich laut kreischend direkt neben uns herum – eigentlich ein schöner Moment, wären da nicht die Erlebnisse der letzten Tage. Der Grenzübertritt nach Uganda verlief zunächst noch reibungslos. Gorillas aus Stein machten Werbung für die Hauptattraktion dieser Region – den Menschenaffen der Urwälder. Aus dem Radio der Grenzbeamten dudelte ugandischer Hip-Hop, im Fernseher hinter dem Schreibtisch liefen traditionelle Tänze. Die Stimmung war entspannt, die Leute nett, keine Schmiergeldforderung, also alles in bester Ordnung. Überhaupt hatten wir das Gefühl, Uganda gehe es wirtschaftlich besser als Ruanda. Wir wechselten schnell die Straßenseite, denn hier herrscht, aufgrund der ehemaligen britischen Kolonie, Linksverkehr. Doch schon nach der ersten Kleinstadt Kisoro endete der Spaß! Kinder verfolgten uns und riefen beschwörend vor sich hin: *„Mzungu! Mzungu! Give me! Give me!"* Machten wir keine Anstalten, ihnen etwas zu geben, wurden wir ausgelacht, mit Früchten oder Steinen beworfen – meist so, dass die Wurfgeschosse uns knapp verfehlten – oder spaßhalber mit Stöcken attackiert. Immer so, dass uns gerade nichts passierte! Ein paar Kilometer nach Kisoro fuhren wir an einem Flüchtlingslager für kongolesische Flüchtlinge vorbei. Danach wand sich die nigelnagelneue Straße einen hohen Pass hinauf und die leichtfüßigen Kinder hatten kein Problem, uns über lange Zeit zu verfolgen. Sie hängten sich an unsere Taschen, lachten uns dabei aus und waren nicht abzuschütteln. Zuerst versuchten wir noch freundlich, sie wieder loszuwerden, doch nach ein paar wüsten Beschimpfungen ihrerseits waren auch wir ungehalten. Alles half nichts. Kaum hatten wir eine Gruppe abgeschüttelt, kam die nächste. Landschaftlich stellte diese Strecke ein absolutes Highlight dar: Teeplantagen entlang steiler Bergrücken, der Ausblick auf die nebelverhangenen grünen Vulkane, strahlend blauer Himmel, emotional glich sie einem Spießrutenlauf. Endlich am Pass angelangt, freuten wir uns über den Vorteil, nun bergab schneller flüchten zu können. Doch sofort mussten wir feststellen, dass auch dies seine Tücken hatte. Wir flitzten mit ziemlichem Tempo durch ein ärmliches Dorf und passierten drei Männer. Als die uns bemerkten, täuschte einer von ihnen einen Angriff mit einem Stock vor und wir konnten gerade eben noch ausweichen. Fast hätten wir einen Unfall gebaut! Den ganzen Tag über hatten wir das Gefühl, hier nichts verloren zu haben, und fragten uns, wie und warum es dazu kommen konnte. Klar, Armut, Chancenlosigkeit, die Kolonisation der Weißen, Ungerechtigkeit – all dies können Gründe sein. Wie oft waren wir andernorts schon verwundert, angesichts dieser Voraussetzungen überhaupt so freundlich aufgenommen zu werden. Aber was ist hier los? Nach einem weiteren Pass durch einen Urwald und ein paar anderen unangenehmen Vorkommnissen erreichen wir nach einer langen Abfahrt endlich ein Camp am Ufer des malerischen Bunyonyi-Sees. Sofort fragten wir den Besitzer, ob campen auf seinem Areal überhaupt sicher für uns wäre, und erzählten ihm von unseren Erlebnissen. Der war empört und entschuldigte sich über alle Maßen. Er habe öfter Radtouristen hier, aber noch nie von solchem Verhalten ihnen gegenüber gehört! Er erzählte uns von der tragischen Armut, die diese Gegend bestimmt. Viele Familien könnten auf den steilen Hängen nicht genug ernten. Die Kinder seien oft mangelernährt, ein Liter Milch unerschwinglich. Die Betroffenheit angesichts dieser Armut, gleichzeitig das Gefühl, nicht willkommen, ja bedroht zu sein, ließ uns den Nachmittag in bedrückter Stimmung nur am geschützten Campingplatz verbringen. Der See an sich aber wäre ein Ort zum Verweilen. Das Ufer ist ein wahres Vogelparadies. Wir beobachteten Königskraniche, die sich mit majestätischen Schwüngen vom Baum neben uns erhoben, buntgefiederte Singvögel und verschiedene Entenarten. Als ein paar freundliche Fischer an uns vorbeifuhren, schien die Welt schon wieder etwas heller zu sein.

Tags darauf versuchten wir, die Erlebnisse vom Vortag als Einzelvorfall zu betrachten. Auf Anraten des Campingplatzbesitzers fuhren wir auf den geschotterten Wegen entlang des Sees und wurden zum Glück freundlich von entgegenkommenden Leuten begrüßt. Nach ein paar Kilometern wurde der geschotterte Weg zu einem etwas breiteren Pfad, der sich steil entlang eines Abhangs hinaufwand. Der See lag immer weiter unter uns und wir mussten teilweise schieben, um überhaupt voranzukommen. Zu Mittag hatten wir auf diesem besseren Wanderweg gerade erst 30 Kilometer geschafft. Wir erreichten ein kleines Dorf, das durch einen ins Megaphon predigenden Wanderredner beschallt war. Er schien guter Laune und rief uns ein fröhliches „*Hello Mzungu!*" durchs Megaphon zu, als wir an ihm vorbeirollten. Nach dem Polizisten in Colorado und dem Karaokesänger aus Laos war dies nun das dritte Mal, dass uns jemand spontan per Mikro begrüßte, und jedes Mal hatten wir unseren Spaß daran. Endlich ging es eine steile Straße nach Kabale hinunter. Wir kamen an einem Steinbruch vorbei. Kinder, Alte und Frauen, jeder schlug hier mühsam mit einem Stein in der Hand andere Steine klein. Uns wurde wieder einmal bewusst, dass wir von so manchen Lebensrealitäten keine blasse Ahnung haben.

Mitten in Uganda und nur noch mittelgut drauf

Der heutige Tag war besser, trotz allem: Neben freundlichen Begegnungen merkten wir auch, dass nicht jeder froh war, uns zu sehen. Mit gemischten Gefühlen und noch immer etwas verunsichert, erreichten wir kurz vor Sonnenuntergang Muhanga, eine kleine Truckerstadt entlang der soeben ausgebauten Hauptstraße. In unserer Herberge wurde gegrillt: Ziegenspieße mit Pommes und Kraut – ein Essen, das wir hier noch öfter haben sollten.

Der nächste Tag war unser erster Hochzeitstag. Eigentlich fing er gut an: Es war Sonntag, überall wurden wir von aufgebrezelten Mädchen und Jungen in farbenfrohen Sonntagskleidern begrüßt und brauchten wir Hilfe, dann fanden sich sofort mehrere Männer, die uns den Weg zeigten oder mit uns ein nettes Gespräch begannen. Heute kamen uns stets Bauern mit einer großen Milchkanne am Fahrrad entgegen. Nach 20 Kilometern – die waldige Landschaft wurde savannenartig – stoppten wir in einer Kleinstadt. Auf der Veranda eines Restaurants tranken wir literweise *Chai Latte* (ein absolutes Highlight in Ostafrika) und aßen *Chapati*. Von hier aus beobachteten wir das bunte Treiben der Stadt. Besonders angetan hatten es uns die *Matatus* (Kleinbusse), die mit Passanten, Hühnern oder dem gesamten Hausrat einer Großfamilie vollgestopft wurden. Wir waren erleichtert: Die unguten Erlebnisse der beiden Vortage waren anscheinend eine Ausnahme gewesen! Doch kaum bogen wir von der Hauptstraße auf eine rote Buschpiste ab, ging es wie-

Trotz wunderschöner Teeplantagen sind wir uns einig: Das ist ein mieser Hochzeitstag!

der los. Den Rest des Tages wurden wir begleitet, belästigt, beleidigt und beworfen. Irgendwann war es mir zu viel. Wir machten einen Stopp in einem kleinen Getränkeladen, kauften einen Liter Limonade und ehe ich mich versah, kullerten mir dicke Tränen die Wangen hinunter, als ich die Verkäuferin aufgewühlt fragte, was sie denn hier gegen uns Weiße hätten. Der war das unheimlich peinlich und sie entschuldigte sich für das Verhalten ihrer Landsleute. Uns wurde bewusst, wie es umgekehrt für einen Farbigen sein muss, der nach Europa kommt und mit rassistischen Anfeindungen konfrontiert ist. Keine Minute dachten wir an unseren Hochzeitstag, viel zu sehr waren wir damit beschäftigt, das Ganze hier zu verdauen und zu verstehen.
Wir waren schon über hundert hügelige Kilometer gefahren, als wir endlich Ishaka erreichten. Bei der erstbesten Möglichkeit schlugen wir uns den Bauch mit gefühlten drei Kilo Kohlenhydraten in Form von Kochbananen, Süß- und normalen Kartoffeln sowie Maisbrei voll und starrten vor uns hin. Unsere Karte verzeichnete einen Campingplatz in einem Naturschutzgebiet, nur fünf Kilometer von hier entfernt. Den wollten wir noch schnell erreichen! Der freundliche Wirt meinte zwar, es seien insgesamt noch zehn Kilometer, aber auch das schien uns noch sehr verlockend! Irgendwas war aber faul: Weder nach fünf noch nach zehn Kilometern war ein Campingplatz in Sicht. Stattdessen ging die Sonne langsam unter und tauchte die umliegenden Tee-

felder in sanftes Licht. Es musste also ein Plan B her, denn wildes Campen kam bei der Stimmung hier für uns nicht in Frage.

Zur Draufgabe wurde Flo, nach einem sehr anstrengenden Tag bereits physisch und psychisch ausgelaugt, von einem Auto geschnitten. Wie ein Käfer am Rücken – unfähig zur schnellen Reaktion – holperte er in den Straßengraben und wurde sogar noch von vorbeiradelnden Passanten ausgelacht! Seine Grenze war erreicht. Wie ein Irrer lachte er zurück und ich befürchtete, dass er nun endgültig durchdrehen würde. Letztendlich erreichten wir nach 130 (!) Kilometern endlich das Camp! Verschwitzt, weil es keine Dusche gab, erschöpft und ohne Abendessen krochen wir in unser Zelt und hofften nur noch, dass es schnell wieder ganz anders wird!

RADSAFARI IM QUEEN-ELIZABETH-PARK

Flo: Mit einem etwas mulmigen Gefühl fahren wir anderntags hinab in die weite Savanne des Queen-Elizabeth-Park, durch den die Hauptstraße hindurchführt. „Sollen wir wirklich mit den Rädern durch den Park fahren? Ist das denn nicht gefährlich?", fragen wir uns. Als alter Daktari-Fan schießen mir sofort lebhafte Bilder in den Kopf: Hungrige Löwen, die Zebras reißen, und Giraffen, die, dabei auf einem Blatt kauend, völlig unbeteiligt zusehen; Elefantenbullen, die sich um die Gunst eines Weibchens streiten, Krokodile, die auf ihre Beute warten, und kleine weiße Vöglein auf dem Rücken von Wasserbüffeln. „All diese Viecher aus dem Fernsehen gibt es hier wirklich", wird mir bewusst, als wir die Parkgrenze passieren. Ein Einheimischer ruft uns noch von einem vorbeirasenden Pick-up halb scherzhaft zu: „Vorsicht, Löwen, Mzungus!" Wir sind verunsichert und warten ab. Keine Menschenseele in Sichtweite. Nach einigen Minuten halten wir einen vorbeikommenden Polizisten an. Der versichert uns, dass die Raubtiere um die Mittagszeit schlafen und somit keine Gefahr bestehe. „Die Einheimischen fahren auch mit den Rädern hier herum", lässt er uns wissen. Na dann!

Zwar habe ich meine Zweifel und möchte nicht unbedingt meine Männlichkeit als Löwenbändiger unter Beweis stellen müssen, aber Klara sieht das Ganze recht entspannt und hat vollstes Vertrauen in die Auskunft des Uniformierten. Aus sicherer Distanz entdecken wir eine grasende Elefantenherde, doch diese meidet es zum Glück, nahe an die Hauptstraße heranzukommen, und sucht unter einer weit entfernten Akazie Schutz vor der Mittagshitze.

Was raschelt denn da? Mit leicht gemischten Gefühlen radeln wir durch den tierreichen Nationalpark.

Wir bekommen trotzdem weiche Knie und ich bin ein wenig angespannt. Bei jedem noch so kleinen Rascheln im Gebüsch halte ich nach einem potentiellen Löwen Ausschau. Klara ist da gelassener: „Flo", versucht sie mich zu beruhigen, „die Löwen schlafen jetzt!" Ich hoffe es inständig!
Um zum Parkhauptquartier und zu unserer Unterkunft zu gelangen, müssen wir in einen Feldweg einbiegen und die Hauptstraße verlassen. Nach ein paar Minuten kommen wir zum Haupttor des Parks, wo auch der Eintritt zu bezahlen ist. Nochmals erkundigen wir uns beim Parkranger, ob die 20 Kilometer lange Piste auch für Radfahrer sicher sei. „Kein Problem, ihr könnt fahren", teilt er uns mit Nachdruck mit. Wie haben trotzdem Bammel und ein ziemliches flaues Gefühl im Magen – jetzt sogar auch Klara. Die vielen frischen, für uns nicht identifizierbaren Tierspuren verunsichern uns. Riesige Fladen zeugen von hoher tierischer Aktivität. Autos oder gar Einheimische haben wir schon lange nicht mehr gesehen. Es ist verdächtig ruhig. Die holprige Straße windet sich durch den Busch. Hohe Grashalme und knorrige Dornenbüsche säumen den Weg und verhindern einen Weitblick. Vor Anspannung sprechen wir kaum miteinander, stattdessen treten wir ganz schön in die Pedale. „Erst sechs Kilometer geschafft?"
Gerade biegen wir um eine Kurve, da hören wir ein tiefes Schnauben. Die Bäume hinter einem Gebüsch bewegen sich. Sofort bleiben wir stehen. „Was ist das?", frage ich Klara flüsternd. Sie schüttelt den Kopf, legt den Zeigefin-

Mit diesem Kerl ist nicht zu spaßen.

ger an die gespitzten Lippen und deutet mir mit einem leisen Zischen an, ruhig zu sein. „Da ist ein Elefant vor uns, gleich hinter dem Strauch", stammle ich. „Da, auf der anderen Straßenseite ist sogar ein Babyelefant", setzt Klara nach.

Na toll. Da haben wir Schlaumeier uns wieder mal in eine großartige Situation manövriert. Es ist zwar imposant, solche Tiere aus nächster Nähe zu sehen, doch ich würde nun gern ein bisschen mehr Blech zwischen mir und den Viechern haben. Jetzt will ich nur noch weg. Wir drehen behutsam um und beobachten die Tiere aus der Ferne. Kurz überlegen wir, nicht doch das Vorbeiziehen der Tiere abzuwarten, um dann weiterzuradeln, da wird der Bulle nervös und kommt, wild mit den Ohren wedelnd, auf uns zu. Ich habe genug Daktari gesehen, um zu wissen, dass es höchste Zeit ist abzuhauen. Zurück zum Gate.

Dort angekommen erzählen wir dem gleichen (!) Parkranger unsere Story. Er meint: „Ihr habt völlig Recht. Besonders Elefantenfamilien mit Jungtieren sind sehr gefährlich. Außerdem haben wir Dutzende Löwen hier in diesem Gebiet. Ich würde hier niemals mit dem Fahrrad fahren!" Gut, das jetzt zu wissen!

Affen am Straßenrand sind uns da schon lieber.

Zum Glück ruft uns der nette Ranger ein Taxi und so schaffen wir es sogar noch zum Start einer Bootsafari. Die Fahrräder lassen wir bei ihm in der kleinen Rundhütte, um sie morgen nach der Safari wieder abzuholen. Vom Fahrradfahren haben wir für heute genug – Zeit für entspanntes Touristenprogramm!
„Kommt schon, wir legen ab!", ruft uns der Parkranger des Safariboots entgegen, als wir aus dem Taxi springen und zum Steg hetzen. Verschwitzt und staubig mischen wir uns unter die anderen Touristen – die Anspannung der letzten zwei Stunden fällt ab. Ich muss mich erst mal in eine Ecke setzen, um kräftig durchzuschnaufen, ehe ich mich mit Klara an Deck begebe. Dort geht es Schlag auf Schlag – Wildtier an Wildtier reiht sich am Ufer des Kazingakanals: Wasserbüffel, Krokodile, Elefanten, Adler, Flusspferde, Gazellen und noch vieles mehr. Dazwischen ein kleines Dorf. Die Leute dort haben etwas mehr Erfahrung im Zusammenleben mit den Tieren: Ein Elefantenbulle trinkt keine zwei Meter von der ersten Hütte entfernt genüsslich aus dem Kanal, die Fischer rudern mit ihren Booten ein paar Meter neben den Flusspferden entlang. Die Diversität der Tierwelt verblüfft uns: Würden sie sich nicht bewegen, wir würden glauben, sie wären extra für uns Touristen drapiert. Am Ende

Nachts holt uns das Gebrüll der Löwen aus dem Schlaf.

der Bootstour wartet noch ein majestätischer Wasserbock an der Anlegestelle und auf dem kleinen Trampelpfad zu unserer Unterkunft schneidet uns eine niedliche Erdmännchenfamilie den Weg ab. Löwen sehen wir keine, werden aber nachts von ihrem lauten Gebrüll geweckt, als sie unser Camp umstreifen. Frühmorgens stehen wir auf, haben wir doch mit unserem Taxifahrer von gestern gleich noch eine Safaritour vereinbart. Normalerweise sind Safaris teuer, doch mit dem Taxi und zwei weiteren Touristen kostet das Ganze nur 20 Dollar pro Person. Dafür bleibt das Geld direkt bei einem Einheimischen und nicht bei irgendeiner ausländischen Organisation.

Wie ein riesiger Feuerball steigt die Sonne über den Horizont auf und haucht dem Tag Leben ein. Wir düsen durch die Savanne und erblicken viele geschäftige Vögel, ehe wir vor zwei Elefantenbullen zu stehen kommen. Im Hintergrund zeichnet sich das Ruwenzorigebirge ab. Umwerfend, diese Giganten live vor dieser Kulisse zu erleben. Die beiden Herren haben aber für heute wohl genug von Touristen und beginnen mit zur Seite gestreckten Ohren und erhobenem Rüssel auf das Auto zuzulaufen. Der Rückwärtsgang unseres Taxis heult auf und nach einer scharfen Hundertachtziggradwendung machen wir uns aus dem Staub. Ich bin froh, diesmal im Auto zu sitzen. Im warmen Morgenlicht beobachten wir die Tierwelt Ugandas, ehe wir gegen

Ohne das Schild wäre der Äquator nur halb so spektakulär.

Mittag bei unseren Fahrrädern abgesetzt werden. Ein etwas harter Schnitt von der komfortablen Autosafari zurück auf den Fahrradsattel. Die Motivation hält sich heute in Grenzen. Nach dem entspannten Touristenprogramm sind wir ein bisschen nervös, wie es wohl weitergehen wird. Hoffentlich werden wir ab jetzt freundlicher behandelt.

ÜBER DEN ÄQUATOR

Klara: Es ist brütend heiß, die Landschaft bleibt savannenartig und kaum auf die Hauptstraße abgebogen, überqueren wir den Äquator. Bei einem einfachen Monument posieren wir gerade für ein Foto, da tritt ein stark bewaffneter ugandischer Soldat – er ist wohl eingesetzt, um das Grenzgebiet zum nahen Kongo zu bewachen – vorsichtig an uns heran. Seinen Granatwerfer finde ich ganz schön furchteinflößend, sein Anliegen aber ist friedlich. Vorsichtig grüßt er uns und fragt, ob es hier am Äquator unterirdisch so eine Art Magnetband gäbe oder ob dies doch nur eine Idee der Menschen ist. Wir plaudern kurz mit ihm und fühlen uns ganz wohl.
Keine 100 Meter nach dem Äquator und wir befinden uns in einem gastfreundlichen Durchzugsörtchen. Die Leute sind wie ausgewechselt! Alle

winken uns fröhlich zu und freuen sich, dass wir hier sind. Wir sind so erleichtert! Die ersten paar Tage in Uganda haben uns ganz schön verunsichert, doch jetzt ist alles wieder in bester Ordnung. Unser einziges Problem ist die Sprache! Alle paar Kilometer sprechen die Leute in Uganda eine andere Stammessprache. Die Wörter, die wir bis jetzt zum Grüßen und Danken benutzten, brauchen wir hier nicht mehr. Wir werden durch den häufigen Sprachwechsel etwas faul und finden, es reicht, erst in Kenia wieder mit einer neuen Landessprache durchzustarten. Trotzdem kommen wir mit den Leuten hier ins Gespräch, denn manche Männer sprechen Englisch. Uns fällt ein Stein vom Herzen: Die unfreundliche Stimmung noch ein paar Tage zuvor war eine Ausnahme und laut Aussagen anderer Ugander leider typisch für diese besonders arme Region. Immer wieder entschuldigen sich Menschen bei uns, wenn wir von unseren ersten Erfahrungen in ihrem Land erzählen. Wir nutzen das Dörfchen für eine frühe Mittagspause und freuen uns über Einheimischenpreise statt der teuren Nationalpark-Abzocke! In einer kleinen Holzhütte mit überdachten Tischen davor bestellen wir Chai, Reis und Bohnen. Noch vor dem Essen reicht der Besitzer der Bude Seife, einen Krug mit warmem Wasser und eine Schüssel, damit wir uns ordentlich die Hände waschen zu können. Wir scherzen mit dem Wirt und beobachten von unserem Tisch aus das bunte Treiben auf der Kreuzung.

Uganda, das wissen wir jetzt, ist ein vielfältiges Land, von dem wir noch mehr sehen möchten. Scheint so, dass wir dazu auch noch viel Zeit haben werden, denn nach einem Blick auf unsere Landkarte rechnen wir uns grob durch, wie lange wir wohl noch bis zur kenianischen Grenze brauchen würden. Außerdem stellen wir während der nächsten Tage fest, dass wir es kaum auf unser errechnetes Tageskilometersoll schaffen. Es gibt einfach immer einen Grund, warum nichts weitergeht: Hitze, schlechte Straßen, oder gute Straßen, aber steile Hügel über Hunderte Kilometer … Flo und ich gestehen uns aber ein: „Nach einem Jahr unterwegs bräuchte es jetzt mal eine längere Pause vom Radfahren!" Die Vorteile nach einem Jahr Reise machen sich aber erst jetzt so richtig bemerkbar: Wir fühlen uns total entspannt! Kilometerzahlen werden zur Nebensächlichkeit, wir leben in den Tag hinein und fühlen ein tiefes Vertrauen, dass es für alles eine Lösung gibt.

Heute machen wir schon nach 50 Kilometern Schluss. Vorbei an trockenen Wiesen, die von den Rindern der *Ankole*, einem Hirtenstamm, abgegrast werden, geht es Richtung Kasese. Die gigantischen Hörner der Ankolerinder sind

Je mächtiger die Hörner, umso stolzer der Besitzer: die Rinder der Ankole

der ganze Stolz der Besitzer. Solche riesigen, bis zu über einen Meter langen Hörner haben wir noch nie gesehen. Wir sind fasziniert.

Schon frühnachmittags erreichen wir Kasese und fühlen uns in der Kleinstadt auf Anhieb wohl. Wir finden ein niedliches Hotel mit Innenhof, den wir gleich zum Wäschewaschen nutzen, und machen uns einen gemütlichen Nachmittag.

WAS MAN ALLES AM KOPF TRAGEN KANN

Flo: Unser nächstes Ziel heißt Kampala – die Hauptstadt Ugandas. Sie liegt am Weg, Großstädte lassen wir normalerweise ja gern links liegen. Die Hauptstadt bietet aber Gelegenheit, uns ein paar Tage von dem fordernden Auf und Ab der Landschaft hier zu erholen. Also nichts wie hin!

In der verbleibenden Woche bis Kampala machen wir vor allem Bekanntschaft mit zweierlei Phänomenen: Das erste, mit dem wir es zu tun bekommen, sind die Affenbanden aus der Gegend hier. Fahren wir entlang einsamer Landstraßen, vorbei an Feldern oder dichten Urwäldern, sehen wir stets in nicht allzu weiter Ferne eine Horde dieser lustigen Banditen, die uns mindes-

Alles Mögliche und Unmögliche wird hier auf dem Kopf transportiert.

tens so neugierig beobachten wie wir sie. Einmal stoppen wir für ein Foto – die Zeit nutze ich, na klar, für eine Kekspause –, da sind sie auch schon beim ersten Rascheln der Packung da. Der Anführer der Paviane zuerst! Machomäßig führt er seinen Klautrupp an. Schnurstracks packen wir ein und flüchten – einen Affenbiss in den letzten Wochen unserer Reise, das würde gerade noch fehlen. Ein anderes Mal sitzt eine Gruppe von Mantelaffen in einem verzweigten Laubbaum. Mit ihren schwarzen Körpern und dem weißen Fellmantel, der namensgebend für diese Art ist, sehen sie witzig aus. Ein paar Einheimische scherzen mit uns, sie können sich gar nicht vorstellen, dass wir diese Tiere, die hier so normal sind, gar nicht kennen und besonders finden! Das Zweite, was uns auffällt, ist die Behändigkeit, mit der Menschen hier Dinge am Kopf transportieren. Hat uns anfangs schon der Anblick eines am Haupt getragenen Waschzubers entzückt, kommen wir später aus dem Staunen gar nicht mehr heraus: Wir sehen ganze Bananenstauden, die je einen Meter nach vor und zurück ragen, schwere Zementsäcke, eineinhalb Meter hohe Körbe, voll mit geerntetem Tee, am Kopf balancierte Spaten (ja, die normalgroßen), Musikinstrumente, von der Trommel bis zur Gitarre, und, und, und. Einfach unglaublich, was man alles auf dem Kopf tragen kann!

NA DANN MAHLZEIT! 25. Mai 2013

Klara: Flo hat soeben sein Versprechen gebrochen! Ich kann es kaum fassen, während es mich nur noch ekelt. Ein Vertrauensbruch sondergleichen! Unser ungeschriebenes Gesetz, das sich im Laufe der letzten Monate, spätestens angesichts der herzhaften Leckereien jeglicher erdenklicher Tierart in Vietnam, eingespielt hat, darf doch nicht einfach gebrochen werden: Wenn wir in einem Restaurant etwas serviert bekommen, von dem wir beide überzeugt sind, dass wir so etwas nie und nimmer in irgendeiner anderen Situation außer dieser essen würden, weil es die Höflichkeit und Esskultur des Landes erfordert, würdigen wir uns keines Blickes und besprechen auch nicht, was wir von dem, was soeben auf unserem Teller gelandet ist, halten, sondern essen wortlos und wenn möglich im Eiltempo die servierte Speise.
Doch heute wirft Florian alle Grundsätze über Bord. Die Sonne geht gerade auf, da sitzen wir schon in einem Restaurant an der staubigen Hauptstraße und warten auf unsere Bestellung. Wie immer ein kleines Lotteriespiel, schließlich klappt das hier mit der Verständigung nicht immer so, wie wir es gern hätten. Zuerst sind wir zufrieden: Kochbananen – zugegeben zu Hause nicht mein Lieblingsfrühstück, aber für die strammen Waden gibt es nichts Besseres – und Fleisch. So früh am Morgen ist das eigentlich nichts für mich, aber für die Leute hier ist Fleisch reines Luxusgut! Flo *übernasert* es gleich: Das hier ist die ugandische Leibspeise, die wir bisher immer sorgsam vermieden haben, denn es handelt sich um nichts anderes als einen Haufen gekochter Eingeweide, der für uns Europäer ganz intensiv nach warmem Hundefutter riecht. Der Versuch, diesen Geruch auszublenden und die Weichheit der Nieren, Kutteln und Gedärme im Mund zu ignorieren, beschäftigt mich derart, dass mir erst gar nicht auffällt, dass Flo keinerlei Anstalten macht, seine Portion zu essen. Ich esse schnell und ohne ihn anzusehen, ganz so wie es unser Gesetz erfordert. Ein Lehrbuchmoment *par excellence*! Und so kommt mir auch nicht über die Lippen, was ich mir denke. Stattdessen breitet sich heißer Schauer über meinem Rücken aus und ich kämpfe hart, der freundlichen Gastwirtin zu verheimlichen, wie es mir wirklich geht. Endlich! Geschafft! Tapfer, fast etwas triumphierend richte ich den Blick auf meinen Mann, der vor vollem (!) Teller sitzt und selbstbewusst erklärt: „Leider kann *ich* das nicht essen!"

Wir wühlen uns durch die verstopften Straßen Kampalas.

Klara: Nach diesem Zwischenfall sind wir sehr dankbar für die indischen Einflüsse, die es in Uganda gibt. Trotz des damaligen Diktators Idi Amin, der die indischstämmigen Kaufleute, die schon über mehrere Generationen im Land gelebt hatten, in den Siebzigerjahren brutal vertrieb, sind nun wieder einige zurückgekehrt. Das Zusammenleben scheint zu funktionieren. Der Vorteil für uns sind die indischen Restaurants, die es in jeder größeren Stadt gibt. Wir genießen es, mal etwas weg von der üblichen Kochbananen-Maisbrei-Bohnenmus-Kost zu kommen. Außerdem entdecken wir – wir sind ja bereits in Richtung Küste unterwegs – mehr und mehr Einflüsse der Suahelikultur. Die wiederum ist von den arabischen Zuwanderern geprägt. Darum gibt es also den Chai Latte und die süßen Krapfen. In Kampala campen wir neben Andrea und Jeroen, einem holländischen Journalistenpaar, das schon seit zwei Jahren per Landrover durch Afrika reist und Reportagen schreibt. Es tut gut, sich nach so langer Zeit endlich wieder mit einem ähnlich denkenden Paar auszutauschen! Sofort gehen wir in eine Kneipe ums Eck auf ein Bier und verbringen einen gemütlichen Abend miteinander.

Nach drei Tagen Pause, Wäschewaschen und Essengehen reicht es uns aber. Wir machen uns wieder auf den Weg. Unsere Straße geht unweit des Viktoriasees entlang, es wird endlich flacher und plötzlich sind die Leute viel wohl-

„Danke! Ihr rettet unsere Reise!" – Diesen Satz werden wir uns noch öfter sagen hören.

habender. Einen Abend verbringen wir noch in Jinja – einer hübschen Stadt am See, wo wir uns an den Ufern des Nilursprungs ein traumhaft romantisches Abendessen gönnen, Candle-Light-Dinner samt Froschgequake, bevor wir auch schon fast in Kenia angelangt sind. Alles ist gut. Bis auf meine Radnabe …

KENIA: IT´S BROKEN NOW

Flo: „Alles wieder in bester Ordnung!", bestätigte uns damals der nette Fahrradmechaniker eines modernen Fahrradladens in Trat (Thailand) kurz vor der Abreise nach Afrika. Unsere Räder hatten wir ausnahmsweise in die Hände eines *Fachmannes* gegeben, weil die Radnaben dringend ein professionelles Service brauchten. Schließlich sollten unsere treuen Gefährten fit für unsere Abschlussrunde sein.

„Nichts ist in Ordnung", stellte ich dann in Uganda, kurz vor der Grenze zu Kenia, fest, nachdem mir Klara ganz nebenbei mitteilte, dass es sie immer so nach links ziehe und sie ab und zu ungewollt abgebremst werde. Eine kurze Inspektion zeigte, dass sich das Radlager gelockert hatte. Das mehrmalige Nachstellen der Konterschrauben half nur bedingt, die Nabe lockerte sich immer wieder. *Worst Case* in dieser Gegend, denn weit und breit sind hier keine Ersatzteile aufzutreiben. Alle paar Kilometer mussten wir anhalten, um die Nabe zu justieren, teilweise mit der Unterstützung sehr hilfsbereiter Einheimischer. Ich verlor trotzdem einige Nerven – und zu unserem Entsetzen das Lager alle Kugeln, als wir es unfreiwillig einem Dorfmechaniker anvertrauten. „*It's broken now*", stellte der gute Mann fest und ließ uns mit der offenen Nabe und den im staubigen Erdboden verstreuten Kugeln zurück. Eigentlich baten wir ihn während einer Cola-Pause nur um einen zweiten Siebzehner-Schlüssel, doch während wir auf unser Erfrischungsgetränk konzentriert waren, colafixiert wie wir sind, verschwand er mit dem Laufrad in seinem Schuppen und begann hilfsbereit, aber leider ungefragt mit der Demontage, anscheinend ohne einen wirklichen Plan zu haben, was er da tat. Wir wissen nicht wie, doch letztendlich schafften wir es sogar jetzt noch, das Rad wieder mehr oder weniger fahrtauglich zu machen. Nicht alle Kugeln fanden wir wieder, aber bis zur nächsten Ortschaft gelangten wir doch. Die verbliebenen Kugeln im Lager warf es wüst umher und das Rad hörte sich jetzt an wie eine Kettenraupe auf Safari. Das Treten fiel Klara ganz schön schwer. Wie aus dem Nichts trieben in dem kleinen Städtchen findige Fahrradmechaniker einen passenden gebrauchten Nabendynamo auf. Ein echter Glücksgriff, denn Ersatzteile gibt es fast ausschließlich für die hier verwendeten Fahrräder *made in China*. Sechs Hände speichten gleichzeitig das gute Teil ein. George, ein netter Perückenladenbesitzer, fungierte als Englisch-Suaheli-Dolmetscher und als Feilscher für Ersatzteile und Arbeitszeit. Den halben Nachmittag saßen wir auf der Holzbank vor seinem Geschäft und unterhielten uns über das Leben hier und in Europa, während wir auf die Fertigstellung der Reparatur warteten. George schien von den aktuellen Bundesligaspielen bis hin zur Pensionspolitik der Europäischen Union über so ziemlich alles informiert zu sein und kümmerte sich während unseres Gesprächs nebenbei liebevoll um einige Kinder, die vor uns spielten. „Sind das deine Enkel?", fragten wir ihn. Da begann George zu lachen: „Das sind einfach Kinder unserer Stadt", erklärte er und strich einem der Jungen lächelnd über den Kopf. Jeder kümmere sich hier um jeden. Als die Mechaniker endlich stolz ihr Werk präsentierten, waren wir sehr erleichtert. „Ihr habt unsere Reise gerettet", fielen wir allen um den Hals. Am Abend trafen wir uns mit George noch vor unserem Hotel, wo mal wieder frische Pommes frittiert und eine Ziege gegrillt wurde. Zufrieden gingen wir schlafen und waren begeistert von der Improvisationskraft der Ugander. „Jetzt hat das Desaster ein Ende! Morgen starten wir durch!"

Und tatsächlich: Wir schaffen es sogar über die Grenze nach Kenia. Doch die neue Nabe ist alt, alt und kaputt, stellen wir kurz nach der Grenze fest. Klaras Rad kommt abermals zum Stillstand. Diesmal geht gar nichts mehr. Klara schlägt vor, uns nicht mehr herumzuärgern und ausnahmsweise mit einem Truck bis in die nahegelegene Provinzhauptstadt Eldoret zu trampen. „Probier's halt, aber wir werden so schnell niemanden finden, der uns mit den Rädern mitnimmt!", lasse ich Klara leicht gereizt wissen. Fünf Minuten später sitzen wir bereits im Führerhaus eines Trucks und fahren das Rift Valley, den mächtigen Ostafrikanischen Grabenbruch, hinauf. Ich brauche ein paar Minuten, um zu verkraften, dass wir jetzt nur noch per Anhalter weiterkommen – besonders das Rift Valley wäre ich gern abgeradelt. Mein Mechaniker-Ego ist durch das irreparable Ding ebenfalls ein wenig angeschlagen.

Zusätzlich werde ich grantig, als uns ein wohlgenährter Polizist stoppt. Seine Uniform spannt, die Kappe scheint ein wenig überdimensioniert zu sein und mit seinem Schlagstock unterm Arm verkörpert er totale Autorität. Unser Lkw-Chauffeur muss einige kenianische Schilling Strafe zahlen. Wofür weiß niemand so genau. „Das kommt immer wieder vor. Die stecken das alles in die eigene Tasche", kommentiert er resigniert. Er und sein Gehilfe verkehren mit dem Lkw für ein großes Transportunternehmen zwischen Kampala und Mombasa. Nonstop. Schmiergeld ist bereits miteinkalkuliert. Mit John und Michael haben wir in der Fahrerkabine mit der Zeit richtig Spaß! Stets hupen sie entgegenkommenden Lkws einen lauten Gruß zu. Die Einkäufe werden während kleiner Zwischenstopps erledigt: Flugs sind da zwei Stauden Kochbanane gekauft und fachkundig per Gurt am Führerhaus montiert. Ein paar Avocados noch und fürs Abendessen ist gesorgt. Fehlt nur noch ein kleiner Snack für zwischendurch. Wie in einem Comicstrip organisiert sich Michael in voller Fahrt von einem vorbeituckernden Zuckerrohrtrucker eine Stange Zuckerrohr zum Kauen. Ein kurzer Wink genügt und der hinten auf der Ladung sitzende Arbeiter reicht sie ihm beim Überholmanöver rüber.

In Eldoret werden wir in einem kleinen Radgeschäft endlich fündig und alles ist gut: eine neue Nabe – *made in China* – und Speichen in der richtigen Länge! Maurice, der Mechaniker, wird gleich zum rettenden Helden der Reise gekürt, als er mit flinken Händen das Laufrad umspeicht. Ein langer Tag geht zu

Ende und wir sind froh. Wieder mal schlafen wir mit dem Bewusstsein ein, dass nun endlich alles gut ist – ja gut sein muss!

Am nächsten Tag kommen aber schon die ersten Zweifel auf. Wir sind auf dem Weg zu Elias, meinem Freund aus Iten. Vor Jahren war ich hier auf Trainingslager, damals noch als semiprofessioneller Langstreckenläufer. Dabei lernte ich Elias kennen. Ich wollte Klara immer schon dieses kleine Dörfchen auf 2400 Metern zeigen. Es liegt am Rande des Rift Valleys und zeichnet sich durch seine herzlichen Bewohner, vor allem aber durch eine extreme Dichte an Weltklasseläufern aus. Iten liegt genau auf unserer Reiseroute.

Schon nach wenigen Kilometern beginnt das Laufrad zu singen. Das darf einfach nicht wahr sein! Wir ignorieren das Geräusch, soweit es geht, und strampeln weiter. Hinter der Stadt Eldoret wird der Verkehr immer weniger und bald sind wir auf einer fast einsamen, stetig ansteigenden Straße unterwegs. „Elias wird Augen machen, wenn wir ihm einen Überraschungsbesuch abstatten!", schwirrt es durch meinen Kopf, während wir entlang des Hochplateaus vorbei an Dörfern und Feldern radeln.

ITEN – HOME OF CHAMPIONS   28. Mai 2013

Flo: „Florian, was machst denn du hier?", begrüßt uns Elias überrascht, als wir an seiner Tür klopfen. Sofort bittet er uns herein, stellt eine große Kanne Chai auf den Tisch und schenkt uns ein. „Von Ruanda bis hierher seid ihr mit dem Rad gefahren?", fragt Charles, Elias' Nachbar, der gerade zu Besuch ist, ungläubig nach, als wir den Grund unseres Erscheinens erklären. „Unglaublich!" Er selbst ist ein Weltklasseathlet und läuft den Marathon in zwei Stunden und sechs Minuten – es besteht also absolut keine Relation zu unseren sportlichen Ambitionen. Schnell zu laufen ist für ihn normal, doch mit dem Rad zu reisen unvorstellbar.

So wie Charles und Elias sind die meisten der richtig guten kenianischen Läufer vom Stamm der *Kalenjin*. „Klar könnte ich auch schnell laufen, wenn ich wollte! Das steckt doch in unseren Genen", bekräftigt Zeddy, die Frau von Elias, selbstbewusst die läuferische Überlegenheit ihres Stammes. Neben dem Talent steckt aber viel hartes Training und der Wille zum sozialen Aufstieg hinter dem Erfolg der Läufer. Fast alle Kinder wollen hier *runner* werden, um nach Europa zu kommen und Geld zu verdienen. Doch nur wenige schaffen es. Elias hat es geschafft und ist unter den anderen Läufern hoch angesehen. Er lief bereits einige Male in Europa und konnte sogar zweimal den Linz-Marathon gewinnen. Ergebnis der Mühen ist ein nettes kleines Grundstück samt Haus.

Haus hin oder her, heute möchte er die Chance nutzen, zum ersten Mal in seinem Leben in einem Zelt zu schlafen. „Die Nachbarn werden nur so staunen", erklärt er schmunzelnd, während er nachmittags schon mal Probe liegt. Zeddy ist sich nicht ganz sicher, probiert es aber trotzdem. Doch nach zwei Stunden gibt sie auf. Elias hält bis in die Morgenstunden durch, dann

Elias mit seiner Familie. Einige Pokale gewann er in Österreich.

gönnt er sich noch ein paar Stündchen Schlaf in seinem vertrauten Bett und gibt morgens zu, wohl doch nicht ganz der Campingtyp zu sein.

Klara wird in die kenianischen Kochkünste eingeweiht. Gemeinsam mit Zeddy bereitet sie *Ugali* und *Chapati* zu, während Elias und ich Chai trinken. Ugali ist das Nationalgericht Kenias und eigentlich nicht mehr als ein Brei aus Maismehl und Wasser. Laut Elias ist es *das* ultimative Geheimnis der schnellen Läufer! Außerdem schmecke es großartig! Wie können wir Europäer nur so auf Pasta stehen? – Ein Mysterium für ihn. Ganz kann er uns von der für uns eintönigen Kohlenhydratbombe aber nicht überzeugen. Beim Essen erzählt uns Zeddy, dass durch den derzeitigen wirtschaftlichen Aufschwung Kenias ein neuer Wind wehe: „Plötzlich geht es hier viel mehr um Besitz und Geld statt um Familie und Zeit! Ich möchte nicht, dass alle so egozentrisch werden wie im Westen." Elias und Zeddy genießen ihren kleinen Wohlstand, gleichzeitig haben sie aber die Befürchtung, dass der fortschreitende Materialismus die Gesellschaft auch negativ beeinflussen könnte. Nach dem Frühstück brechen unsere beiden gläubigen Gastgeber zur Sonntagsmesse auf. Wir machen uns hingegen schleunigst auf den Weg, um es bis zu unserem Tagesziel zu schaffen.

Flo: Der Tag bei Elias' Familie war derart entspannend, dass wir beide tatsächlich auf ein kleines Problemchen vergessen haben. Ähm, da war doch noch was ... Aber schon auf den ersten Kilometern werden wir unsanft und deutlich erinnert. Klaras Vorderrad klingt wie eine mit Kieselsteinen gefüllte Mischmaschine. So ein Mist, gerade jetzt, wo wir vor dem atemberaubenden ostafrikanischen Grabenbruch stehen: Vor uns liegt eine 30 Kilometer lange Abfahrt über 1500 Höhenmeter! Die trockene Landschaft, die sich vor uns auftut, können wir gründlich betrachten, denn aus Sicherheitsgründen rollen wir im Schneckentempo abwärts, stets vorbei an festlich gekleideten Kenianern auf dem Weg zur Kirche. Aufgrund mangelnder Alternativen – weit und breit kein Fahrradladen – bleibt uns eigentlich nichts anderes übrig, als die krachenden Geräusche zu ignorieren und so lange weiterzufahren, bis der Gaul endgültig den Geist aufgibt.

Unten im langgezogenen, breiten Tal wird es spürbar wärmer. Die Vegetation ist hier im Gegensatz zum grünen Hochland karg und braun. Wir überqueren einen kleinen Fluss, an dem sich Krokodile in der Sonne wärmen und auf einen günstigen Zeitpunkt warten, um eine der herumstreunenden Ziegen beim Tränken zu jagen.

All die Höhenmeter, die wir die letzten Kilometer hinuntergerollt sind, müssen wir aber jetzt wieder hinaufradeln. Die Straße ist steil und erfordert viel Kraft. Angekommen in dem Ort Kabernet, liegt nun der letzte Pass unserer Reise hinter uns. Auch hier ist kein Radladen zu finden.

Klara: Es ist bereits dämmrig und im dicht besiedelten Busch finden wir keinen geeigneten Platz für unser Zelt. Wir fragen in der freundlichen Kleinstadt Marigat bei der High School nach, ob wir im umzäunten Schulgelände campieren dürften. Der Schulleiter gibt sein Einverständnis und bietet uns sogar an, uns in der Gemeinschaftsdusche der Lehrerunterkünfte duschen zu dürfen. Die Lehrer haben hier mit ihren Familien eigene Häuschen aus Ziegel. Dazwischen bleibt genug Platz für unser Zelt. Beim Aufbau haben die Lehrerkinder ihren Spaß mit uns. Augenblicklich holen sie sich Gartensessel, setzen sich wie aufgefädelt im Sicherheitsabstand vor uns hin und beobachten uns genüsslich, als ob sie fernsehen würden. Die seltene Gelegenheit, ein paar Weiße direkt vor der Haustür zu haben, nutzt der Biologielehrer, der uns freundlich willkommen heißt und uns seinen Wasserhahn benutzen lässt, für eine besondere Lehrstunde. *„First time Mzungu!"*, erklärt er höflich lächelnd, während er sich vorsichtig mit seiner zweijährigen Tochter am Arm nähert.

Selbst mitten im Busch sind wir gut versorgt.

Die verzieht ängstlich das Gesicht, als sie uns sieht. Er nimmt mit beruhigenden Worten vorsichtig ihr Händchen, das sie widerwillig zurückzuziehen versucht, und streicht damit kurz über meinen Unterarm. Das ist zu viel des Guten: Das Mädchen bekommt einen Schreianfall, der so schnell nicht mehr aufhört: „*Mzunguuu! Mzunguuu!*", schreit sie und hört erst auf, als sie im Haus zurück und wir somit außer Sichtweite sind. Mit dem Rest der Kinder scherzen wir, bis ihnen die Mütter zurufen, ins Bett zu gehen.

Flo: Am nächsten Tag hoffen wir nur noch, die 100 Kilometer nach Nakuru, der letzten großen Stadt auf unserer Route, irgendwie zu schaffen. Wenn wir in Nakuru keine Möglichkeit finden, die Nabe zu reparieren, dann brauchen wir gar nicht daran zu denken, weiter nach Tansania zu fahren. Insgeheim überlegen wir schon Alternativen. Wir radeln durch dichtes Buschland mit unterschiedlichsten exotischen Vögeln, ab und an kreuzt eine große Schildkröte unseren Weg. Die Leute sind gut drauf und wir fühlen uns richtig wohl in Kenia! Selbst die Honigverkäufer am Straßenrand scheinen trotz ihrer harten Arbeit Spaß zu haben, wenn sie vorbeifahrenden Autos und Bussen nachlaufen, um ihre Waren anzupreisen.

Nach 40 Kilometern bricht die Nabe endgültig auseinander und die eierförmig gemahlenen Kugeln fallen kapitulierend zu Boden. Mitten im Busch. Klara steht mit ihrem schief in der Gabel hängenden Vorderrad deprimiert am Seitenstreifen. Ich habe innerlich bereits aufgegeben. Da hören wir jemanden *„No problem!"* aus einer Hütte heraus rufen. Eine Gruppe Jugendlicher vom Stamm der *Tugen* bietet uns ihre Hilfe an. Mit den neuen Kugeln der chinesischen Ersatz-Ersatznabe, die ich zur Sicherheit noch in Eldoret angeschafft habe, schaffen wir es, die Nabe neu zu lagern, zu fetten und einzupressen. Leicht angeberisch scherzen die Jungs über ihre läuferischen Höchstleistungen. So nebenbei erklärt Klara, dass auch ich mal intensiv gelaufen wäre. Das nehmen die Burschen nicht ganz ernst: Ein Weißer, der läuft, kann einfach nicht gut sein. Umso ungläubiger sind sie beim Austausch der sportlichen Bestleistungen. Jetzt haben wir ihren Respekt verdient und unsere Facebook-Adressen werden ausgetauscht. Dank der Hilfe der Läufer schaffen wir tatsächlich die letzten 60 Kilometer bis in die Provinzhauptstadt Nakuru.

Vor einem Fahrradladen finden wir in einem Haufen alter Fahrräder eine alte Shimano-Nabe, die genau passen könnte. Wir lassen sie neu fetten und einspeichen und siehe da: Diese Nabe wird uns locker bis an die tansanische Küste tragen!

WO DIE WILDEN TIERE WOHNEN

Klara: „Wir möchten euch nochmals herzlich in Kenia willkommen heißen und hoffen, euch gefällt unser Land! Erzählt allen, wie friedlich es bei uns ist", erklären uns die Straßenverkäufer vor unserem Hotel in Nakuru, während sie uns zusehen, wie wir im bunten Treiben auf der Marktstraße unsere Räder bepacken. Wir haben uns in den letzten Tagen mit ihnen angefreundet, während mein Laufrad im Fahrradladen ums Eck endlich wieder fahrtüchtig gemacht wurde, und werden jetzt freundlich verabschiedet. Die Männer brauchen sich keine Sorgen zu machen: Wir haben uns längst in ihr Land und dessen gastfreundliche Leute verliebt! Kenia wird auf unserer Reise eines unserer absoluten Lieblingsländer werden. Über vierzig Stämme leben hier miteinander, die Sprachen und die Kulturen sind oft unterschiedlich, doch wir haben das Gefühl, dass jeder stolz auf diese Vielfalt ist. Ein letzter Abschiedsgruß, ein letzter freundschaftlicher Klaps auf die Schulter und schon finden wir uns auf der Ausfahrtsstraße von Nakuru gen Süden wieder. Wir wollen

Alleine unter einer Menge von Tieren: Afrika hautnah

heute mal wieder zu den wilden Tieren – in den Hell's Gate Nationalpark. Dazu bräuchten wir eigentlich gar nicht so weit fahren, merken wir, als direkt neben der Hauptstraße wildlebende Zebraherden, Giraffen und Pavianrudel auftauchen. Wir können es kaum glauben. Der Pavianchef hat sich dieses Plätzchen nicht zufällig auserwählt. Er hofft auf Speiseabfälle vorbeirasender Lastwagen und der Erfolg gibt ihm Recht.
In Kenia ist es in Restaurants oft so, dass die Speisekarten prall gefüllt mit durchnummerierten Leckereien sind. Fragt man dann nach einer gewissen Speise, erhält man oft ein entschuldigendes „Haben wir leider gerade nicht!" zur Antwort. Dieses Frage-Antwort-Spiel könnte ewig weitergehen, aber spätestens nach der zehnten Runde kapiert man endlich den Trick: Alle Besucher des Restaurants haben das gleiche und einzig vorhandene Gericht vor der Nase: Ugali mit Fleisch und Bohnen. Trotzdem studieren alle immer angeregt die Speisekarten – wir verstehen es nicht! Heute machen wir es uns leicht: Wir kommen an einem Ort vorbei, der in Kenia einfach Fleischparadies heißt. Das ganze Dorf besteht aus Grillbuden und zu essen gibt es zartgegrilltes Ziegenfleisch mit Fladenbrot. Wir sind sofort dabei und gönnen uns eine Extraportion.
Durch eine gepflegte Allee aus Akazienbäumen kommen wir in die Stadt Naivasha. Sie liegt am gleichnamigen See und ist die Hochburg des Blumenanbaus. Rosen, die hier des Nachts geerntet werden, sind zu Mittag be-

Achtung! Reger Wildwechsel

reits in Holland am Blumenmarkt. Die Arbeiter sehen nicht so aus, als hätten sie sonderlich viel vom großen Geschäft. Im Gegenteil …
Wir nutzen die Stadt, um meiner Mama per Telefon zum sechzigsten Geburtstag zu gratulieren, bevor wir die letzten zehn Kilometer zum Parkeingang des Nationalparks radeln. Ab und zu streife schon mal ein Löwe durchs Gelände, erklärt die Parkrangerin, aber normalerweise gibt es hier keine Raubtiere. Darum sei der Park auch für Radfahrer zugänglich. „Ihr könnt also ruhigen Gewissens hineinradeln!" Irgendwie kommt uns diese Auskunft bekannt vor und so ist uns etwas mulmig zumute, als wir bei Sonnenuntergang die staubige Straße in den Park hineinrollen. Keine Menschenseele ist im Park und doch sind wir nicht allein. Unzählige Tiere tummeln sich in einem atemberaubenden Spektakel rings um uns. Wir fühlen uns wie im Zoo. Ein Pavian entdeckt uns, oder besser gesagt unsere am Gepäckträger befestigten Bananen, als Erster und kommt neugierig angeschlichen. Schnell verteidigen wir unseren Proviant und packen ihn sorgsam weg. Gazellen, Zebras und Warzenschweine überqueren nur ein paar Meter vor uns den Weg, laufen zur nächsten Wasserstelle oder grasen friedlich in der Steppe. Der Boden ist übersät von unzähligen Tierspuren. So etwas haben wir noch nie erlebt

Inmitten der Massaisteppe knacken wir die 20.000-Kilometer-Marke.

und sogar ich bin einmal ganz sprachlos und stelle vor Verzückung mein Geplapper ein. Unser Zeltplatz liegt auf einer Anhöhe, von der wir über den ganzen Park sehen können. Der Felsen gegenüber von uns inspirierte die Zeichner von „König der Löwen". Er ist das Vorbild für den Felsvorsprung, auf dem im Film Simba, das Löwenbaby, dem Tiervolk präsentiert wird. Bis zum Einbruch der Dunkelheit beobachten wir fasziniert das Treiben rund um das Wasserloch.
Tags darauf durchqueren wir den kleinen Park und wollen gar nicht mehr so schnell weg. Bei einem Infoposten unterhalten wir uns gerade mit den Rangern, da schnappt sich ein frecher Dieb doch tatsächlich eine Banane von meinem Fahrrad! Der Affe schaut schuldbewusst, den Bananenbrei noch im feinen Bärtchen, doch kaum drehen wir uns um, heckt er schon den zweiten Clou aus. Aber nicht mit uns, Freundchen! Lachend klatschen die Ranger und vertreiben das Äffchen. Schweren Herzens machen wir uns auf den Weg zurück zur Hauptstraße, denn wir könnten noch ewig auf Safari sein. Kaum sind wir unterwegs, muss ich eine Vollbremsung hinlegen, um nicht geradewegs mit einer querenden Giraffe zu kollidieren. Die scheint ebenfalls überrascht von dieser Begegnung und stolziert zeitlupengleich davon.

LESEN SIE DAS KLEINGEDRUCKTE 06. Juni 2013

Klara: „Ja, ja, rede du nur, Little Miss Sunburn", erklärt Flo, nachdem ich ihn auf sein, sagen wir mal, etwas unorthodoxes Outfit anspreche: Trotz Hitze trägt er Auftragskiller-Handschuhe, Terminator-Sonnenbrillen und ein langärmliges Hemd beim Radfahren und sieht dabei – er sagt es selbst – ziemlich bescheuert aus. „Na, aber hallo! Das ist kein Sonnenbrand, mein Lieber", kontere ich, „das ist hübsche Bräune!" Meine Haut ist so gegerbt, dass die Leute hier sogar vermuten, ich käme aus Bangladesch oder Indien! Zu verdanken haben wir das unserer Malariaprophylaxe. „Vorsicht", steht auf der Packungsbeilage, „UV-Überempfindlichkeit möglich!" Die Tabletten hatten wir im letzten Moment noch in Bangkok besorgt. Sie haben an und für sich einen guten Ruf und außer einer extremen Lichtempfindlichkeit kaum Nebenwirkungen. Diese wiederum ist umso massiver. Die Augen tun uns weh und sind rot, selbst die stärkste Sonnencreme bietet kaum Schutz, sogar bei wolkenverhangenem Himmel bekommen wir Sonnenbrand.

IM LAND DER MASSAI

Flo: Um ehrlich zu sein, war es zu Beginn unserer Reise schon ein Ansporn, die 20.000-Kilometer-Marke zu knacken. Doch je länger wir unterwegs waren, desto unwichtiger wurde dieses sportliche Ziel. Als der Radcomputer dann aber umspringt und eine Zwei mit vier Nullen anzeigt, sind wir doch ein wenig stolz auf uns. Ehrlich gesagt habe ich während der letzten Kilometer sogar alle paar hundert Meter auf das Display gelinst, um dieses Großereignis ja nicht zu verpassen!

Wir stoppen auf der stark befahrenen Straße Richtung Nairobi, um das Erreichen dieser magischen Marke fotografisch zu dokumentieren. Rings um uns herum befindet sich eine windige, karge Steppe – die Vegetation hat sich auf den letzten Kilometern stark verändert. Uns erblickt ein junger Ziegenhirte und kommt näher. Sein dunkelroter, eleganter Umhang hebt sich deutlich von der erdfarbenen Umgebung ab. Wir sind im Land der *Massai* angekommen. Lange habe ich mich schon darauf gefreut, da der wohl berühmteste Stamm Ostafrikas auch auf mich große Faszination ausübt. Die meist hochgewachsenen Massai sind ein äußerst stolzes Volk. Bis heute sind viele von ihnen Halbnomaden und ihrem traditionellen Kleidungsstil treu geblieben. Neben den meist rotkarierten Umhängen und Röcken tragen Männer wie Frauen bunten Schmuck in den Ohren und um den Hals. Die Ohrläppchen sind oft eingeschnitten oder durch ein Loch geweitet. Die männlichen Krieger führen meist ihren Hirtenstock und ein kleines Schwert mit sich. Auch viele Kinder sind derart gekleidet. Es sieht einfach putzig aus, wenn sie mit ihrem viel zu großen Schwert durch die Savanne hüpfen und auf die Viehherden aufpassen. Doch auch die Massai sind in der Moderne angekommen. Nicht

„Schon mal einen Löwen getötet?" – Wir müssen verneinen.

selten zückt ein Hirte gleich zwei Mobiltelefone aus seinem Umhang und schießt ein Foto von uns. Wenn wir sie im Gegenzug ebenfalls gern ablichten möchten, dann bekommen wir oft ihre Geschäftstüchtigkeit zu spüren. Sie wissen um ihre Popularität bei den Touristen. Dementsprechend gestalten sich auch die Honorarwünsche. Geld geben wir aber nie. Meist teilen wir unsere Kekse oder Bananen und haben beim Feilschen eine Menge Spaß mit ihnen. Die letzten Tage haben wir viel herumgetüftelt und Einheimische gefragt, wie wir am besten einen Bogen um Nairobi und das Großstadtgetümmel machen können. Gar nicht so leicht, weil fast alle Straßen nach Süden durch die Hauptstadt des Landes führen. Schließlich umfahren wir die Stadt über die westlich gelegenen Ngong, auch wenn wir teilweise auf sehr schlechten, schmalen und stark befahrenen Straßen unterwegs sind.

Wir genießen die Zeit in der Massaisteppe, weil wir nur positive Erfahrungen machen. Während die Frauen in ihren bunten Gewändern in einem kleinen Dorf auf den Milchwagen warten, um ihre Milch nach Nairobi liefern zu lassen, leiht Klara einem Jungen sogar ihr Fahrrad. Ich habe anfangs ein wenig Bammel, dass er stürzen könnte (und ich das Rad schon wieder herzurichten hätte). Er verschwindet mit dem Fahrrad, doch alle versichern uns, dass wir uns keine Sorgen machen müssten. Nach fünf Minuten kommt er abgekämpft wieder und gibt uns unser Gefährt zurück. Für ihn sei das nichts, stellt er fest, für die anderen ist er aber ein *Hero*, weil er sich getraut hat, mit unserem Fahrrad eine Runde zu drehen.

Für Chai und ein Pläuschchen finden wir immer Zeit.

Wir passen uns sogar ein wenig an die Kultur an und kaufen typische Massai-Sandalen. Dieses Schuhwerk ist das Abbild ihres Improvisationstalents: Sie bestehen aus gebrauchten Autoreifen, werden maßgeschneidert für unsere Füße angefertigt, haben den nötigen *Grip* und sehen dank ihrer Perlenverzierung noch dazu ganz hübsch aus. Überdies sollen sie gut fürs Fußbett sein, versichert uns der Verkäufer.

In einem kleinen Durchzugsort geht uns dann der kulturelle Austausch aber ein wenig zu weit. Der geachtete Dorfälteste, der mit bloßen Händen und einem Stock in jungen Jahren gar einen Löwen getötet haben will, bietet uns einen Partnertausch an. Ich könnte eine seiner Frauen haben, wenn er im Gegenzug Klara bekommt. Dankend lehnen wir ab, haben aber trotzdem eine äußerst unterhaltsame Konversation. In der Kultur der Massai ist es dem Mann erlaubt, mehrere Ehefrauen zu haben. Voraussetzung ist, dass er sie alle ernähren kann. Der soziale Status eines Mannes hängt also unter anderem von der Anzahl der Ehegattinnen und Rinder ab – je mehr umso besser. Als es finster wird, verziehen wir uns in unser Quartier und die Massai hüpfen in ein *Matatu* und düsen zurück in ihr Dorf im Busch, weit abseits der Straße.

Am nächsten Tag radeln wir auf einer gut ausgebauten Straße der tansanischen Grenze entgegen. Die Besiedelungen werden immer weniger und es

Die Massai genießen in der gesamten Region hohes Ansehen.

herrscht kaum Verkehr auf den Straßen. Für uns heisst das reinstes Genussradeln durch die weiten Savannen Kenias!

TANSANIA

Klara: „Hier irgendwo also sollte der Kilimandscharo sein", erklärt Flo aufgeregt, während er abwechselnd auf der Landkarte oder in der Gegend herumfuchtelt. Und wirklich: Direkt vor unserer Nase sollte sich der höchste Berg Afrikas erheben – und zwar schon seit gestern. Schließlich fahren wir laut Karte schnurstracks auf ihn zu. Doch auch in der darauffolgenden Woche werden wir ihn nie zu Gesicht bekommen. Viel zu tief hängen die Wolken. Würden wir nicht wissen, dass es ihn gibt, würden wir meinen, das Land besteht ausschließlich aus flacher Savanne.

Tansania heißt uns mit winkenden Massaijungen, die die Ziegenherden versorgen, mit einem vorbeilaufendem Strauß und wenig Verkehr willkommen. Die erste Nacht verbringen wir in einer Kleinstadt. Wir machen früh Schluss, schlendern durchs gepflegte Dorf, trinken ein paar Biere und genießen das gemächliche Treiben. Auch die Tage darauf fühlen wir uns im Land sehr wohl, bis auf ein kleines Erlebnis, das uns kurzzeitig einen großen Schrecken einjagen wird.

FALSCHE REAKTION 14. Juni 2013

Flo: „Verdammt, was bin ich für ein Idiot", schoss es mir durch den Kopf. Wir rollten gerade entspannt einen langgezogenen Hügel einer kargen Hochebene hinab, als vor uns am Straßenrand eine Gruppe junger Männer in dunklen Kutten, mit weißen Punkten im dunklen Gesicht und bewaffnet mit Bögen und Speeren vor uns auftauchte. Wir grüßten von Weitem freundlich, doch gerade in dem Moment, als wir an ihnen vorbeirollen wollten, begannen sie mit lautem Geschrei auf uns zuzulaufen. Im letzten Moment stoppten sie – nur Zentimeter von uns entfernt. Ich erschrak zutiefst, drehte mich reflexartig um und schrie sie mit erhobenem Mittelfinger an. Komplett falsche Reaktion! Sie fühlten sich angegriffen, nickten sich noch bejahend zu und starteten abermals auf uns los. Ich hörte nur noch Kampfgeschrei! Wir traten, so fest es ging, in die Pedale, mein Herz raste und ich wollte nur noch weg. Zum Glück führte die Straße leicht bergab und die Kerle hatten keine Chance, uns einzuholen. Nach fünf Kilometer meinte Klara schließlich, wir könnten durchaus wieder langsamer fahren. Im Nachhinein vergleichen wir das Verhalten der jungen Einheimischen mit einer Horde betrunkener Hooligans. Wir wissen nicht, ob sie uns wirklich angegriffen hätten, aber wir fühlten uns in diesem Moment ernsthaft in Gefahr. Diese Situation sollte aber, Gott sei Dank, eine Ausnahme bleiben.

Klara: Abgesehen von diesem beängstigenden Zwischenfall sind die Menschen in Tansania sehr freundlich: Christen und Muslime leben friedlich miteinander, morgens wachen wir zuerst vom Ruf des Muezzins und anschließend vom Klang der Kirchenglocken auf. Wenn wir überhaupt schlafen, denn die Moskitos machen uns das Leben teilweise zur Hölle. Eine Nacht zuvor haben sie, da alle anderen Körperzonen bedeckt waren, allein unsere Stirn mit dutzenden Mückenstichen verziert. Vom ununterbrochenen Surren und Brummen ganz zu schweigen. Zudem spielt seit fünf Nächten eine Dauerschleife von Suahelimusik in voller Lautstärke durch – es ist zum Verrücktwerden!
Bei der Stadt Arusha biegen wir nach links ab, von nun an geht es für uns immer gen Osten, in Richtung Indischer Ozean. In Moshi, der Hochburg des Kilimandscharo-Tourismus, werden lautstark Gipfeltouren angepriesen: „It's so cheap! Not a lot of money!" – eine Woche wandern um sagenhafte tau-

send Dollar! Die Ausprägungen des Tourismus in Ostafrika nehmen tatsächlich eigenartige Ausmaße an. Reiche Weiße, stets etwas vorsichtig den Einheimischen gegenüber, geben hier für Touren Unsummen aus, während Träger oder Köche teilweise ohne Bezahlung arbeiten und froh sein können, überhaupt eine Gruppe begleiten zu dürfen. Sie leben dann vom Trinkgeld der Touristen, während zumeist westliche Unternehmen einen satten Gewinn einstreichen. Manchmal wähnen wir uns im modernen Kolonialismus und haben den Eindruck, dass viele der angebotenen Safaris in puncto Kulturverständigung gründlich nach hinten losgehen.

EINE NACHT IN SAME — 14. Juni 2013

Klara: Den ganzen Tag fuhren wir entlang des Pare-Gebirges durch Sisalfelder und kleinere Dörfer. Der Himmel war dunkel, ab und an mit Wolken verziert, der Wind sanft. Ein unvergesslicher Tag. Trotzdem waren wir müde, als wir endlich in Same, einer Kleinstadt, ankamen. Und da erlebten wir das, was sich kaum in Worte fassen lässt, für uns aber der Inbegriff des afrikanischen Lebensgefühls ist. Es hat viel damit zu tun, sich einfach treiben lassen zu können, sich nur dem Augenblick zu widmen und gemeinschaftlich zu leben. Wir fanden ein kleines Hotel, wurden von dem Sohn der Besitzerin, die sich von ihren Nichten soeben neue Zöpfe flechten ließ, herumgeführt, spielten mit den Kindern des Hauses und machten uns dann auf den Weg, einen Schuster für Flos malträtierte Schuhe zu finden. Jeder im Ort wusste anscheinend bereits Bescheid, dass wir hier wären, man grüßte uns freundlich und fragte, ob wir etwas bräuchten. Wir wurden persönlich zum Schuster geführt, verhandelten einen fairen Preis und ließen uns, während der Kleber an den Sohlen trocknete, durch die kleine Stadt treiben. Entlang der Straße wurden die ersten Feuer für Ziegenspieße und Pommes frites entzündet, Kinder tollten herum. Eigentlich gab es nichts Besonderes zu tun oder zu sehen, doch kaum setzten wir uns irgendwo zur Rast hin, geschah ohnehin etwas. Wir wurden auf ein Getränk eingeladen oder zuvorkommend willkommen geheißen. Einfach die Dinge auf uns zukommen zu lassen, war etwas, das wir über lange Zeit nicht konnten. Jetzt erst entdeckten wir, wie gut uns das tat. Wir können es nicht genau erklären, aber irgendetwas hat Afrika mit uns gemacht, was eine Sehnsucht in uns weckte, die sich daheim so leicht nicht stillen lassen wird.

Dieser kleine Kerl hilft uns mit einer Wegbeschreibung auf die Sprünge.

WAS WIRKLICH GEFÄHRLICH WERDEN KANN

Klara: Tansanier an sich sind superfreundlich, höflich und zuvorkommend. Aber, aber: Sobald ein Tansanier in einen Bus steigt und es sich auf dem herrschaftlichen Fahrersitz bequem macht – quasi zum Lenker des Gefährts transformiert und somit zum Herr über Leben und Tod –, ist der Spaß vorbei! Die Typen fahren wie die Berserker und unsere letzte Radwoche führt zu ungeahnten Adrenalinschüben. Alle zwei Sekunden (ganz ehrlich) muss ich mich umdrehen, um den von hinten kommenden Fahrern wild gestikulierend anzudeuten, nur ja genug Abstand zu lassen (und uns nicht mit 30 Zentimeter-Bodycontact-Abstand zu überholen), während Flo ebendieses mit den entgegenkommenden Fahrern praktiziert und sie mit einem demonstrativen Stoppzeichen auffordert, nur ja nicht auf die Idee zu kommen, in der Kurve zu überholen und uns somit von der Straße zu pusten. Mehrmals springen wir in den Straßengraben und werden trotzdem von dem plötzlich auf unserer Straßenseite entgegenkommenden Bus nur um Haaresbreite *nicht* angefahren. Schon nach einem Tag ist klar: Besonders die Busse mit dem schon leicht verdächtigen Namen *Dar Es Salaam Express* werden ohne jede Rücksicht gelenkt.

Entspannte Stimmung in einem Suahelidorf kurz vor Pangani

Die Busfahrer sind sich keiner Schuld bewusst: Auf unsere wilden Gesten folgt stets ein fröhliches Winken und ein gehupter Gruß! Von den *Matatus*, den vollgestopften Minibussen, die sich an jeder Haltestelle ein kleines Rennen liefern und uns dabei den Weg abschneiden, gar nicht erst zu reden. Unter solchen Bedingungen sind wir schon nach 80 Kilometern vor lauter Todesangst und durch die ständige Konzentration, die es hier braucht, um am Leben zu bleiben, so erschöpft, dass wir bereits mittags w.o. geben und uns in eine Unterkunft verziehen. Also nichts wie weg von den Hauptstraßen und ab auf die Seitenpisten – staubig, sandig, aber wunderschön. Über rote Sandpisten geht es durch Palmenhaine, einfache Dörfchen und Bananenplantagen. Wir begegnen zwei Frauen mit winzig kleinen Babys im Arm, frisch nach der Entbindung. Bald sehen wir den Indischen Ozean vor uns aufblitzen.

ENTLANG DES INDISCHEN OZEANS

Flo: Pangani ist eine wahre Perle an der tansanischen Küste! Hier herrscht Campingplatzstimmung. Die Einheimischen schlendern oder rollen mit dem Fahrrad im Zeitlupentempo durch die Straßen der einst wichtigen Küsten-

Lieber durch einen Nationalpark mit Raubtieren als auf der tansanischen Hauptstraße.

und Hafenstadt. Alte, stattliche Suahelihäuser und ein deutsches Verwaltungsgebäude sind Zeugen der früheren wirtschaftlichen Bedeutung dieses Ortes. Heute ist es ruhig. Obwohl es schöne Strände gibt, hält sich der Besucheransturm in Grenzen, da die Stadt nur über eine grobe Straße zu erreichen ist. Wir campen im Garten einer katholischen Pension und bleiben drei Tage. Uns gefällt die Atmosphäre des Städtchens, wo Muslime und Christen respektvoll und friedlich miteinander leben.
Seit Beginn unserer Ostafrikatour spekulieren wir damit, in Sansibar unsere Reise zu beenden. Da wir jetzt nicht weit von der berühmten Insel entfernt sind, beginnen wir die Transportmöglichkeiten abzuwägen. Mit dem Kleinflugzeug oder einem gecharterten Motorboot ist es uns viel zu teuer, nach Dar es Salaam zu radeln und dann mit der Fähre zur Insel überzusetzen, geht sich zeitlich schlecht aus. Da bleibt uns nichts anderes übrig, als uns bei den Fischern schlau zu machen. Mit ihren traditionellen *Daus* (hölzerne Segelboote) samt typischem, trapezförmigem Segeltuch sind sie tagtäglich am Meer unterwegs. Ein umtriebiger „Fremdenführer" mit dem alles erklärenden Namen *Rasta Ali* wird hellhörig und versucht, uns ein Boot zu vermitteln. Nach einem Tag des Verhandelns ist der Deal perfekt und wir gehen mit ihm in den Hafen, um den Kapitän kennen zu lernen. „Um drei Uhr in der Früh

Am Strand von Bagamoyo verbringen viele Familien ihren Feierabend.

müsst ihr da sein. Wir laufen mit den Gezeiten aus!", ist die einzige Anweisung, die wir bekommen. „Nichts da! Das ist gesetzlich strengstens verboten. Letztes Jahr sind einige Touristen auf die gleiche Weise rausgefahren und wir mussten sie retten", hören wir von Weitem. Ein Uniformierter kommt im Stechschritt auf uns zu und hält uns mit mahnendem Zeigefinger ein Schriftstück entgegen. Er sei von der Touristenbehörde und verbiete solche Überfahrten aus Sicherheitsgründen. Beim Anblick der Nussschale des Fischers haben wir sowieso große Zweifel, ob das Unterfangen gut ausgegangen wäre. Durch das nachdrückliche Verbot zum Auslaufen fällt es uns leicht, auf die Insel zu verzichten. *Safety first.* So setzen wir auch den Rest unserer Reise im Fahrradsattel fort. Wir nehmen die Fähre über die Trichtermündung des Panganiflusses und radeln weiter entlang des Indischen Ozeans in Richtung Dar es Salaam. Auf die Hauptstraße haben wir keine Lust mehr, darum nehmen wir eine kleine Piste durch den Busch. Eine einsame Gegend mit großen Sisalplantagen und kleinen Dörfern.

Unserer Erfahrung nach ist es sicherer, durch eine verkehrsarme Gegend mit Raubtieren zu fahren, als auf den Hauptverkehrsverbindungen Tansanias unterwegs zu sein. Also bleibt uns nichts anderes übrig, als durch den Saadani-Nationalpark zu radeln, einem kleinen Park direkt an der Küste. Wieder mal haben wir etwas Bauchziehen, denn auch in dieser Gegend gibt es Löwen und außerdem hat uns unsere Elefantenbegegnung Respekt gelehrt. Die zwei Tage im Park verlaufen aber völlig ruhig. Wir bekommen nur ein paar Böcke und Affen zu Gesicht – die sind dafür aber mal wieder ziemlich dreist. Nach dem Durchqueren des Parks brauchen wir noch ein paar Stunden, bis wir wieder auf einer asphaltierten Straße sind, die uns direkt nach Bagamoyo bringt. Das Stadtzentrum der ehemals wichtigen Hafenstadt und früheren Hauptstadt Deutsch-Ostafrikas hat wenig Charme zu bieten, dafür verleihen die alten Gebäude nahe der Küste der Region ein besonderes Flair. Die herrschaftlichen Häuser samt kunstvollen Verzierungen zeugen von der langen Geschichte der Stadt. Diese wurde von persischen, arabischen und indischen Händlern geschrieben, ehe christliche Missionare, Entdecker und die deutschen Kolonialherren kamen. Bagamoyos Hafen war ab dem Ende des 18. Jahrhunderts Schauplatz eines der traurigsten Kapitel des Kontinents: Von hier aus wurden die Sklaven verschifft. Daher auch der Name der Stadt, der auf Suaheli „Leg dein Herz nieder" bedeutet, weil die Menschen ihre Heimat nie wieder sahen. Nach kurzem Herumschlendern durch die Stadt haben wir genug gesehen. Die letzten Wochen waren so voller Eindrücke, dass wir sie jetzt in Ruhe verarbeiten möchten. „Wenn du mich fragst, wo's am schönsten war, dann sag ich, kurz vor Sansibar", stelle ich zufrieden fest, als wir einen weißen Sandstrand fast für uns allein haben und der französische Tauchlehrer von den Touristenmassen auf Sansibar erzählt. Wir haben uns mit unserem Zelt in einem Ressort eingenistet und machen keine Anstalten, es jemals wieder zu verlassen. Unsere Tour durch Ostafrika hat uns außerordentlich gut gefallen, war aber auch sehr intensiv. Eigentlich war der Verkehr in Tansania das Gefährlichste während der ganzen Reise. Schnell ist klar, dass wir uns die Stadteinfahrt nach Dar es Salaam schenken. Stattdessen entspannen wir die letzten Tage am palmengesäumten Strand und organisieren uns ein Taxi zum Flughafen. So viel Luxus ist es uns locker wert, gesund und ausgeruht heimzukehren. Eine wichtige Lektion, die wir während der Reise mehrfach gelernt haben, wird uns kurz vor Ende noch einmal klar vor Augen geführt: Irgendwie geht's immer! Und so staunen wir nicht schlecht, als wir beobachten, wie unsere beiden Räder, samt zehn Packtaschen in einem kleinen Pkw mit Stufenheck verschwinden: „Alles nur eine Frage der Einteilung", lässt uns Sam, der Taxifahrer, selbstzufrieden wissen, außerdem habe er zur Sicherheit jede Menge Paketschnur dabei!

Alles hat ein Ende: Sonnenuntergang am Indischen Ozean

SCHLUSS, AUS, VORBEI!   23. Juni 2013

Klara: Wir sind am Ende angelangt und uns fehlen die Worte. Nach einem Jahr voller Abenteuer und Perspektivenwechsel, mit neuen Freunden aus aller Welt, Tausenden Eindrücken, mit Pleiten, Pech und Pannen, Lachkrämpfen, Verzweiflung und Lichtblicken, warten wir hier in Bagamoyo auf unser Taxi gen Flughafen und schwanken minütlich zwischen totaler Vorfreude auf zu Hause und Abschiedsschmerz. Daheim wartet das Abenteuer Alltag, vor allem aber unsere Freunde und die Familie, die wir schon total vermissen! Das Radreisen würde uns aber auch weiterhin noch Spaß machen und die stressfreie Eines-nach-dem-anderen-Mentalität wird uns sicher fehlen. Heimlich beginne ich schon neue Reisepläne im Hinterkopf zu schmieden (fehlen nur noch so kleine Komponenten wie Job und Geld)! Unglaubig, dass diese große Reise jetzt vorüber ist, starren wir auf das türkisblaue Wasser und können keinen klaren Gedanken fassen. Es ist vorbei. Es ist alles gut gegangen. Ein neuer Lebensabschnitt beginnt. Unser Herz ist randvoll mit Dankbarkeit über ein Jahr voller Glück. Das Leben ist gut!

DANKE

Ganz zuallererst möchten wir uns bei allen Fremden (und doch nicht fremden) bedanken, die uns Tür und Herz geöffnet, uns den Weg gewiesen, uns mit kalten Getränken versorgt oder auf welche Art und Weise auch immer geholfen haben. All jene, die, ohne uns zu kennen, da waren, wenn wir sie brauchten. Ihr habt uns etwas gegeben, was tief in jedem schlummert: das Vertrauen, aufgehoben zu sein in einer Weltengemeinschaft, in der wir uns doch alle so viel ähnlicher als fremd sind.
Wir sagen danke an all jene, die uns während der Reise unterstützt haben, von zu Hause aus und auch unterwegs. Besonderer Dank gilt dabei unseren Familien und Freunden:
Danke an Flos Mama und Herbert dafür, uns Heimkehrern vorübergehend Unterschlupf gewährt zu haben, an Klaras Eltern für praktische Hilfe und seelische Unterstützung. Danke an Familie Stöckler für das Unterstellen all unseren Hausrats, Caryn und Tony für traumhafte Tage im kalifornischen Davis; Manuela, Markus, Rita und Kilian für eine Woche Gastfreundschaft in Mexiko, Gernot und Gertraut für die persönliche Lieferung mehrerer Kilos Ersatzteile, Joaquin für zwei Abende chilenischen Kulturaustausches in seinem Haus in Villa Alemana; Jib, Jeab und Familie dafür, uns die Zuckerseiten Thailands nähergebracht zu haben, Lisi und Samuel für zwei unvergleichliche Tage in Zürich – *all inclusive* vom Transfer bis zum österreichischen Menü. Danke an eine unvergleichliche gemeinsame Zeit: Matze, Andi, Alan, Rene, Patrick und Janneke in Patagonien, Steve und Kat, alias Tandemturners, in den Bergen von Nordlaos.
Für die Unterstützung und das Mutmachen, dieses Buch zu schreiben, sind wir Maria Ramskogler und Anna Ramskogler-Witt von Apublic, Carina Kerschbaumsteiner, den Julias und Berna sowie allen hier nicht genannten, aber genauso wichtigen Menschen dankbar! Dem Kleeblatt sei auch für die „Just-married-Raddressen" gedankt – sie haben uns unvergessliche Momente verschafft.
Bei Stefan Salcher bedanken wir uns für seine unkomplizierte Hilfe und bei Stefan Prüller für Tipps und Anregungen.
Ohne die großartige Arbeit Teresa Penzenauers wäre das Buch wohl nicht zu Stande gekommen!

Wir freuen uns über die gute Zusammenarbeit mit dem Tyrolia-Team und bedanken uns insbesondere bei Anette Köhler und Gerhard Rödlach für ihr Wohlwollen und ihre fachkundige Unterstützung.

Dem Radhersteller Cube, dessen Fahrräder uns nie im Stich ließen, und dem Reifenfabrikanten Schwalbe für beinahe unkaputtbare Spezialmäntel ein herzliches Dankeschön. Nach einigem Lehrgeld wissen wir umso mehr die unverwüstlichen Gepäckträgersysteme von Tubus zu schätzen. Der Firma Waldviertler sei für gutes Schuhwerk, der Firma Asics für hervorragende Multifunktionskleidung gedankt.

Und zu guter Letzt: Danke an all unsere Lieben, die uns mit guten Gedanken und ermutigenden Worten begleitet haben. Ihr wisst, wer ihr seid.

Bibliografische Information Der Deutschen Nationalbibliothek
Die Deutsche Nationalbibliothek verzeichnet diese Publikation in der Deutschen Nationalbibliografie; detaillierte bibliografische Daten sind im Internet über http://dnb.d-nb.de abrufbar.

2014
© Verlagsanstalt Tyrolia, Innsbruck
Umschlaggestaltung: Tyrolia-Verlag, Innsbruck
Covermotive: Müde in Island (großes Bild); kleine Bilder (von links nach rechts): vor der Golden Gate Bridge/San Francisco, am Äquator in Uganda, unterwegs in Kalifornien.
Seite 2/3: Mit dem Fahrrad durch Utah/USA.
Seite 4: Unter Sternen, Utah/USA.
Seite 7: Gemeinsam um die Welt.
Seite 10/11: Ein einsames Stück Küste nahe Þorlákshöfn/Island.
Seite 26/27: Gegenwind auf dem Highway 50 in der Wüste Nevadas/USA.
Seite 92/93: Über den Rio Usumacinta von Guatemala zurück nach Mexiko.
Seite 116/117: Abendstimmung mit Blick auf den Fitz Roy in Argentinien.
Seite 154/155: „Schwerverkehr" auf den Straßen Nordthailands.
Seite 208/209: In der Steppe Kenias: Mit den herzlichen Massai verstehen wir uns auf Anhieb gut.
Seite 263: Jeder wird mal erwachsen. Pinguine kurz vor Punta Arenas.
Alle Fotos © Florian Prüller und Klara Prinz-Prüller
Kartenskizzen: Florian Prüller
Layout und digitale Gestaltung: GrafikStudio HM, Hall in Tirol
Lithografie: Artilitho, Trento (I)
Druck und Bindung: Theiss, St. Stefan im Lavanttal (A)
ISBN 978-3-7022-3413-3 (gedrucktes Buch)
ISBN 978-3-7022-3414-0 (E-Buch)
E-Mail: buchverlag@tyrolia.at
Internet: www.tyrolia-verlag.at